**Planejamento de eventos
esportivos e recreativos**

2ª edição

# Planejamento de eventos esportivos e recreativos

Dilson José de Quadros Martins

Rua Clara Vendramin, 58 • Mossunguê • CEP 81200-170 • Curitiba • PR • Brasil
Fone: (41) 2106-4170 • www.intersaberes.com • editora@intersaberes.com

**Conselho editorial**
Dr. Alexandre Coutinho Pagliarini
Dr.ª Elena Godoy
Dr. Neri dos Santos
M.ª Maria Lúcia Prado Sabatella

**Editora-chefe**
Lindsay Azambuja

**Gerente editorial**
Ariadne Nunes Wenger

**Assistente editorial**
Daniela Viroli Pereira Pinto

**Edição de texto**
Monique Francis Fagundes Gonçalves
Tiago Krelling Marinaska

**Capa**
Laís Galvão (*design*)
Luana Machado Amaro (adaptação)
Trong Nguyen/Shutterstock (imagem)

**Projeto gráfico**
Luana Machado Amaro

**Diagramação**
Andreia Rasmussen

**Equipe de *design***
Sílvio Gabriel Spannenberg

**Iconografia**
Regina Claudia Cruz Prestes

---

Dados Internacionais de Catalogação na Publicação (CIP)
(Câmara Brasileira do Livro, SP, Brasil)

Martins, Dilson José de Quadros
  Planejamento de eventos esportivos e recreativos / Dilson José de Quadros Martins. -- 2. ed. -- Curitiba, PR : Intersaberes, 2023. -- (Série Corpo em Movimento)

  Bibliografia.
  ISBN 978-85-227-0521-4

  1. Educação física 2. Esportes 3. Esportes – Administração 4. Esportes – Competições 5. Eventos especiais 6. Planejamento 7. Recreação – Administração I. Título. II. Série.

23-146373                                             CDD-796.06

---

**Índices para catálogo sistemático:**
1. Eventos esportivos: Organização   796.06
Eliane de Freitas Leite – Bibliotecária – CRB 8/8415

1ª edição, 2018.
2ª edição, 2023.

Foi feito o depósito legal.

Informamos que é de inteira responsabilidade do autor a emissão de conceitos.

Nenhuma parte desta publicação poderá ser reproduzida por qualquer meio ou forma sem a prévia autorização da Editora InterSaberes.

A violação dos direitos autorais é crime estabelecido na Lei n. 9.610/1998 e punido pelo art. 184 do Código Penal.

# Sumário

Agradecimentos • 11
Apresentação • 15
Organização didático-pedagógica • 19
Introdução • 23

**Capítulo 1**
*Sobre os eventos* • 27

1.1 O que é um evento? • 30
1.2 O que é um evento esportivo e recreativo? • 35
1.3 Sobre as atividades esportivas • 38
1.4 Sobre as atividades recreativas • 47
1.5 Diferenças e aproximações entre eventos esportivos e recreativos • 53

**Capítulo 2**
*Sobre os projetos de eventos esportivos e recreativos* • 67

2.1 O que é um projeto? • 70
2.2 O que é gerenciamento de projetos? • 75
2.3 Uma proposta metodológica: *Project Model Canvas* • 80
2.4 A metodologia do *Project Model Canvas* • 87
2.5 O *canvas* e o planejamento de eventos esportivos e recreativos • 90

**Capítulo 3**

*Mas, afinal, qual evento realizar e por quê?* • 99

**3.1** Justificativa • 102
**3.2** Objetivo SMART • 107
**3.3** Benefícios • 109
**3.4** Produto do projeto: o evento esportivo e recreativo • 116
**3.5** Requisitos dos eventos esportivos e recreativos • 121

**Capítulo 4**

*Pessoas, atividades e grupos de entregas no planejamento de eventos esportivos e recreativos* • 157

**4.1** *Stakeholders* externos • 160
**4.2** Equipe/*Staff* • 170
**4.3** Premissas • 182
**4.4** Entregas • 184
**4.5** Restrições • 190

**Capítulo 5**

*Identificação de riscos, elaboração do cronograma e definição dos custos de um projeto* • 203

**5.1** Riscos • 206
**5.2** Linha do tempo • 211
**5.3** Custos • 216
**5.4** Fechando o projeto e executando o evento • 225
**5.5** Captação de recursos • 230

*Capítulo 6*

*Organização de competições esportivas:
algumas particularidades • 249*

   **6.1** Sobre as competições esportivas e os sistemas de disputa • 252

   **6.2** Eliminatória • 255

   **6.3** Rodízio • 274

   **6.4** Escalas • 285

   **6.5** Combinações • 287

Considerações finais • 297

Referências • 299

Bibliografia comentada • 303

Respostas • 307

Sobre o autor • 309

Este livro é para a minha família.

Para os meus pais, João Gilberto e Lucrécia (ambos *in memoriam*), que me ensinaram o significado e a importância da família e possibilitaram a minha formação. Eles me prepararam para os desafios da vida e me incentivaram a sonhar mesmo diante de dificuldades.

Para os meus queridos irmãos Dalton, companheiro fiel e generoso, com quem compartilhei uma bela jornada, e Marcelo (ambos *in memoriam*).

Para a minha esposa, Micheli, e para os nossos filhos João Henrique e Betina, que me renovam e me ensinam – de forma leve, divertida e desinteressada, um pouco a cada dia – o sentido da vida e o significado do amor incondicional e eterno.

# Agradecimentos

Sem que eu ao menos soubesse, este livro começou a ser escrito em 1985, quando pela primeira vez participei de um evento esportivo e recreativo ao assumir, como estagiário, a função de recreacionista. Tendo chegado até aqui, sigo aprendendo, a exemplo do que aconteceu no decorrer dessa trajetória, em que convivi com um número incontável de pessoas.

Nessa caminhada, algumas passagens se transformaram em momentos especiais, impactando de forma decisiva minha vida profissional e pessoal. Deixo aos amigos que protagonizaram esses momentos e àqueles que não consigo mencionar aqui, mas que sempre estiveram ao meu lado, o meu agradecimento especial.

Agradeço a Luiz Fernando Cordeiro, que foi quem primeiro me apresentou o projeto de um grande evento, no ano de 1987, quando atuei como monitor, sem imaginar que, depois de ter vivenciado quase todas as funções no evento, anos mais tarde eu assumiria a coordenação geral desse belíssimo programa esportivo e de lazer de férias de verão no Paraná.

Agradeço a José Alberto de Campos, de quem sempre recebi apoio e com quem aprendi muito. Enfrentamos grandes desafios, construímos oportunidades e compartilhamos êxito e dificuldades, todas superadas, não somente no planejamento e na organização de eventos esportivos e recreativos, como também na gestão de políticas públicas para o esporte e o lazer.

Sou grato a Maria Zuleica Lopes Koritiak, que, em diversas oportunidades, estando eu ainda em início de carreira, me incentivou a assumir como professor alguns cursos e encontros voltados ao treinamento de estudantes de Educação Física e gestores esportivos municipais, impulsionando-me no exercício da docência. Também compartilhamos inúmeras e ricas oportunidades no campo dos eventos esportivos e recreativos e na gestão de políticas públicas, ocasiões em que sempre recebi grande apoio e inspiração. Sua colaboração se estende à leitura dos originais desta obra.

Agradeço também a Wanderley Marchi Jr., meu orientador de mestrado na Universidade Federal do Paraná, com quem desenvolvi um relacionamento acadêmico envolto por respeito, admiração, dedicação e compromisso profissional altamente qualificado. São impressões e sentimentos que foram sendo reafirmados com o passar dos anos, em todas as oportunidades de encontro que tivemos.

Sou grato a Edgar Antonio Hubner, pela confiança de sempre e pelo convite feito, e aceito, no ano de 2005, para atuar no Comitê Olímpico do Brasil, oportunidade que alçou minha atuação em direção a eventos nacionais e internacionais do esporte de alto rendimento, momento em que fiz amigos, aprendi e deixei a minha colaboração.

Também agradeço a Marcos Ruiz da Silva, pelos anos de amizade e convívio profissional e pelo convite para que eu escrevesse este livro. Trata-se de um grande e novo desafio: colocar no papel aquilo que está presente no cotidiano, mas que nem sempre está registrado como deveria. Isso me estimulou ao resgate e à organização das informações e, acima de tudo, à pesquisa, com o propósito de atualizar e conceituar alguns procedimentos e atitudes de rotina para quem planeja, organiza e opera eventos esportivos e recreativos.

São todos professores, mestres e doutores, nas salas de aula e na vida. São companheiros de profissão que, ao cruzarem meu caminho com sua experiência e conhecimento, trouxeram na bagagem exemplos de dedicação, determinação, superação, além das oportunidades, do bom e respeitoso convívio, da confiança, da sinceridade, da alegria e da ética. A todos vocês, meu carinho, respeito e gratidão.

Por fim, agradeço também a meu primo (e irmão) Jylson José Martins Jr., que, com sua habilidade pessoal, capacidade técnica, competência profissional e talento artístico, representou o conteúdo a ser abordado ao longo deste livro em uma bela ilustração que aparece no Capítulo 5. Ao agradecer a ele, deixo meu carinho, respeito e gratidão também a todos os meus parentes, pelo convívio de uma vida toda, plena e feliz.

# Apresentação

A maioria dos conteúdos enfocados neste livro tem origem no esporte, mas esta obra não trata apenas de eventos esportivos. Ela aborda também eventos recreativos, que podem ou não estar ligados ao esporte.

Eventos esportivos englobam campeonatos de voleibol, torneios de tênis, copas do mundo de futebol, competições esportivas escolares etc. Já eventos recreativos se referem a gincanas culturais ou esportivas, festas do Dia das Crianças, comemorações do Dia dos Pais, desafios artísticos e culturais de clubes, festivais de literatura, apresentações de orquestras, festivais de dança, de gastronomia etc.

O planejamento de eventos esportivos e recreativos, que compreende projetos, gestão e administração, envolve conteúdos diversos e transita por várias áreas do conhecimento. Utiliza-se um conjunto de métodos, técnicas e procedimentos capazes de auxiliar na concepção de uma ideia e de colocá-la em prática. Portanto, planejar e organizar um evento é também gerenciar todo o conhecimento pertinente a essa área de atuação, aplicando-se os conteúdos de acordo com a situação.

Existe uma lógica comum na organização de eventos que transcende a necessidade da compreensão das áreas programáticas dos eventos esportivos e recreativos, o que permite afirmar que o esquema de planejamento e operações a ser apresentado serve tanto para a organização de uma competição esportiva quanto para um evento cultural de escola; para um torneio de alto nível em qualquer modalidade esportiva ou para um *show* musical em um parque da cidade.

Este livro foi concebido com o propósito de compartilhar o conhecimento e a experiência adquiridos em inúmeros eventos de tamanho, abrangência e conteúdos diversos, no desempenho das mais diferentes funções. Ele tem como base um conjunto de informações capazes de dar uma visão panorâmica do trabalho que envolve o **gerenciamento de projetos**.

O Capítulo 1 apresenta algumas possibilidades de classificação e tipologia de eventos, culminando com a conceituação e caracterização dos eventos esportivos e recreativos. É proposta uma reflexão sobre os conteúdos programáticos na medida necessária à concepção de uma base instrumental comum, que seja capaz de subsidiar o entendimento requerido para promover a articulação desses conteúdos com o planejamento de eventos esportivos e recreativos.

No Capítulo 2 está o ponto central do livro: o gerenciamento de projetos, desde a reflexão inicial sobre o que é e para que serve um projeto. Uma das referências usadas no texto é o *Guia PMBOK – Um guia do conhecimento em gerenciamento de projetos* (2014), publicado pelo Project Management Institute (PMI). Porém, a referência mais importante deste livro, que serve de base para os Capítulos 2 a 5, é a metodologia de gerenciamento de projetos chamada *Project Model Canvas*, de José Finocchio Junior (2013). A proposta do autor é bastante pertinente aos projetos esportivos e recreativos, sem perder a essência e o rigor das metodologias científicas no gerenciamento de projetos, dando a conteúdos densos e complexos um tratamento agradável e de fácil compreensão.

O Capítulo 3 apresenta os dois primeiros blocos do *canvas*, que tratam da justificativa, do objetivo e dos benefícios, bem como dos requisitos necessários para sua realização.

O Capítulo 4 versa sobre os componentes de dois outros blocos do *canvas*, assim estruturados: *stakeholders* externos e equipe; premissas, grupos de entregas e restrições do projeto.

Para finalizar a discussão sobre gerenciamento de projetos de eventos esportivos e recreativos, o Capítulo 5 aborda o último bloco do *canvas* aplicado ao tema em questão, possibilitando a compreensão dos riscos presentes no planejamento e na organização de eventos esportivos e recreativos, bem como a percepção sobre como o projeto será concluído, quanto custará e como o evento será entregue. Esse mesmo capítulo apresenta ainda algumas considerações sobre os encaminhamentos recomendados pelo autor do *Project Model Canvas* quanto ao fechamento do projeto, além de enfocar alguns tópicos especiais, como captação de recursos e comunicação no gerenciamento de projetos.

Entre os eventos esportivos e recreativos, existem os jogos e as competições esportivas, com características e requisitos específicos. O Capítulo 6 trata desse tema de maneira detalhada, explicando o funcionamento dos sistemas de disputa e a organização desse tipo de evento.

Todas as informações do livro se entrelaçam, mas é você quem decide qual é a melhor forma de aplicá-las. Sinta-se livre para fazer as necessárias adaptações de conteúdo e de abordagem para sua realidade e seu campo de atuação, atendendo a necessidades e expectativas específicas.

# Organização didático-pedagógica

Esta seção tem a finalidade de apresentar os recursos de aprendizagem utilizados no decorrer da obra, de modo a evidenciar os aspectos didático-pedagógicos que nortearam o planejamento do material e como o aluno/leitor pode tirar o melhor proveito dos conteúdos para seu aprendizado.

## Introdução do capítulo

Logo na abertura do capítulo, você é informado a respeito dos conteúdos que nele serão abordados, bem como dos objetivos que o autor pretende alcançar.

diárias do trabalhador, podendo exercer o equilíbrio requerido para que o indivíduo possa "suportar as disciplinas e as coerções necessárias à vida social" com atividades compensatórias (viagens, esportes, literatura, teatro, cinema etc.). Porém, assim como nas atividades esportivas, há a necessidade de distinguir entre o jogo e o espetáculo. O autor também destaca a importância de "distinguir entre assistir a um espetáculo esportivo e praticar um esporte, recreativo ou competitivo" (Dumazedier, 2014, p. 192).

O autor chama a atenção quanto aos aspectos de arquitetura e urbanística destinadas ao "homem em situação de lazer" (Dumazedier, 2008, p. 168), demonstrando que, para que possa existir um ajustamento entre a demanda e a oferta, há a necessidade de se "conceber, equipar, integrar um espaço apropriado: o **espaço de lazer**", com espaços funcionais, polivalentes, integrados e temporais, que compreendem "tanto os equipamentos privados quanto os equipamentos públicos" (Dumazedier, 2008, p. 170, grifo do original).

Quando se aborda o tema dos eventos recreativos, sobretudo com relação a aspectos de planejamento e organização, é importante considerar que comumente eles ocorrem por meio de ofertas coletivas, destinadas a um determinado grupo populacional.

### Para refletir

Como garantir e valorizar a subjetividade das escolhas nas atividades propostas em eventos recreativos, tendo em vista que a concepção, a formatação e a definição de como essas atividades serão praticadas ocorrem, não raras vezes, distante das opiniões e intenções individuais daqueles que virão a ser os reais participantes, usuários ou beneficiários dessas atividades? Como os organizadores desses eventos podem fazer as escolhas pelo lazer do outro e induzir seu comportamento em relação à ocupação de seu tempo livre? Como deve ser essa relação?

## Para refletir

Aqui propomos reflexões dirigidas com base na leitura de excertos de obras dos principais autores comentados neste livro.

---

Neste capítulo, mostramos que o conjunto de circunstâncias e variáveis intervenientes na concepção e planejamento de eventos esportivos e recreativos tem um elevado grau de complexidade, razão pela qual as projeções, as dúvidas, as incertezas e os riscos diante de sua realização devem ser motivos para um refinado diagnóstico e avaliação prévia, além do monitoramento permanente por parte dos organizadores e demais interessados no evento.

É por isso que a organização de eventos esportivos e recreativos tem como ponto de partida a realização de um planejamento adequado, concebendo-se e integrando-se ações com base na gestão do conhecimento e no gerenciamento do projeto, o que demanda o uso de técnicas e ferramentas apropriadas. Esses são temas que abordaremos nos próximos capítulos.

### Síntese

Neste capítulo, apresentamos definições, características e tipos de eventos e enfocamos o segmento de eventos esportivos e recreativos. Por meio de conceitos e exemplos, também descrevemos o conjunto de atividades que podem vir a integrar o conteúdo programático desses eventos e mostramos, de modo geral, como as atividades e os conteúdos se integram ao se organizam.

Quanto ao planejamento e à organização, destacamos como eles se distinguem e como se equivalem, ressaltando a necessidade de alinhamento entre o que se oferece e os interesses e expectativas das pessoas que decidem participar desses eventos, por identificarem neles algum valor e benefícios – individuais e singulares. Enfatizamos também a necessidade de planejar de forma adequada e organizada a realização de um evento, adotando-se como primeiro passo o desenvolvimento de um projeto.

## Síntese

Você conta, nesta seção, com um recurso que o instigará a fazer uma reflexão sobre os conteúdos estudados, de modo a contribuir para que as conclusões a que você chegou sejam reafirmadas ou redefinidas.

## Atividades de autoavaliação

Com estas questões objetivas, você tem a oportunidade de verificar o grau de assimilação dos conceitos examinados, motivando-se a progredir em seus estudos e a se preparar para outras atividades avaliativas.

## Atividades de aprendizagem

Aqui você dispõe de questões cujo objetivo é levá-lo a analisar criticamente determinado assunto e aproximar conhecimentos teóricos e práticos.

# Bibliografia comentada

Nesta seção, você encontra comentários acerca de algumas obras de referência para o estudo dos temas examinados.

PMI - Project Management Institute. **Um guia do conhecimento em gerenciamento de projetos (Guia PMBOK)**. 5. ed. São Paulo: Saraiva, 2014.

O *Guia PMBOK* apresenta padrões internacionais produzidos por consenso entre colaboradores especialistas no gerenciamento de projetos do mundo todo e de todas as áreas. Descreve normas, métodos, processos e práticas mundialmente convencionados. A abordagem se desenvolve de forma técnica, minuciosa e profunda, integrando todos os elementos de um projeto.

KERZNER, H. **Gerenciamento de projetos**: uma abordagem sistêmica para planejamento, programação e controle. São Paulo: Blucher, 2015.

É uma obra clássica sobre o gerenciamento de projetos e aborda, de modo detalhado, todos os elementos referentes ao tema, vinculando os conteúdos a estudos de caso, descrevendo as melhores práticas e demonstrando com clareza a relação entre um projeto e as atividades funcionais do ambiente corporativo. Seus conteúdos são totalmente alinhados ao *Guia PMBOK*.

FINOCCHIO [JUNIOR, J. **Project Model Canvas**: gerenciamento de projetos sem burocracia. Rio de Janeiro: Elsevier, 2013.

Utilizamos como marco referencial o *Project Model Canvas* pelo fato de que o método é bastante adaptável e adequado também ao gerenciamento de projetos esportivos e recreativos. O conteúdo é agradável, tornando-se fácil sua compreensão e a visualização da integração entre os elementos. É um método prático, visual, lógico e participativo, que estimula a reflexão e o compartilhamento de conceitos, ideias e opiniões e que está alinhado aos conteúdos do *Guia PMBOK*.

# Introdução

Ao participarmos de um jogo de futebol, de um campeonato de basquetebol, de um passeio ciclístico, de uma tarde festiva na escola dos filhos, de uma feira de artesanato ou, ainda, ao assistirmos a um espetáculo esportivo, a um espetáculo musical, a uma apresentação de dança pela tevê, talvez não tenhamos a real dimensão de todas as tarefas desempenhadas, das equipes de colaboradores envolvidos, dos recursos despendidos e das responsabilidades vinculadas a cada um desses eventos.

Na qualidade de participantes ou espectadores, não precisamos ter essa noção. É um tempo precioso que nos permite tão somente usufruir dos momentos de prazer e descontração, seja pela contemplação, seja pela prática que essas agradáveis experiências são capazes de proporcionar.

Quando se passa do papel de participante ou espectador para o de organizador, atravessa-se uma fronteira em que tudo muda. É preciso saber, antes de mais nada, que organizar um evento é um ato repleto de muito esforço, dedicação, entregas, resultados e responsabilidades.

A palavra *entrega* aparece aqui com dois sentidos. Ela tem a ver com o ato de se doar ao evento – pois, numa atividade esportiva ou recreativa, enquanto os outros se divertem, o organizador trabalha. Ela tem a ver também com o fato de um evento esportivo ou recreativo exigir o cumprimento de várias tarefas, de forma a garantir a grande entrega final – a realização do evento à altura das expectativas dos participantes, parceiros e colaboradores envolvidos nessa cadeia de serviços. Aí estão os dois sentidos: a entrega do organizador e as entregas inerentes ao trabalho.

Em eventos esportivos e recreativos há um misto de emotividade e racionalidade – emoção e razão como subprodutos de um sonho potencializado por um rico processo criativo, somado às técnicas de planejamento, programação, gerenciamento e controle. Quando esses elementos estão reunidos em um acontecimento esportivo ou recreativo, eles são capazes de produzir uma sensação de prazer e bem-estar nos participantes, solucionando questões ligadas ao evento e promovendo transformações.

Talvez seja esse um dos grandes desafios de quem organiza eventos esportivos e recreativos: ser capaz de tocar o coração das pessoas e permanecer positivamente na mente de cada uma, se possível para a vida toda.

Este livro dá as boas-vindas a você que quer saber mais sobre planejamento de eventos esportivos e recreativos. Trata-se de um campo em que a diversão, a descontração, a alegria, a saúde e os hábitos saudáveis, a educação, o esporte, a arte, a cultura, a contemplação, a colaboração e o convívio são também muito bem-vindos.

# Capítulo 1

## Sobre os eventos

**N**  **este capítulo,** apresentaremos a conceituação, a classificação e a tipologia dos eventos. Também destacaremos algumas especificidades das atividades esportivas e recreativas por meio da análise de seus conteúdos programáticos, com o propósito de facilitar a identificação de convergências e divergências entre essas duas modalidades.

O conteúdo deste capítulo servirá de base instrumental para a utilização de metodologias de gerenciamento de projetos aplicados a eventos esportivos e atividades recreativas, conforme você verá nos capítulos que se seguem.

## 1.1 O que é um evento?

Nakane (2013, p. 25) afirma que o conceito de evento é amplo e complexo em razão da "vasta conexão de ações que compõem sua estruturação e seu planejamento", sendo objeto de interesse e de apropriação por parte de diversas áreas, como *marketing*, administração, turismo e comunicação social, possibilitando diferentes abordagens, mas que apresentam correlações entre si.

Ainda para Nakane (2013, p. 26), o ponto central desse conceito "é o agrupamento de pessoas reunidas em determinado local, ambiente e horário, onde, por meio de um planejamento metódico, todos os participantes estejam sintonizados no mesmo interesse, com algo em comum, pelo menos naquele determinado período".

Para Zanella (2003, p. 12), evento é "uma concentração ou reunião formal e solene de pessoas e/ou entidades realizada em data e local especial, com objetivo de celebrar acontecimentos importantes e significativos".

Já na definição de Melo Neto (2007, p. 51), trata-se de "qualquer iniciativa que reúne pessoas em torno de um objetivo comum". Para o autor, é algo que acontece e tem data de início e de fim, ou seja, sua realização está associada a um momento no tempo e a um local determinado.

Conforme Giacaglia (2003), citado por Nakane (2013, p. 27), eventos podem ser definidos como:

*Reuniões criadas com o fim de ampliar a esfera de relacionamentos humanos, tanto nas esferas familiares como no trabalho, na escola e nas atividades de lazer [...] têm como característica principal propiciar uma ocasião extraordinária ao encontro de pessoas, com finalidade específica, a qual constitui o tema principal [...] e a justificativa de sua realização.*

Para Melo Neto (2007, p. 21), ao evento vinculam-se sensações e emoções. Essa opinião é corroborada por Nakane (2013, p. 27), que utiliza uma metáfora ao considerar um evento uma "obra de arte, pois, como uma forma sublime de expressão, induz o ser humano a profundas reflexões, desperta sensações, emociona e também motiva". Para a autora, "quanto mais talento, criatividade, imaginação, esforço e dedicação de tempo, maior será sua eficiência e sua eficácia".

Melo Neto (2007, p. 46) propõe uma classificação para os diversos tipos de eventos:

**Quanto ao *timing***

- **Eventos permanentes**: são realizados em edições que se sucedem periodicamente e integram um calendário mensal, semestral ou anual (ex.: campeonatos de futebol, feiras de artesanato).
- **Eventos esporádicos**: ocorrem de forma aleatória, sem regularidade (ex.: a comemoração do cinquentenário de uma escola).
- **Eventos únicos**: não se repetem, acontecendo apenas uma vez (ex.: a inauguração de um parque público, a entrega de uma casa de espetáculos).
- **Eventos de oportunidade**: ocorrem em épocas oportunas, como datas comemorativas de fatos e acontecimentos marcantes, pontuais ou tradicionais (ex.: a celebração do Natal, uma festa comemorativa ao Dia das Crianças).

Quanto ao escopo

- **Eventos de massa**: destinam-se ao grande público (ex.: grandes feiras e exposições).
- **Eventos de nicho**: são segmentados e destinados a um público específico (feira do automóvel, feira da mamãe e do bebê, festival de *jazz*, copa interclubes de vôlei de areia, festival de robótica, feira literária etc.).

Quanto à finalidade

- **Eventos promocionais de marcas**: objetivam melhorar o perfil das marcas dos patrocinadores e aumentar sua exposição (ex.: camarote de uma empresa no desfile de carnaval, patrocínio a campeonatos esportivos, desfile do Papai Noel para celebrar o Natal, sempre vinculando a esses eventos alguma marca).
- **Eventos promocionais de produtos e serviços**: objetivam vender produtos e serviços (ex.: festival de marcas de automóveis, feira de marcas esportivas).

Quanto ao *locus*

- **Eventos locais**: ocorrem uma ou diversas vezes, em um único local, destinando-se a uma comunidade específica (ex.: eventos de bairro, aniversário da cidade).
- **Eventos regionalizados**: são eventos menores que acontecem em diversas cidades de diferentes regiões (ex.: *shows*, exposições, jogos).
- **Eventos globais**: envolvem diversos países e atraem a atenção da mídia mundial (ex.: Jogos Olímpicos, Copa do Mundo de Futebol, festivais internacionais de música).

O Quadro 1.1. mostra como Nakane (2013, p. 292) categoriza os eventos de acordo com o tamanho do público.

Quadro 1.1 Classificação de eventos por dimensão de porte

| Classificação | Porte (número de pessoas) |
|---|---|
| Microeventos | até 50 pessoas |
| Pequenos eventos | de 50 a 150 pessoas |
| Eventos de médio porte | de 150 a 700 pessoas |
| Grandes eventos | de 700 a 5.000 pessoas |
| Megaeventos | mais de 5.000 pessoas |

Fonte: Nakane, 2013, p. 292.

Para Melo Neto (2007, p. 46), o que define a tipologia de um evento é a natureza das atividades que o integram, havendo, conforme essa classificação, diversos tipos de eventos: esportivos, culturais, ecológicos, de lazer e entretenimento. Essa é uma classificação possível segundo Nakane (2013, p. 267), que propõe também a segmentação por área de interesse, detalhando e descrevendo os conteúdos ou atividades inerentes a cada uma delas, como consta no Quadro 1.2.

Quadro 1.2 Segmentação de eventos por área de interesse

| Área de interesse | Assunto ou conteúdo |
|---|---|
| Artística | música, dança, pintura, poesia, literatura |
| Científica | medicina, física, química, biologia |
| Cultural | aspectos da cultura |
| Educativa | educação |
| Governamental | realizações do goveno, em qualquer esfera |
| Lazer | entretenimento |
| Social | confraternização |
| Desportiva | qualquer atividade esportiva |
| Turística | destinos de viagem e a exploração dos seus recursos |

Fonte: Nakane, 2013, p. 267.

Zanella (2003, p. 19) afirma que "os eventos são apresentados sob diversos tipos ou modalidades, de acordo com sua natureza, fato gerador, objetivos, qualificação ou nível dos participantes, amplitude, área, local etc.". Ele os classifica como comerciais, culturais, sociais, artísticos, gastronômicos, esportivos, políticos, históricos, religiosos e científicos, entre outros.

Analisando a segmentação dos eventos por área de interesse, podemos perceber uma correlação direta entre o tipo de evento, seu conteúdo e um determinado segmento de mercado, conforme mostra a Figura 1.1.

Figura 1.1 Demonstração de segmentação de eventos por mercado

Fonte: Melo Neto, 2007, p. 47.

Para Nakane (2013, p. 267), muitos eventos podem ainda "englobar diversas áreas de interesse ao mesmo tempo". Assim, podemos entender que os conteúdos dos eventos podem ser combinados, o que possibilita que um evento para um determinado mercado ou segmento de mercado tenha múltiplos conteúdos.

Zanella (2003, p. 19) especifica algumas possibilidades de eventos que podem ser realizados nos mais diversos segmentos (comerciais, culturais, sociais, artísticos, esportivos etc.):

*Convenção, workshop, mostra, leilão, feira, exposição, reunião, congresso, seminário, simpósio, conferência, curso, palestra, mesa-redonda, painel, fórum, recepção, baile, casamento, formatura, aniversário, passeio, desfile, concerto, show, amostra, banquete, coquetel, festival, competição, excursão, debate, homenagem, inauguração, encontro, conclave, comemoração, festa etc.*

Tendo em vista a vastidão de possibilidades quanto às combinações na formatação dos eventos, Nakane (2013, p. 27) afirma que "em muitos casos, esses eventos apresentam sutis diferenciações de escopo e estrutura", ressaltando que o domínio da forma de classificação é conhecimento imperativo para os gestores de eventos.

## 1.2 O que é um evento esportivo e recreativo?

Ao nos referirmos a um evento que seja somente esportivo, estamos segmentando esse evento conforme seu conteúdo, tendo no esporte o tema principal. Caso façamos referência a eventos recreativos, por analogia, estaremos atribuindo o mesmo conceito geral, mas levando em consideração o conjunto de possibilidades que têm as atividades recreativas como conteúdo.

No caso dos esportes, Mallen e Adams (2013, p. 1) apresentam dois tipos distintos de eventos como predominantes: tradicionais e segmentados ou híbridos. Segundo os autores, os **eventos tradicionais** pressupõem um corpo diretor (uma organização, associação ou federação) que estabeleça e aplique regras utilizadas em esportes reconhecidos e com histórico memorável. Podemos citar todos os esportes homologados por federações e associações esportivas internacionais, entidades de administração do desporto no âmbito nacional ou os eventos que integram o programa olímpico, tendo como exemplos o futebol, o handebol, o basquetebol, o *badminton*, o atletismo e a natação.

Quanto aos **eventos segmentados** ou **híbridos**, ao contrário dos tradicionais, os autores explicam que surgem "por meio de inovações que alteram ou renovam um evento", fazendo algo novo ou diferente que não necessita ser reconhecido por entidades ou organizações esportivas oficiais. Segundo Mallen e Adams (2013, p. 3), esses eventos surgem adaptados para um determinado segmento do mercado esportivo, atendendo às demandas de um público específico, e podem derivar dos tradicionais, tendo ou não componentes convencionais reconhecidos.

Os autores alertam que, à medida que os eventos segmentados se desenvolvem, conquistam adeptos e têm o reconhecimento de organizações que os padronizam e os regulamentam, "podem evoluir para o terreno dos eventos tradicionais" (Mallen; Adams, 2013, p. 6).

Assim, é possível identificar grandes diferenças no formato e no conteúdo de eventos que têm como objeto um mesmo esporte. Com base na caracterização proposta pelos autores, podemos concluir que um campeonato de natação realizado no formato tradicional é diferente de um campeonato de natação realizado em uma perspectiva inovadora, adaptada para um determinado segmento ou híbrido (ex.: campeonato de natação em prancha de surfe).

É preciso considerar ainda que os eventos esportivos e recreativos podem também agregar produtos, serviços ou atividades de outros segmentos de mercado, conforme pudemos observar nas considerações de Nakane (2013, p. 268), assim como não se obrigam a contemplar todos os conteúdos inerentes ao esporte e ao lazer simultaneamente.

Cabe ao gestor do evento e às partes interessadas decidir – com base em suas demandas, necessidades, realidade e em todos os componentes de um projeto, conforme mostraremos adiante – por que um evento esportivo e recreativo deve ser realizado, de que forma será estruturado e como será realizado, a começar pelas possibilidades quanto a seu programa. Mas quais conteúdos são inerentes aos eventos esportivos e recreativos?

Para compreender as possibilidades de formatação quanto aos conteúdos de eventos esportivos e recreativos, outras perguntas podem auxiliar: O que são atividades esportivas? O que são atividades recreativas? Quando, como e por que os indivíduos as praticam?

### O que são eventos esportivos e recreativos?

Com base nos conceitos, definições, tipificação e caracterização de eventos, é possível considerar que os eventos esportivos e recreativos são acontecimentos que, em um determinado local e período de tempo, reúnem pessoas que têm em comum algum tipo de interesse ou percepção de valor nas atividades esportivas ou recreativas ou ainda nos relacionamentos interpessoais, vivências e experiências decorrentes de sua realização; além disso, demandam planejamento e organização.

Trata-se de um campo multifacetado, interdisciplinar e carregado de embates acadêmicos sobre temas complexos. Procuramos abordar essas questões destacando elementos imprescindíveis para quem tem interesse ou atua em projetos de eventos.

Além da abordagem proposta neste livro quanto ao planejamento e ao gerenciamento de eventos esportivos e recreativos, fica o convite para que você procure aprofundar seu conhecimento sobre conceitos pertinentes ao esporte e ao lazer, que são fenômenos sociais que têm uma base teórica mais apropriada nos estudos acerca de tempo livre, ludicidade, recreação, jogos, brinquedos e brincadeiras, e cuja análise pode ser substancialmente enriquecida com conceitos e conteúdos pertinentes a outras áreas do conhecimento, como história, antropologia, psicologia, sociologia, ciências políticas, administração e economia.

É preciso afirmar, contudo, que aqui assumimos o compromisso de discutir e refletir sobre essas questões até o ponto em que seja possível estabelecer uma base instrumental que permita a articulação dos conteúdos necessários relativos às atividades esportivas e recreativas, aos eventos e ao gerenciamento de projetos, para, ao conjugá-los, esclarecer o que vem a ser o gerenciamento de projetos aplicado ao planejamento de eventos esportivos e recreativos, balizando a lógica em torno dessa atividade.

## 1.3 Sobre as atividades esportivas

Segundo Mullin, Hardy e Sutton (2004, p. 20), "os humanos veem o esporte como experiência especial ou como tendo um lugar especial nas suas vidas", com um apelo quase universal que permeia todos os aspectos da existência. Para os autores, diversos fatores individuais e ambientais moldam o envolvimento e o comprometimento das pessoas com o esporte.

Aquilo que faz com que um indivíduo tome decisões em relação ao esporte é um processo complexo, que é influenciado por outras pessoas (família, colegas, professores) e resulta também de normas e estruturas sociais e culturais, bem como de fatores relacionados à etnia e ao gênero, conforme o entendimento de Barbanti (2012, p. 58).

Para Coakley (2009, p. 4, tradução nossa), "os esportes são parte integrante dos contextos sociais e culturais em que vivemos e fornecem histórias e imagens que usamos para avaliar nossas experiências e o mundo que nos rodeia". O autor utiliza o exemplo de meninos jogando basquetebol na escola para demonstrar que a prática do esporte pode afetar o *status* e o prestígio na comunidade e na própria escola, na autoconfiança, nos relacionamentos, nas oportunidades e na vida.

O esporte está presente no cotidiano como atividade na escola, na confraternização com os amigos, no fim de tarde, nos fins de semana ou nas férias de verão. Ele está presente no conforto do lar a qualquer hora, com canais especializados que fazem transmissões 24 horas por dia de futebol, golfe, surfe, tênis etc., ao vivo ou não. É possível até acompanhar expedições empolgantes na prática de esportes de aventura ou experimentar a emoção e a adrenalina das exibições de esportes radicais, sem nem sequer praticá-los.

Os grandes eventos esportivos internacionais têm cobertura e transmissão global pelos meios de comunicação, resultando, segundo Coakley (2009, p. 13, tradução nossa), em "imagens e histórias vívidas que entretem, inspiram e fornecem às pessoas palavras e ideias utilizadas para dar sentido às suas experiências e ao mundo ao seu redor". Ainda conforme o autor, as experiências que as pessoas têm ao praticar esportes ficam marcadas na memória como especiais e importantes, pois têm um conjunto de características e circunstâncias que fazem "a participação no esporte mais memorável do que outras atividades" (Coakley, 2009, p. 18, tradução nossa).

No entanto, conforme afirmam Mullin, Hardy e Sutton (2004, p. 84), o perfil do consumidor esportivo "varia por esporte, por local de residência, por situação social e por uma multiplicidade de outros fatores". Então, o que faz com que as pessoas escolham o esporte e, quando o fazem, por que escolhem um esporte em detrimento de outro? Quais fatores influenciam nas escolhas e no gosto esportivo?

Segundo Coakley (2009, p. 13), devem ser observadas diferenças culturais, sociais e históricas que influenciam no contexto das tomadas de decisão por parte dos indivíduos quanto aos esportes. Para Barbanti (2012, p. 57), "a existência do esporte depende do equilíbrio entre a motivação intrínseca e a motivação extrínseca".

O autor prossegue explicando que "não precisa ser um equilíbrio de 50 por cento para cada um, mas quando uma delas se tornar insignificante, a atividade se transformará em qualquer coisa, com estrutura diferente, dinâmica diferente e consequências diferentes para as pessoas envolvidas."

Podemos imaginar que as escolhas podem estar baseadas em subjetividades e na percepção de benefícios e de significados que representem valor para um indivíduo, mas não necessariamente o mesmo valor para outro, o que nos faz pensar que duas pessoas podem estar juntas no mesmo evento, mas por motivos distintos e vivenciando diferentes experiências.

Além disso, de acordo com Barbanti (2012, p. 56), entre as motivações externas podem estar, por exemplo, "dinheiro, troféus, medalhas e fama". Porém, essas escolhas também podem ser influenciadas por outras variáveis externas e internas, como condições climáticas e geográficas, a relação existente entre as ofertas esportivas e as oportunidades de acesso a essas ofertas, além de características físicas, atitudes, percepções e a "autoimagem, a etapa de vida ou do ciclo familiar" de cada indivíduo (Mullin; Hardy; Sutton, 2004, p. 51). Com base nessas considerações, podemos perceber que é da conjugação entre essas variáveis – algumas delas, todas ou outras mais – que são feitas as escolhas individuais em relação aos esportes.

Vamos imaginar um pai ao levar os filhos para assistir a um espetáculo de voleibol no ginásio da cidade. A equipe local participa pela primeira vez de uma competição nacional, está se saindo muito bem e terá o adversário mais importante de sua trajetória. A cidade está motivada e o clima é de festa. A ida dessa família ao ginásio pode ser motivada por vários fatores, entre os quais o interesse que o pai tem em estimular os filhos a gostar de esporte ou de voleibol. Temos, portanto, um exemplo da influência da família, do momento, do ambiente, do clima, conjugando-se interesses e motivações intrínsecas e extrínsecas. Barbanti (2012, p. 57) ressalta ainda que "durante um evento esportivo é possível para os participantes alterar as fontes de motivação da intrínseca para a extrínseca e vice-versa".

Para Enis e Roering (1981), citados por Mullin, Hardy e Sutton (2004, p. 21), o esporte é um produto e como tal pode ser descrito como "qualquer conjunto ou combinação de qualidades, processos e capacidades (bens, serviços e ou ideias), do qual um comprador espera obter a satisfação desejada". Há, segundo os autores, minimamente um conjunto de elementos próprios do esporte que o distingue dos demais produtos:

- competição lúdica, tipicamente na forma de algum jogo;
- uma diferenciação do espaço e tempo "normais";
- regulamento por regras especiais;
- destreza e treinamento físicos;
- instalações e equipamentos especiais.

Figura 1.2 Exemplo de evento esportivo: prova de ciclismo

1000 Words/Shutterstock

Para Mullin, Hardy e Sutton (2004, p. 21), o produto esportivo tem um conjunto de características, a começar por uma forma esportiva específica (futebol, basquetebol, *skate*, ciclismo – representado na Figura 1.2 –, tênis, atletismo, natação etc.) e uma forma esportiva genérica (atividade, instalações, equipamentos, regras, jogos, habilidades etc.), bem como oferece benefícios essenciais (saúde, diversão, educação, boa forma, aventura, excitação, entretenimento, sociabilidade, bem-estar, identidade etc.).

É importante enfatizar que a abordagem de Mullin, Hardy e Sutton (2004) sobre o esporte tem o viés do *marketing* esportivo. Mas o que é *marketing*? Kotler e Armstrong (2015, p. 7) afirmam que o "marketing ocorre quando as pessoas decidem satisfazer suas necessidades e seus desejos por meio do relacionamento de troca". Ou seja, as pessoas têm desejos e necessidades, razão pela qual demandam por produtos, serviços, informações e experiências que representem algum valor em forma de benefícios, suprindo a demanda, conforme podemos visualizar na Figura 1.3.

Figura 1.3 Representação da relação de troca presente no conceito de *marketing*

| Necessidades Desejos Demandas | Valor Utilidade Benefícios Satisfação | Produtos Serviços Informações Experiências |
|---|---|---|

Fonte: Kotler; Armstrong, 2015, p. 10.

Para Kotler e Armstrong (2015, p. 244, grifo do original), "definidos de maneira ampla, os **produtos** também incluem serviços, eventos, pessoas, lugares, organizações, ideias ou uma mistura de tudo isso", sendo adequado o uso da expressão *produto* "como uma dessas entidades ou todas elas".

É, portanto, a combinação entre a forma esportiva específica, seu uso e os benefícios percebidos pelos usuários que faz do esporte um produto diferenciado dos demais, exclusivo e singular, não sendo possível afirmar, porém, que os benefícios limitam-se aos anteriormente apresentados, tampouco que somente os esportes são capazes de oferecer esses benefícios.

Além do mais, segundo Mullin, Hardy e Sutton (2004, p. 21), o jogo ou o evento esportivo são elementos adicionais do esporte que o caracterizam como um produto de natureza intangível (que não se pode tocar ou pegar), efêmera (acontecimento transitório e de curta duração), vivencial (como resultado de uma experiência única e intransferível), subjetiva (algo vinculado e aberto às escolhas, interpretações, sensações e percepções individuais), perecível (que se extingue) e que, segundo os autores, é criado e produzido ao mesmo tempo que é consumido ou experimentado, como resultado da interação entre atletas, organizadores e público, assumindo uma dinâmica particular. Para Mullin, Hardy e Sutton (2004, p. 94), ainda que estejam presentes os mesmos elementos (tempo, quadra, destreza dos praticantes e equipamento), o produto esportivo é diferente cada vez que é consumido.

Pensando no jogo de vôlei, visualizamos a quadra, a rede, as antenas, os jogadores e seus uniformes, os árbitros, os técnicos, as regras e todo o aparato necessário à realização da partida. O mesmo se passa em relação a qualquer outro esporte. Esses são os elementos tangíveis do esporte, comumente normatizados e regulamentados, seguindo requisitos estabelecidos pelas instituições de cada esporte. São elementos palpáveis, mensuráveis e padronizados, especialmente no caso de esportes tradicionais ou convencionais, segundo a classificação de Mallen e Adams (2013), a exemplo dos esportes praticados nos Jogos Olímpicos. Onde quer que se pratique o vôlei, ao imaginarmos um jogo no formato tradicional e regulamentado, são esses os elementos que compreendem o produto esportivo *vôlei* e que nos vêm imediatamente à mente.

Segundo Mullin, Hardy e Sutton (2004, p. 95), cada esporte tem algum tipo de jogo, que inclui regras, técnicas e equipamentos, e também um local específico (campo, área delimitada na areia da praia, pista, piscina, espaço aéreo e área de pouso, instalação esportiva ou uma arena de competição), que integra o produto esportivo. Os autores consideram esses locais como "caldeirões de memória e comunidade poderosos [...], pois a identidade de um fã reside nas histórias ou nas recordações de memórias que ligam as pessoas e os eventos a um local" (Mullin; Hardy; Sutton, 2004, p. 100) e, ainda segundo os autores, a memória esportiva é parte decisiva do processo de aprendizagem de qualquer esporte.

Assim, no exemplo do jogo de vôlei, ainda que os equipamentos façam parte do produto essencial, podem também ser uma extensão da vivência do evento, uma vez que esses materiais podem se eternizar na memória afetiva do jogo, da partida, da competição ou do evento para um participante, espectador ou até mesmo organizador. A esse respeito, podemos refletir sobre o caso de um garoto que, ao assistir a um jogo em qualquer evento, recebe de seu ídolo, ao fim da partida ou prova, uma camisa autografada, uma bola, uma raquete ou uma foto ou que, mesmo que nada disso aconteça, simplesmente assiste ao vivo, a poucos metros de distância, a um lance que entrou para a história daquele esporte.

Portanto, além dos aspectos tangíveis, há a experiência, a vivência, os benefícios e a percepção de valor que decorrem do mesmo jogo de vôlei. Para Mullin, Hardy e Sutton (2004, p. 94, grifo no original), "a **vivência** inclui a atmosfera do local, o equipamento, os acessórios, a música, as concessões e as festividades anteriores e posteriores ao jogo."

Figura 1.4 Evento esportivo como espaço de vivência

Vasyl Shulga/Shutterstock

Conjugados entre si, esses elementos contribuem para que o produto esportivo extrapole a disputa que decorre do jogo jogado em quadra, da corrida disputada na pista, da luta travada em um tatame, das braçadas dadas nas raias das piscinas, agregando um pacote de valor resultante de subprodutos que se somam às disputas, às provas, às competições, aos confrontos ou ao jogo em si, o que atinge o público espectador do evento no local onde este acontece – como mostra a Figura 1.4 – ou o telespectador que acompanha uma transmissão a distância, projetando benefícios capazes de atingir pessoas que sequer estão no local do evento.

Coakley (2009, p. 7, tradução nossa) propõe a distinção entre jogo e espetáculo: "o jogo é uma atividade expressiva com um fim em si mesmo e o espetáculo é um meio performático de entreter uma audiência". Para exemplificar o jogo, o autor descreve crianças correndo e jogando bola animadamente no parque de diversões do jardim de infância, enquanto o espetáculo é representado por apresentações ensaiadas, coreografadas por parte de lutadores profissionais pagos para entreter, despertar e excitar uma audiência.

Ainda segundo Coakley (2009, p. 7, tradução nossa), "Os esportes envolvem um balanceamento entre elementos do jogo e do espetáculo. Quando enfatizam os elementos do jogo, são orientados para os participantes. Quando enfatizam os elementos do espetáculo, são orientados para o espectador." Assim, e também conforme a lógica proposta por Barbanti (2012, p. 57), podemos observar com maior intensidade a presença de motivações intrínsecas (internas) no jogo, enquanto as motivações extrínsecas (externas) estão mais presentes no espetáculo.

Barbanti (2012, p. 54) faz menção a três condições que devem ser observadas no desenvolvimento de uma conceituação de esporte: a) tipos específicos de atividades; b) condições sob as quais essas atividades acontecem; c) a orientação subjetiva dos participantes. Com base nessas condições, o autor define *esporte* como "uma atividade competitiva institucionalizada que envolve esforço físico vigoroso ou o uso de habilidades motoras relativamente complexas, por indivíduos, cuja participação é motivada por uma combinação de fatores intrínsecos e extrínsecos" (Barbanti, 2012, p. 57).

Para o Conselho Europeu do Esporte, "o esporte define-se pelas formas de atividade corporal que, através de participação ocasional ou organizada, visam exprimir ou melhorar a condição física e o bem-estar mental, constituindo relações sociais ou a obtenção de resultados em competições de todos os níveis" (European Sport Charter, 1992, citado por Brasil, 2015, p. 15).

Os conteúdos e conceitos de esporte apresentados evidenciam a complexidade e a multiplicidade de entendimentos e interpretações relacionados ao fenômeno. Além disso, auxiliam na concepção do cenário que caracteriza algumas condições nas quais os esportes são ofertados e praticados, compondo, para efeito desta obra, a delimitação necessária ao entendimento sobre o mosaico de atividades esportivas possíveis e sua incorporação aos eventos esportivos. A seguir, abordaremos as atividades recreativas.

# 1.4 Sobre as atividades recreativas

Para tratar das atividades recreativas, primeiramente é necessário considerar como as pessoas ocupam seu tempo livre, nas "migrações de fim do dia, de fim de semana, de fim de ano (férias), de fim de vida (aposentadoria)", que são delimitações ritmadas de espaço e tempo, segundo Dumazedier (2008, p. 170), teoricamente fundamentadas em categorias, princípios e conceitos inerentes ao lazer.

Tendo em vista a diversidade de possibilidades, condições e gostos quanto a essas atividades, Dumazedier (2008, p. 137) propõe que elas ("lazeres", nas palavras do autor) sejam reunidas em cinco categorias distintas, agrupadas segundo interesses:

1. físicos (desportivos);
2. práticos (manuais);
3. estéticos (artísticos);
4. intelectuais;
5. sociais.

Camargo (1986, p. 176-178) discorre sobre o turismo "como uma das mais nobres atividades do lazer", ressaltando, porém, alguns aspectos como o alto custo dessas atividades. O mesmo autor destaca ainda a "fascinação das crianças pelo lazer eletrônico – da tevê aos videogames e fliperamas".

Nesse caso, é curioso observar o tratamento dado ao tema anos antes do advento da internet, do desenvolvimento das novas tecnologias da informação e da comunicação, da geração dos *notebooks*, *smartphones*, *tablets*, *gadgets*, aplicativos, telefonia móvel e aparatos da mais alta tecnologia digital disponível na atualidade, quando as telas assumem importante papel no mundo digital, com impactos ainda não dimensionados quanto à mudança nos hábitos e no estilo de vida das pessoas. Assim, o lazer também é composto por um cenário repleto de atividades tecnológicas.

Dumazedier (2014, p. 32) apresenta elementos e pressupostos relevantes para a compreensão sobre o lazer e suas funções para o indivíduo:

- liberação;
- prazer;
- descanso;
- divertimento, recreação e entretenimento;
- desenvolvimento.

Figura 1.5 Multidão participa de atividade recreativa

Dessa forma, no tocante ao conteúdo pertinente à organização de eventos esportivos e recreativos, as atividades recreativas podem ser definidas como o conjunto de atividades físicas (desportivas), práticas (manuais), estéticas (artísticas), intelectuais, sociais, turísticas e/ou tecnológicas promovidas com vistas ao cumprimento de funções de descanso, divertimento e desenvolvimento (como na Figura 1.5), sendo capazes de proporcionar a satisfação do indivíduo ao usufruir, de forma voluntária, liberada e prazerosa, de seu tempo de lazer. O Quadro 1.3 apresenta exemplos de atividades recreativas.

Quadro 1.3 Conjunto de possibilidades em atividades recreativas

| Atividades | Exemplos |
|---|---|
| Físicas (desportivas) | Atividades físicas e esportivas, nas mais variadas modalidades e nos mais diversos formatos, condições e dimensões, tais como caminhadas, passeios ciclísticos, passeios a pé, corridas, natação, hidroginástica, musculação, futebol, handebol, voleibol, rúgbi e tênis. |
| Práticas (manuais) | Atividades caracterizadas pelo uso de habilidades manuais na transformação da natureza e na confecção de objetos e de materiais, como crochê, jardinagem, artesanato e decoração. |
| Estéticas (artísticas) | Literatura, pintura, escultura, música, *shows*, dança, fotografia, artes cênicas, artes visuais, artes gráficas, arte digital etc. |
| Intelectuais | Grupo de atividades que requerem o uso do intelecto, tais como a leitura (livros, revistas, jornais, gibis etc.), jogos intelectivos, jogos de tabuleiro, jogos digitais e participação em cursos e palestras. |
| Sociais | Atividades associativas, realizadas em grupo, com familiares, amigos, conhecidos ou desconhecidos, tais como os passeios em família ou com amigos, o namoro, a participação em grupos ou comunidades religiosas, centros comunitários, clubes e outros agrupamentos sociais. |
| Turísticas | Viagens, passeios, excursões etc. |
| Tecnológicas | Compreendem as telas em geral, que, por meio de *hardwares*, *softwares*, aplicativos, *gadgets* e interação com a eletrônica, permitem o desenvolvimento da robótica e do acesso a um universo virtual em crescente expansão, possibilitando ao indivíduo viver, isoladamente ou em grupo, o mundo dos *games*, das redes sociais e do entretenimento. |

Fonte: Elaborado com base em Dumazedier, 2008; Camargo, 1986.

Entre os eventos recreativos, há aqueles que se apoiam em apenas um grupo de atividades (esportivas, ou manuais, ou artísticas, ou intelectuais, ou sociais, ou turísticas, ou tecnológicas) e também aqueles que se desenvolvem a partir da combinação de vários temas entre si. Nesse aspecto, é possível haver diferentes combinações:

- esportivas e artísticas;
- manuais e intelectuais;
- sociais e turísticas;
- sociais e tecnológicas;
- esportivas e turísticas;
- culturais e tecnológicas;
- qualquer outra combinação de duas atividades;
- combinação de três ou mais atividades;
- todas as atividades combinadas entre si.

Figura 1.6 Pessoas aproveitando um dia de sol no parque

David Fowler/Shutterstock

Ainda que se estabeleçam a tipificação e o agrupamento das atividades recreativas, é importante considerar as múltiplas possibilidades quanto ao envolvimento individual nessas atividades, podendo resultar em interesses meramente contemplativos (ex.: assistir a *shows*, visitar parques e jardins – como na Figura 1.6 –, apreciar a natureza, assistir a espetáculos esportivos); de participação ativa (ex.: cantar, tocar um instrumento musical, planejar e manter um jardim, praticar um esporte, brincar com os filhos); ou, ainda, em caráter de construção e exploração da criatividade (ex.: ensinar música, construir instrumentos musicais, ensinar sobre o manuseio das plantas, encaixar peças e construir robôs), combinação que impacta consideravelmente na amplitude e extensão que essas atividades assumem como possibilidades de conteúdo em eventos recreativos.

Destacamos a importância do tempo e do espaço nas atividades de lazer, abordagem profundamente discutida por Dumazedier (2008, p. 131-165), que trata de conceitos que nos permitem compreender aspectos relevantes associados à organização e sistematização de possibilidades e alternativas quanto ao planejamento de eventos recreativos. O tempo de lazer é para cada indivíduo (ou ao menos deveria ser) um tempo precioso, rico e caro (não no sentido financeiro, mas como valor pessoal), por oferecer oportunidades de múltiplas vivências, desinteressadas, em espaços de tempo ritmados entre valiosos ciclos de descanso, divertimento, desfrute, felicidade, satisfação, prazer e desenvolvimento pessoal.

Para Barbanti (2012, p. 58), recreação é "uma atividade em sua maior parte engajada voluntariamente pela pessoa, diferente em caráter daquelas atividades que exercem pressão física ou mental sobre a pessoa em sua vida diária e que tem efeito de 'refrescar' a mente e o corpo". Ele afirma ainda que a recreação

> é geralmente uma resposta às preocupações da vida e não totalmente sem relação com elas, ou seja, quase sempre o objetivo é se separar temporariamente das pressões e responsabilidades associadas com as posições ocupadas no dia a dia. Faz-se recreação para o alívio ou liberação, para uma re-criação do indivíduo em relação a fatores pessoais como as tensões emocionais, frustrações, estresses, etc. (Barbanti, 2012, p. 58)

Segundo Dumazedier (2014, p. 33, grifo do original), a função de **"divertimento, recreação e entretenimento"** está diretamente ligada ao tédio decorrente da monotonia das rotinas diárias do trabalhador, podendo exercer o equilíbrio requerido para que o indivíduo possa "suportar as disciplinas e as coerções necessárias à vida social" com atividades compensatórias (viagens, esportes, literatura, teatro, cinema etc.). Porém, assim como nas atividades esportivas, há a necessidade de distinguir entre o jogo e o espetáculo. O autor também destaca a importância de "distinguir entre assistir a um espetáculo esportivo e praticar um esporte, recreativo ou competitivo" (Dumazedier, 2014, p. 192).

O autor chama a atenção quanto aos aspectos de arquitetura e urbanística destinados ao "homem em situação de lazer" (Dumazedier, 2008, p. 168), demonstrando que, para que possa existir um ajustamento entre a demanda e a oferta, há a necessidade de se "conceber, equipar, integrar um espaço apropriado: o **espaço de lazer**", com espaços funcionais, polivalentes, integrados e temporais, que compreendem "tanto os equipamentos privados quanto os equipamentos públicos" (Dumazedier, 2008, p. 170, grifo do original).

Quando se aborda o tema dos eventos recreativos, sobretudo com relação a aspectos de planejamento e organização, é importante considerar que comumente eles ocorrem por meio de ofertas coletivas, destinadas a um determinado grupo populacional.

## Para refletir

Como garantir e valorizar a subjetividade das escolhas nas atividades propostas em eventos recreativos, tendo em vista que a concepção, a formatação e a definição de como essas atividades serão praticadas ocorrem, não raras vezes, distante das opiniões e intenções individuais daqueles que virão a ser os reais participantes, usuários ou beneficiários dessas atividades? Como os organizadores desses eventos podem fazer as escolhas pelo lazer do outro e induzir seu comportamento em relação à ocupação de seu tempo livre? Como deve ser essa relação?

## 1.5 Diferenças e aproximações entre eventos esportivos e recreativos

Considerando-se o que foi apresentado até aqui quanto às atividades esportivas e às atividades recreativas, é possível perceber que os eventos esportivos e recreativos contemplam um conjunto de variáveis que, conjugadas entre si, resultam em uma diversidade de conteúdos e possibilidades de estruturação.

Dependendo da condição da oferta e da relação daquilo que se oferece com o que motiva e justifica sua realização, os eventos esportivos e recreativos podem ser ofertados em diferentes espaços, formatos e com as mais diversas finalidades, conforme apresenta o Quadro 1.4.

Quadro 1.4 Possibilidades de espaços, formatos, atividades e finalidades em eventos esportivos e recreativos

| Variáveis | Exemplos |
|---|---|
| Espaço | Escolas, parques, praças, espaços (públicos e particulares), ambientes abertos junto à natureza, *shopping centers*, clubes, salões, auditórios, teatros, ginásios de esportes, quadras esportivas, estádios de futebol, arenas esportivas, museus etc. |
| Formato | Festivais, feiras, exposições, encontros, competições, torneios, gincanas, desafios, apresentações, exibições, passeios, *shows*, oficinas, espetáculos, jogos, brinquedos, brincadeiras etc. |
| Atividades | Físicas, esportivas, manuais, artísticas, intelectuais, sociais, turísticas e tecnológicas. |
| Finalidade | Recreação, rendimento esportivo, desempenho, espetáculo, trabalho, diversão, entretenimento, confraternização, comemoração, celebração, promoção da saúde, aumento de vendas, conquista de mercado, comunicação etc. |

É dessa combinação que resultam os eventos esportivos e recreativos. Com base em uma análise detalhada da intrincada dinâmica que se estabelece entre todas essas variáveis, é possível construir um programa de atividades esportivas e recreativas que possibilite a oferta de eventos como: corridas, caminhadas, acampamentos, apresentações artísticas ou teatrais, espetáculos circenses, competições esportivas, passeios turísticos, exposições de pintura, oficina de artes manuais, excursões e tantos outros eventos.

*os eventos esportivos e recreativos contemplam um conjunto de variáveis que, conjugadas entre si, resultam em uma diversidade de conteúdos e possibilidades de estruturação.*

O Quadro 1.5 estabelece uma comparação entre componentes presentes no planejamento de eventos esportivos e recreativos, permitindo a visualização de diferenças e aproximações entre essas duas categorias.

Quadro 1.5 Diferenças e aproximações entre componentes de eventos esportivos e recreativos

| Componentes | Evento esportivo | Evento recreativo |
|---|---|---|
| Atividades | Esportivas. | Esportivas, manuais, artísticas, intelectuais, sociais, turísticas, tecnológicas. |
| Programação | Segue um padrão técnico e regulamentar de organização, no caso de eventos tradicionais, apoiado na escolha do sistema de disputa mais adequado, permitindo ainda a concepção de um formato híbrido. | Não é possível definir um padrão de programação, já que cada atividade depende das características referentes a seus conteúdos, além da possibilidade de exploração da criatividade, inovando-se e adequando-se formatos às diferentes demandas e circunstâncias de oferta. |

*(continua)*

*(Quadro 1.5 – continuação)*

| Componentes | Evento esportivo | Evento recreativo |
|---|---|---|
| Tempo de duração | Submete-se ao número de participantes, ao número de dias disponíveis, ao sistema de disputa adotado e ao formato estabelecido. | É variável, sujeitando-se ao número de dias disponíveis, ao perfil do público-alvo, ao tempo de lazer e a outras condições. |
| Espaços, equipamentos e instalações | Cada esporte apresenta regras e manual técnico próprios, que devem ser respeitados, exceto pela possibilidade de sua adequação ao formato híbrido. | Escolas, parques, praças, espaços e residências particulares, ambientes abertos junto à natureza, *shopping centers*, clubes, salões, auditórios, teatros, ginásios e quadras esportivas, estádios de futebol, outras arenas esportivas etc. |
| Equipes de trabalho nas áreas programáticas | Em geral, estudantes e profissionais que atuam prioritariamente no campo esportivo, selecionados e treinados conforme os requisitos técnicos dos esportes em disputa, que conhecem as atividades esportivas, gostam delas ou têm (ou pretendem ter) algum envolvimento com essas práticas. | Em geral, estudantes e profissionais que atuam nas áreas de realização do evento, selecionados e treinados conforme os conteúdos e atividades ofertadas, que conhecem as atividades recreativas, gostam delas ou têm (ou pretendem ter) algum envolvimento com essas práticas. |
| Atitude do participante quanto à decisão sobre seu envolvimento | Motivações internas e externas, que incluem competição, *performance*, *ranking*, busca pela conquista de títulos, classificação, medalha, troféu e premiação, o gosto pelo jogo ou pelo espetáculo esportivo etc. | Motivações internas e externas, que incluem recreação, diversão, entretenimento, confraternização, comemoração, celebração, promoção da saúde, sociabilização, desenvolvimento pessoal etc. |

*(Quadro 1.5 – conclusão)*

| Componentes | Evento esportivo | Evento recreativo |
|---|---|---|
| Equipes das áreas operacionais não programáticas | Em geral, profissionais que trabalham com logística de pessoas (hospedagem, alimentação e transporte), logística de materiais, infraestrutura, produção, cenografia, comunicação, segurança, direito, serviços médicos, serviços financeiros, entre outros. ||
| Planejamento e organização geral | Iniciação, planejamento, execução, monitoramento e controle, encerramento. (Kerzner, 2015, p. 2) ||

Analisando-se o Quadro 1.5, é possível perceber que os conteúdos, a infraestrutura, o perfil dos colaboradores responsáveis por ministrar ou organizar os conteúdos programáticos, o tempo e a atitude dos participantes diferem entre si, mantendo-se como padrão todo processo de planejamento e organização, além das áreas operacionais, que dão suporte para o funcionamento dos eventos.

Para finalizar, tendo como base os conteúdos do capítulo, a Figura 1.7 identifica as variáveis intervenientes e a dinâmica estabelecida no planejamento de eventos esportivos e recreativos.

Figura 1.7 **Representação das variáveis intervenientes e da dinâmica estabelecida no planejamento de eventos esportivos e recreativos**

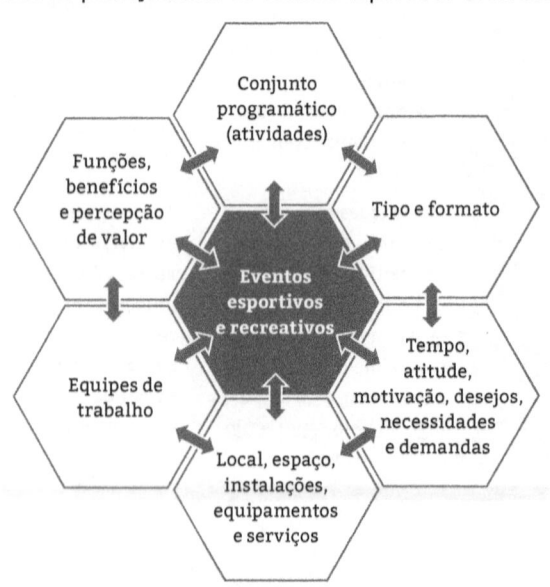

- Conjunto programático (atividades)
- Funções, benefícios e percepção de valor
- Tipo e formato
- Eventos esportivos e recreativos
- Equipes de trabalho
- Tempo, atitude, motivação, desejos, necessidades e demandas
- Local, espaço, instalações, equipamentos e serviços

Neste capítulo, mostramos que o conjunto de circunstâncias e variáveis intervenientes na concepção e planejamento de eventos esportivos e recreativos tem um elevado grau de complexidade, razão pela qual as projeções, as dúvidas, as incertezas e os riscos diante de sua realização devem ser motivos para um refinado diagnóstico e avaliação prévia, além do monitoramento permanente por parte dos organizadores e demais interessados no evento.

É por isso que a organização de eventos esportivos e recreativos tem como ponto de partida a realização de um planejamento adequado, concebendo-se e integrando-se ações com base na gestão do conhecimento e no gerenciamento do projeto, o que demanda o uso de técnicas e ferramentas apropriadas. Esses são temas que abordaremos nos próximos capítulos.

## ııı *Síntese*

Neste capítulo, apresentamos definições, características e tipos de eventos e enfocamos o segmento de eventos esportivos e recreativos. Por meio de conceitos e exemplos, também descrevemos o conjunto de atividades que podem vir a integrar o conteúdo programático desses eventos e mostramos, de modo geral, como as atividades e os conteúdos se integram e se organizam.

Quanto ao planejamento e à organização, destacamos como eles se distinguem e como se equivalem, ressaltando a necessidade de alinhamento entre o que se oferece e os interesses e expectativas das pessoas que decidem participar desses eventos, por identificarem neles algum valor e benefícios – individuais e singulares. Enfatizamos também a necessidade de planejar de forma adequada e organizada a realização de um evento, adotando-se como primeiro passo o desenvolvimento de um projeto.

## Atividades de autoavaliação

1. Conforme o conteúdo abordado neste capítulo, relacione os itens a seguir com as respectivas definições:
   1. Eventos permanentes.
   2. Eventos de oportunidade.
   3. Eventos de nicho.
   4. Eventos por área de interesse.
   5. Eventos por dimensão e porte.

   ( ) A classificação é feita pelo número de pessoas, podendo ser: microeventos, pequenos eventos, eventos de médio porte, grandes eventos ou megaeventos.
   ( ) Ocorrem em épocas oportunas, como datas comemorativas de fatos e acontecimentos marcantes, pontuais ou tradicionais.
   ( ) São relacionados a conteúdos específicos de uma área de interesse (esporte, turismo, cultura, lazer, social etc.).
   ( ) São segmentados e destinados a um público específico.
   ( ) Ocorrem em edições que se sucedem periodicamente e integram um calendário mensal, semestral ou anual.

   Agora, assinale a alternativa correta:
   a) 1, 2, 3, 4, 5.
   b) 2, 4, 3, 1, 5.
   c) 5, 2, 4, 3, 1.
   d) 3, 2, 4, 5, 1.
   e) 4, 5, 3, 1, 2.

2. Leia o trecho a seguir:
   > Pelo viés do *marketing*, pode-se perceber o esporte como um produto valorizado pelos meios de comunicação no Brasil. A mídia digital no país dedica cerca de 25 mil horas por ano ao esporte e "emissoras de televisão por assinatura chegam a transmitir anualmente mais de mil eventos esportivos" (Pozzi; Ribeiro, 2006, p. 723), em virtude das demandas do consumidor e do mercado anunciante.

Levando em consideração essa informação e os conteúdos sobre os benefícios do produto esportivo abordados neste capítulo, analise as assertivas que seguem, marcando V para as verdadeiras e F para as falsas.

( ) O produto esportivo oferece benefícios essenciais (saúde, diversão, educação, boa forma, aventura, excitação, entretenimento, sociabilidade, bem estar, identidade etc.).
( ) A combinação entre a forma esportiva específica, seu uso e os benefícios percebidos pelos usuários faz do esporte um produto diferenciado dos demais.
( ) O produto esportivo é o único a oferecer benefícios essenciais.
( ) O produto esportivo é diferente cada vez que é consumido, ainda que apresente os mesmos elementos.

Agora, assinale a alternativa que indica a sequência correta:

a) V, F, F, V.
b) F, F, V, V.
c) V, V, V, V.
d) V, V, V, F.
e) V, V, F, V.

3. A vasta conexão de ações que compõem a estruturação e o planejamento de um evento, bem como o interesse e apropriação por parte de diversas áreas de conhecimento, como *marketing*, administração, turismo e comunicação social, possibilita diferentes abordagens quanto à conceituação de eventos, embora todas se relacionem entre si. Levando em consideração essa informação e o conteúdo abordado neste capítulo, analise as afirmativas a seguir.

I. Evento é uma concentração ou reunião formal e solene de pessoas e/ou entidades realizada em data e local especial.
II. Um evento, para ser eficiente e eficaz, não exige esforço e dedicação de tempo.

III. Um evento sempre envolve várias pessoas nas diversas fases de planejamento e organização.

IV. Um evento tem data de início e fim, e sua realização está associada a um momento no tempo e a um local determinado.

São corretas as afirmativas:

a) I, II e III, apenas.
b) I, III e IV, apenas.
c) I e III, apenas.
d) I, II e IV, apenas.
e) I e II, apenas.

4. Os eventos esportivos e recreativos são compostos por variáveis que, interligadas, comportam uma diversidade de conteúdos e possibilidades. Assinale a afirmativa que contempla a combinação de variáveis das quais resultam os eventos esportivos e recreativos:

a) Tempo, desenvolvimento, atividades e avaliação.
b) Conjunto de atividades e interesse.
c) Tempo e atitude.
d) Espaços, formatos, atividades e finalidades.
e) Concepção, formatação e definição.

5. Sobre as diferenças entre um evento esportivo e um recreativo, com relação à organização, analise as assertivas a seguir.

I. As diferenças e as aproximações estão nos componentes presentes na organização dos eventos esportivos e recreativos que dão suporte para o funcionamento destes.

PORQUE

II. As atividades, a programação, o tempo, o espaço, os equipamentos, as instalações, a equipe de trabalho nas áreas programáticas e a atitude do participante quanto a seu envolvimento são diferentes no evento esportivo e no recreativo, existindo em comum todo o processo de planejamento e organização das áreas operacionais.

Agora, assinale a alternativa correta:

a) Tanto a primeira assertiva quanto a segunda são proposições falsas.
b) A primeira assertiva é uma proposição falsa, e a segunda é verdadeira.
c) A primeira assertiva é uma proposição verdadeira, e a segunda é falsa.
d) As duas assertivas são verdadeiras, mas a segunda não é uma justificativa correta da primeira.
e) As duas assertivas são verdadeiras, e a segunda é uma justificativa correta da primeira.

## Atividades de aprendizagem

*Questões para reflexão*

1. Você participou de algum evento esportivo ou recreativo especial que tenha ficado em sua memória? Se sim, relembre esse dia! Que evento foi esse? Por que você resolveu participar? Por que foi especial e marcante? Será que todas as pessoas que estiveram nesse evento sentiram o mesmo que você?

2. Por que algumas pessoas escolhem assistir a uma peça de teatro em vez de um jogo de futebol? Será que uma mesma pessoa pode ter a mesma sensação de prazer e satisfação nesses dois eventos? Qual é a importância dos eventos (esportivos ou recreativos) em nossa vida?

   Reflita, converse com amigos e familiares sobre isso. Aproveite os conteúdos do capítulo, procure outras fontes de consulta sobre o mesmo tema e forme sua opinião a respeito.

*Atividade aplicada: prática*

Apresentamos a seguir um exercício introdutório a uma atividade que desenvolveremos logo em seguida. Esse exercício se inicia neste capítulo e se conclui no Capítulo 5. Trata-se do preenchimento do *canvas* (Finocchio Junior, 2013) de um evento, devendo-se simular os resultados reais de seções do planejamento. Para começar, vamos descrever a reunião que antecede a abertura do projeto e desenvolveremos, capítulo a capítulo, o *canvas* correspondente ao conteúdo abordado para o mesmo evento.

Concluído o Capítulo 5, teremos finalizado o *canvas* do evento. O exemplo que trazemos ilustra a lógica na elaboração do *canvas* e servirá de referência para que você possa desenvolver o mesmo exercício, como atividade prática aplicada, para um evento esportivo. Daremos início à atividade prática proposta nos mesmos moldes desse exercício e seguiremos o mesmo padrão até o Capítulo 5.

O resultado final desse plano de projeto é fruto de uma simulação e não deve servir como protocolo a ser utilizado na realização de um evento similar, considerando-se que esse é apenas um exercício didático com base em exemplo hipotético.

> **Apresentando o evento: Tradicional Festa Junina no Dia de São João**
> No início do mês de fevereiro, o presidente de um clube convocou uma reunião extraordinária com membros do Conselho Deliberativo e todos os gerentes para tratar da realização da 10ª Festa Junina de São João do Clube, um tradicional evento da entidade e a maior e melhor festa de São João da cidade. Conforme os anos anteriores, a festa será coordenada pelo Departamento de Esportes. Na reunião, o diretor fez as seguintes considerações:
> - Deverá ser realizada uma festa especial alusiva à comemoração dos dez anos desse evento, que é um dos melhores produtos do clube.
> - Não haverá, pela primeira vez, a tradicional fogueira. Será cancelada pelo entendimento de respeito ao meio ambiente e consciência ecológica.
> - Deverão ser resgatados e customizados itens de decoração dos anos anteriores, mesclando-se com adereços juninos especiais

comemorativos aos dez anos de festa. Dessa forma, serão relembrados os eventos anteriores e o clube economizará.
- Estarão proibidas a venda e a utilização de fogos de artifício por parte dos convidados, exceto estalinhos, em razão do acidente ocorrido no ano anterior.
- Para comemorar os dez anos, os organizadores deverão indicar uma banda de forró reconhecida nacionalmente e uma quadrilha junina participante de festivais do Nordeste para uma apresentação especial com a banda (a serem aprovados pelo Comitê Organizador e pelo Conselho Deliberativo na próxima reunião). Após a apresentação, a banda tocará no baile junino, sob a tenda central. O *show* deverá ter 1 hora e 30 minutos de duração e, ao fim, será realizada a majestosa queima de fogos de encerramento da festa.
- A festa continuará sendo no grande pátio central do clube, a céu aberto, onde será montado o arraial, com a tenda central para os *shows* e apresentações, circundado pela alameda de comidas e bebidas, ampliando-se o espaço destinado aos jogos, brinquedos e brincadeiras infantis.
- Os parceiros nas barracas típicas continuarão sendo as organizações sociais e entidades assistenciais que têm atendido ao clube e outras que possam ter interesse.
- O recurso financeiro já está definido com o Departamento Financeiro.
- É preciso reunir o maior número de associados e atrair convidados que possam vir a se associar ao clube.

Sem mais detalhes, o presidente solicitou que todas as demais características das festas juninas anteriores estejam presentes e que o projeto e seus custos sejam apresentados na próxima reunião, em 30 dias, para deliberação.

Observamos nesse evento as seguintes características:
a. Quanto ao *timing*: evento de oportunidade/permanente.
b. Quanto ao escopo: evento de nicho.
c. Quanto à finalidade: evento promocional e comemorativo.
d. Quanto ao *locus*: evento local.
e. Quanto ao porte: grande porte.
f. Quanto à natureza da atividade ou área de interesse: cultural.
g. Quanto às especificações de formato (convenção, *workshop* etc.): festa.

**Agora é com você!**

Com base no exemplo apresentado e no padrão de desenvolvimento da atividade, prepare-se para planejar um evento. Veja o descritivo:

> **Apresentando o evento: Festival de Esportes das Escolas Particulares – Voleibol**
>
> O diretor de uma escola é um ex-atleta de alto rendimento da modalidade de voleibol. Por sua vivência e gosto, ele é um grande incentivador do esporte como ferramenta de educação, não somente na escola que dirige, mas em toda a comunidade escolar da cidade. Ele mobilizou outras seis escolas da cidade que desenvolvem o voleibol, nas faixas etárias de 12 a 14 anos e de 15 a 17 anos, com estudantes de ambos os sexos, para se organizarem na realização de um torneio anual entre essas escolas. É a primeira vez que o evento será realizado, mas a ideia é fazer dele um acontecimento anual, atraindo participantes de outras escolas e contribuindo para a confraternização das equipes, para o envolvimento dos pais, para a inserção dos jovens no esporte e para os vínculos institucionais com o voleibol.
>
> A ideia do diretor é a seguinte:
> - O evento deverá ser realizado anualmente, iniciando com a modalidade de voleibol (masculino e feminino), nas faixas etárias de 12 a 14 anos e de 15 a 17 anos, com jovens de ambos os sexos.
> - Os jogos acontecerão no ginásio de esportes da escola, pois o diretor quer promover a instituição e vincular a marca às promoções esportivas.
> - Todos os participantes receberão certificado de participação. Somente os três melhores classificados, por categoria e sexo, receberão medalhas e troféus.
> - Os jogos deverão acontecer somente nos fins de semana, e o diretor combinou com os colegas que eles teriam dois meses para realizar as competições.

Tendo como base as informações apresentadas e de acordo com os conteúdos abordados neste capítulo, descreva as características do evento com relação: ao *timing*, ao escopo, à finalidade, ao *locus*, ao porte, à natureza da atividade ou área de interesse e às especificações de formato (convenção, *workshop* etc.).

| Características do evento | |
|---|---|
| *Timing* | |
| Escopo | |
| Finalidade | |
| *Locus* | |
| Porte | |
| Natureza da atividade ou área de interesse | |
| Especificações de formato | |

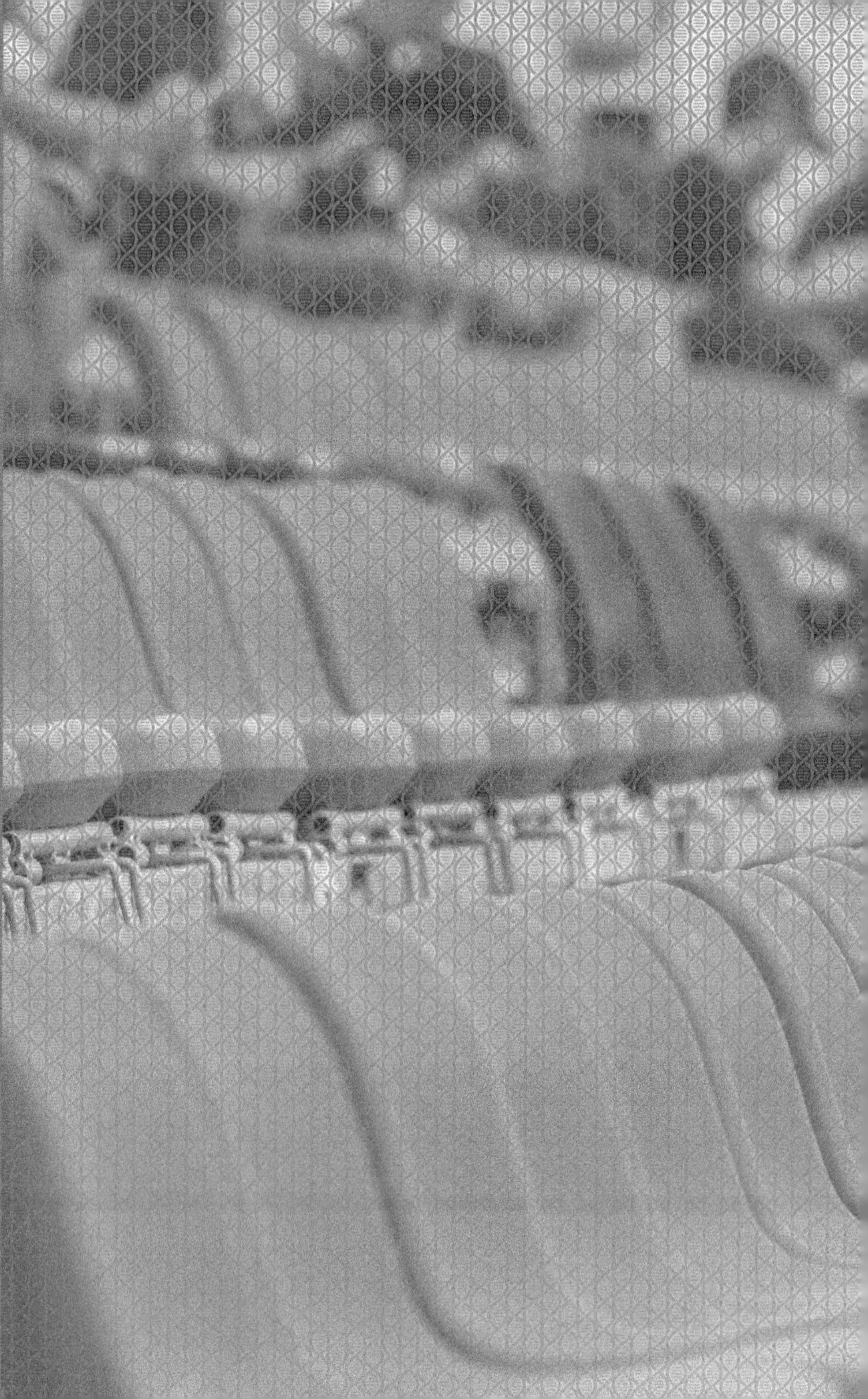

# Capítulo 2

## Sobre os projetos de eventos esportivos e recreativos

**E**ste capítulo será dedicado ao ponto central do livro: o gerenciamento de projetos. É importante esclarecer que, para o desenvolvimento do conteúdo que subsidia a compreensão sobre o gerenciamento de projetos, tomaremos como base especialmente a publicação intitulada *Guia PMBOK – Um guia do conhecimento em gerenciamento de projetos –* 5ª edição (2014), publicado pelo Project Management Institute (PMI). O *Guia PMBOK* apresenta padrões produzidos por colaboradores internacionais e reconhecidos globalmente. Foi elaborado por consenso entre especialistas em gerenciamento de projetos do mundo todo e descreve um conjunto de normas, métodos, processos e boas práticas.

Para a apresentação da metodologia de gerenciamento de projetos, adotaremos como marco referencial um modelo intitulado *Project Model Canvas*, de autoria de José Finocchio Junior (2013), por entendermos que a proposta do autor é de aplicação bastante pertinente também aos projetos esportivos e recreativos e por se tratar de uma abordagem desburocratizada, colaborativa e intuitiva, como afirmam o autor e seus editores, o que favorece a compreensão do conteúdo e sua utilização.

## 2.1 O que é um projeto?

Segundo o *Guia PMBOK* (PMI, 2014, p. 3), "Projeto é um esforço temporário empreendido para criar um produto, serviço ou resultado único". Para Kerzner (2015, p.2),

> Um projeto pode ser considerado como sendo quaisquer séries de atividades e tarefas que:
> - possuem um objetivo específico a ser atingido dentro de determinadas especificações;
> - possuem limites de financiamento (se aplicável);
> - possuem datas de início e término definidas;
> - consomem recursos humanos e não humanos (ou seja, dinheiro, pessoas, equipamentos);
> - são multifuncionais (isto é, cruzam diversas linhas funcionais).

Conforme o *Guia PMBOK* (PMI, 2014, p. 3), "O término é alcançado quando os objetivos do projeto são atingidos ou quando o projeto é encerrado porque os seus objetivos não serão ou não podem ser alcançados, ou quando a necessidade do projeto deixar de existir". Portanto, o tempo de duração dos projetos varia, mas a intenção é, em geral, que os resultados dos empreendimentos sejam duradouros, conforme descreve o *Guia PMBOK*, segundo o qual o produto, serviço ou resultado de um projeto, além de único, pode também ser tangível ou intangível.

"Uma única pessoa ou muitas pessoas, uma única organização ou múltiplas unidades organizacionais de múltiplas organizações" podem ser envolvidas em um projeto, que poderá ter como resultado a criação de um produto que pode ser um componente de outro item, seu aprimoramento ou, ainda, um item final, conforme o *Guia PMBOK* (PMI, 2014, p. 3).

Ainda de acordo com esse guia, o resultado de um projeto pode ser um serviço (ex.: uma academia de ginástica, uma escola) ou a capacidade de realizar um serviço (ex.: o treinamento físico de atletas de alto nível, ao prepará-lo para uma competição); uma melhoria nas linhas de produtos ou serviços (o uso de sistemas e a adoção de processos específicos para reduzir falhas em linhas de produção); um resultado (ex.: uma conquista esportiva); um documento (ex.: obtenção de certificação de qualidade para produtos ou serviços, como certificação ISO).

A título de ilustração, vejamos o caso dos Jogos Olímpicos quanto à escolha da cidade anfitriã do evento. Segundo descreve o Comitê Olímpico Internacional (Solidaridad Olímpica, 2010, p. 46), o processo ocorre em duas fases diferentes: a apresentação da solicitação para ser cidade aspirante e a candidatura. Cada uma dessas fases representa um esforço temporário de alto desempenho, repleto de múltiplas tarefas e atividades que consomem dinheiro, pessoas e equipamentos para criar um produto, serviço ou resultado que, conforme mencionamos, são características inerentes a um projeto.

No caso apresentado, temos dois exemplos de projeto: o primeiro é o projeto de cidade aspirante, e o segundo, o projeto de candidatura, sendo um componente do outro, como consta na Figura 2.1.

Figura 2.1  Projetos de cidade aspirante e cidade candidata

```
Projeto 1            Projeto 2
Cidade aspirante  →  Cidade candidata
```

Fonte: Elaborado com base em Solidaridad Olímpica, 2010..

Os projetos 1 e 2 têm tempos de duração diferentes. O projeto 1 tem um prazo de aproximadamente dez meses (Solidaridad Olímpica, 2010, p. 46), quando as cidades passam a ser reconhecidas como "cidades candidatas", em razão de uma série de requisitos quanto à capacidade que elas têm de organizar os Jogos Olímpicos com êxito, até que passam pelo processo que culmina com o projeto 3, de cidade anfitriã, cuja entrega é a realização dos Jogos Olímpicos conforme o contrato feito com o Comitê Olímpico Nacional (CON) da cidade escolhida. A Figura 2.2 mostra esse percurso.

Figura 2.2  Projetos de cidade aspirante, cidade candidata e cidade anfitriã

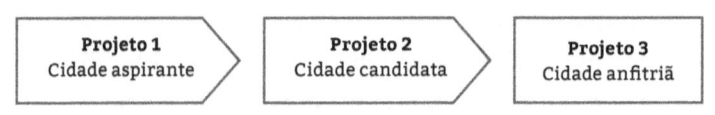

```
Projeto 1            Projeto 2             Projeto 3
Cidade aspirante  →  Cidade candidata  →   Cidade anfitriã
```

Fonte: Elaborado com base em Solidaridad Olímpica, 2010.

De cada um dos projetos são esperados resultados distintos, sendo que os projetos 1 e 2 complementam o projeto 3, cuja entrega é a realização dos Jogos Olímpicos. Todo esse processo se completa em um ciclo de aproximadamente nove anos. É importante considerar, porém, que esses não são os únicos projetos inerentes ao evento, pois inúmeros outros o compõem, como os projetos de Cerimônia de Abertura, Cerimônia de Encerramento, Legado, Voluntários e Centro Internacional de Transmissão. Cada um desses projetos é único, tem início e fim, com escopo, requisitos, objetivos e resultados diferentes, mas que se conjugam para a entrega do produto final: os Jogos Olímpicos.

Mas onde se situa um projeto em uma organização? Segundo o *Guia PMBOK* (PMI, 2014, p. 4), um portfólio é "uma coleção de projetos, programas, subportfólios e operações gerenciados como um grupo para o alcance de objetivos estratégicos", definidos pela organização na oferta de seus produtos, serviços e entrega de resultados. É, portanto, no portfólio de produtos, serviços e resultados que se encontram os projetos, conforme mostra a Figura 2.3.

Figura 2.3 Posicionamento dos projetos em uma organização

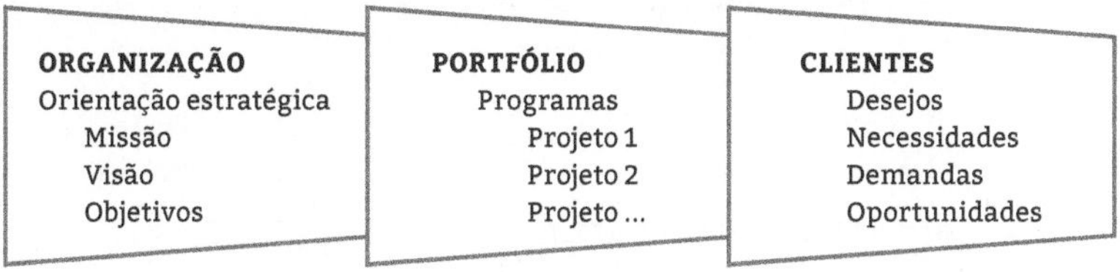

| ORGANIZAÇÃO | PORTFÓLIO | CLIENTES |
|---|---|---|
| Orientação estratégica | Programas | Desejos |
| Missão | Projeto 1 | Necessidades |
| Visão | Projeto 2 | Demandas |
| Objetivos | Projeto ... | Oportunidades |

Fonte: Elaborado com base em PMI, 2014, p. 7-10.

Ainda segundo o *Guia PMBOK* (PMI, 2014, p. 10), as decisões estratégicas decorrem de demandas do mercado, oportunidades, necessidades de natureza social, ambiental, em razão de avanços tecnológicos, por demandas legais ou por solicitação de um cliente.

É possível perceber que o gerenciamento de projetos de eventos esportivos e recreativos segue a mesma lógica, tendo em vista que um determinado projeto dessa área costuma se vincular a alguma organização e integrar seu portfólio de programas e projetos, que, por sua vez, são implementados conforme a orientação estratégica dessa organização. Vamos refletir: Quais organizações têm as atividades esportivas e recreativas em seu portfólio de projetos? Qual é a orientação estratégica de cada uma dessas organizações?

Organizações que, em geral, têm ou podem ter eventos esportivos e recreativos em seu portfólio de projetos
- Escolas
- Ligas esportivas
- Confederações esportivas
- Associações esportivas
- Estabelecimentos comerciais
- Empresas de promoções
- Agências de publicidade
- Promotores de eventos
- Organizações não governamentais
- Clubes esportivos e sociais
- Federações esportivas
- *Shopping centers*
- Associações comunitárias
- Navios de cruzeiro
- Produtores de eventos
- Agências de publicidade
- Empresas patrocinadoras
- Academias
- Condomínios
- Governos
- Teatros
- Organizações esportivas
- Museus
- Empresas de eventos
- Escolas de artes

As organizações relacionadas no boxe têm origem nos três setores da sociedade: governo, iniciativa privada e terceiro setor (que contempla as organizações não governamentais). As decisões estratégicas de cada uma delas decorrem de sua orientação estratégica, devendo estar alinhadas com seus objetivos, expectativas, metas e ações.

Outro aspecto importante é considerar que cada organização atende a determinados clientes em diferentes segmentos de mercado. Ainda que as organizações governamentais e não governamentais não tenham necessariamente uma finalidade lucrativa e de negócios com os mercados, mas uma relação de troca de valores e serviços com os cidadãos e beneficiários de ações prioritariamente sociais, segundo o *Guia PMBOK* (PMI, 2014, p. 15), todas elas conduzem atividades relacionadas com negócios e "se concentram em alcançar valores de negócio para as suas atividades".

Podemos concluir que cada organização toma decisões próprias, conforme sua orientação estratégica e, por conseguinte, desenvolve projetos próprios e únicos, alinhados com os objetivos da organização, a partir de demandas identificadas no mercado. O *Guia PMBOK* (PMI, 2014, p. 14) destaca ainda que as chances de sucesso de um projeto aumentam consideravelmente quando esse está de acordo com a orientação estratégica da organização.

Assim, independentemente da organização à qual o projeto está vinculado, é imprescindível que o evento esportivo e recreativo esteja alinhado com a orientação estratégica da organização, contribuindo com a melhoria do desempenho desta em seu segmento de atuação e respeitando o que estabelecem sua missão, visão e objetivos, que, por pressuposto, são sua razão de existir.

## 2.2 O que é gerenciamento de projetos?

Nas palavras de Kerzner (2015, p. 3), "o gerenciamento de projetos é o planejamento, a organização, a direção e o controle dos recursos da empresa para um objetivo de relativo curto prazo, que foi estabelecido para concluir metas e objetivos específicos". O *Guia PMBOK* (PMI, 2014, p. 5) define que "Gerenciamento de projetos é a aplicação do conhecimento, habilidades, ferramentas e técnicas às atividades do projeto para atender aos seus requisitos".

Tanto Kerzner (2015, p. 2) como o *Guia PMBOK* (PMI, 2014, p. 2) informam que o gerenciamento de projetos envolve cinco grupos de processos:

1. iniciação;
2. planejamento;
3. execução;
4. monitoramento e controle;
5. encerramento.

O Quadro 2.1 lista algumas decisões que devem ser tomadas nesses processos.

Quadro 2.1 Grupos de processos inerentes aos projetos

| Grupos de processos | Decisões |
|---|---|
| Iniciação | Selecionar o melhor projeto. |
|  | Designar o gerente do projeto. |
| Planejamento | Definir os requisitos de trabalho, a qualidade e a quantidade dos recursos necessários e analisar os riscos. |
| Execução | Direção e gerenciamento do trabalho. |
| Monitoramento e controle | Rastrear o progresso, analisar os resultados e fazer ajustes. |
| Encerramento | Verificar se o trabalho foi executado, encerrar o contrato e entregar a documentação. |

Fonte: Kerzner, 2015, p. 2.

Fazendo referência ao tamanho dos projetos, Kerzner (2015, p. 261) observa que "os megaprojetos podem ter um conjunto diferente de regras e diretrizes do que os projetos menores". O autor aponta também algumas características quanto ao gerenciamento de projetos pequenos, seja em empresas pequenas, seja em grandes corporações. Reunimos algumas dessas características no Quadro 2.2, que podemos usar como parâmetro para distinguir o gerenciamento de grandes eventos esportivos ou recreativos (a exemplo dos megaeventos, como os Jogos Olímpicos) de um evento escolar ou de pequeno porte para um clube.

Quadro 2.2 Comparativo entre projetos pequenos e megaprojetos

| Variáveis e elementos do projeto | Projetos pequenos | Megaprojetos |
|---|---|---|
| Gerente | Multifuncional, podendo gerenciar mais de um projeto simultaneamente. | Dedicação exclusiva ao projeto. |
| Equipe | Pequena, dividindo tarefas do projeto com as tarefas cotidianas. | Grande, nem sempre disponível no local. |
| Recursos financeiros e valor | Menor, e o gerente trabalha com o que tem. | Grandes cifras, que podem ser negociadas conforme a necessidade. |
| Intensidade | Menor. | Alta. |
| Comunicação | Contínua, diária, com o gerente reportando-se a um executivo superior. | Em todos os níveis (multinível). |
| Controle de custos | Muitas vezes manual, porém com controle mais rigoroso. | Sistemas sofisticados, com controle não tão rigoroso. |
| Relatórios | Mais simples. | Desgastantes e detalhados. |
| Escritório de projetos | Não há e, por vezes, o gerente atua como uma empresa completa. | Dispõe-se de escritório de projetos. |
| Riscos de fracasso | São presentes e podem fazer a organização não resistir ao fracasso. | São presentes, mas nem sempre o fracasso afeta a sobrevivência da organização. |
| Estimativas | Mais precisas. | Mais padronizadas/ formatadas. |
| Procedimentos de avaliação | Mais fáceis. | Mais complexos. |

Fonte: Kerzner, 2015, p. 259-261.

O Quadro 2.2 demonstra grandes diferenças no gerenciamento de projetos menores em relação aos megaprojetos, como no caso de eventos esportivos e recreativos de pequeno porte em relação a megaeventos. Segundo Valle et al. (2014, p. 76), à medida que um projeto cresce, maior é o número de variáveis a serem consideradas e mais difícil é seu gerenciamento, aumentando o grau de risco e de incertezas quanto a processos, entregas e resultados.

Como forma de ilustrar o gerenciamento de projetos de pequeno porte, podemos citar o caso de um professor de Educação Física em uma escola. Esse professor tem entre suas atribuições funcionais o desenvolvimento de conteúdos curriculares em várias turmas e horários, a preparação de aulas e atividades de avaliação, o monitoramento e o controle de frequência dos alunos. Além disso, por designação do diretor, assume o projeto de participar de uma grande competição esportiva nacional com as equipes esportivas da escola ou de uma gincana para o dia das crianças, por exemplo.

Figura 2.4 A rotina de um professor de Educação Física

SpeedKingz/Shutterstock

O professor seguirá com suas atividades de rotina – como na Figura 2.4 –, mas, em paralelo, assumirá a função de gerente de algum projeto especial – como na Figura 2.5 –, o que poderá comprometer tanto sua atividade funcional (professor de Educação Física da escola) como o projeto a ser gerenciado.

Figura 2.5 Atividade extraclasse do professor de Educação Física

Muitas das características apresentadas no Quadro 2.2 estão presentes no caso em questão, inclusive o fato de que o professor deverá reportar-se diretamente ao diretor para tratar de todas as questões. Situações como essa também são comuns no gerenciamento de projetos e no planejamento de eventos esportivos e recreativos em clubes esportivos, prefeituras municipais, teatros, museus e tantas outras organizações ao desenvolverem projetos de pequeno porte.

Para Kerzner (2015, p. 9), "o gerente de projetos é o responsável pela coordenação e integração das atividades por meio das várias linhas funcionais". São competências esperadas de um gerente de projetos: conhecimento, desempenho pessoal, liderança, composição de equipes, motivação, comunicação, influência, tomada de decisão, gerenciamento de conflitos, entre outros. "As responsabilidades mais importantes de um gerente de projetos são o planejamento, a integração e a execução dos planos" (Kerzner, 2015, p. 323).

Mas, afinal, quem pode ser o gerente de projetos de eventos esportivos e recreativos? A resposta é: depende da organização à qual o projeto está vinculado. Por exemplo, em um clube, o gerente pode ser o coordenador de esportes ou cultura do clube; em uma escola, pode ser um professor de Educação Física ou de outra disciplina vinculada às atividades esportivas e recreativas; em um governo (federal, estadual ou municipal), pode ser um funcionário efetivo, que desempenhe funções técnicas ou não, ou ainda um colaborador comissionado; em uma comunidade, pode ser o presidente ou um membro voluntário de uma associação; em uma academia, pode ser o proprietário ou alguém entre os funcionários; e, em todos os casos, pode ser um gerente contratado especificamente para o projeto.

O alto desempenho desses profissionais no papel de gerente de projetos contribui para o sucesso do evento, pois, nas palavras de Kerzner (2015, p. 323), "o gerente do projeto é a chave para o planejamento bem-sucedido".

No Quadro 2.1, consta que um dos processos iniciais do gerenciamento de projetos é a designação do gerente e a seleção do melhor projeto, para que se possa seguir nos demais processos: planejamento, execução, monitoramento e controle e encerramento. Mas como se faz? É o que mostraremos a seguir.

## 2.3 Uma proposta metodológica: *Project Model Canvas*

Segundo Finocchio Junior (2013, p. 16), muitos gerentes de projetos, inclusive aqueles que dispõem de certificações profissionais, não concebem planos completos de projeto, ou o fazem de forma rudimentar, utilizando, para tanto, planilhas de cálculo. Entendendo que o modelo padrão de plano de projetos não se adapta ao trabalho da maioria das organizações, o autor apresenta um novo modelo, por meio do qual procura extrapolar a forma clássica, ao qual denomina *Project Model Canvas*.

Ao se referir ao modelo padrão, o autor faz menção à forma clássica, repleta de documentos lineares, extensos, burocráticos e pouco visuais que, por sua estrutura, não permitem ao leitor compreender de forma integrada o conjunto das múltiplas ideias. Tornar "visível algo que geralmente permanece invisível" é a proposta apresentada por Finocchio Junior (2013, p. 25), que traz fortes referências ao modelo de plano de negócios desenvolvido por Osterwalder e Pigneur (2011), com base no preenchimento coletivo de um *canvas*.

Conforme o autor, quando estruturados de maneira sequencial, os convencionais planos de projetos trazem os conteúdos e as ideias fragmentadas e organizadas conforme a seguinte lógica: capa, índice, sumário executivo, escopo, cronograma, atribuição de funções, riscos, equipe e formulário de requisição de mudança, como mostra a Figura 2.6.

Figura 2.6 Modelos convencionais de planos de projetos

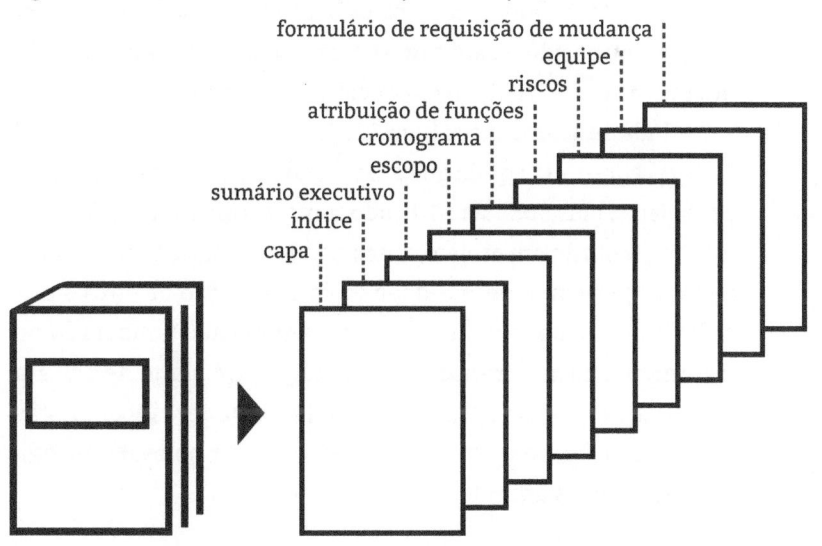

Fonte: Adaptado de Finocchio Junior, 2013, p. 13-16.

*Canvas* é um termo em inglês que pode ser traduzido pela ideia de pano de fundo ou de um quadro sobre o qual vão sendo colocados pedaços de papel autocolantes (Finocchio Junior, 2013, p. 18-25). O autor incorpora esse sentido e o adapta ao novo plano de projetos. Enquanto Osterwalder e Pigneur (2011) apresentam um novo modelo para o desenvolvimento de um plano de negócios, Finocchio Junior (2013, p. 19) delineia um novo modelo para o planejamento de projetos que se apoia em perguntas fundamentais. Essas perguntas, respondidas a partir de reflexões coletivas, conduzem a quatro etapas predeterminadas na identificação e concepção dos principais elementos presentes na elaboração de um projeto. Além da utilização de elementos do método desenvolvido por Osterwalder e Pigneur (2010), o *Project Model Canvas* apresenta ideias, conceitos e um protocolo de integração que se apoiam nas teorias de gerenciamento de projetos.

Segundo Finocchio Junior (2013, p. 25-27), a utilização do *Project Model Canvas* corresponde à idealização de um modelo mental do projeto, como uma espécie de "boneco" simplificado que não é a própria realidade, mas que busca, pela construção de hipóteses, antecipar e conceber um cenário futuro – nem sempre conhecido – capaz de se tornar consistente a partir da integração entre os diversos conceitos que o compõem.

Ainda de acordo com Finocchio Junior (2013), o *Projetct Model Canvas* representa aquilo que é essencial na elaboração de planos de projetos, pois pode ser utilizado como um documento final no planejamento de um projeto, antecipando imediatamente a etapa de execução sem a necessidade da formalização de outros procedimentos ou documentos. Pode ser empregado também como ferramenta para a transcrição formal de um plano de projeto, nos moldes tradicionais, que intermediará o processo com vistas à sua execução, conforme é possível verificar no esquema que apresentaremos adiante.

A mobilidade quanto às possibilidades de uso do *Project Model Canvas* é, aliás, um dos motivos pelos quais optamos pela escolha desse modelo na elaboração de planos de projetos destinados a eventos esportivos e recreativos. Trata-se de um modelo dinâmico (pela agilidade e flexibilidade em sua concepção), sem formalismos (por não requerer procedimentos burocráticos, tais como a construção de extensos manuais lineares e fragmentados), relacional (por permitir a visualização de todas as partes de forma integrada) e coletivo (por ser concebido com a participação de outras partes interessadas no projeto). Tudo isso sem abrir mão da lógica pertinente às teorias de gerenciamento de projetos (Finocchio Junior, 2013, p. 37).

Poderemos corroborar a afirmação do autor quando, ao desenvolvermos o raciocínio em torno de projetos de eventos esportivos e recreativos (o que faremos nos três próximos capítulos), estabelecermos um diálogo e uma aproximação permanente entre o formato e os conteúdos abordados por Finocchio Junior (2013) no *Project Model Canvas* e os formatos convencionais apresentados pelo *Guia PMBOK* (PMI, 2014) e por Kerzner (2015).

### 2.3.1 Sobre a montagem do *canvas*

Na prática, o *canvas* no *Project Model Canvas* é uma folha de *flipchart* (formato A1, nas medidas de 594 mm × 841 mm) tomada como um espaço no qual se pode construir um protótipo do modelo mental do projeto em questão (Finocchio Junior, 2013, p. 46). Nesse espaço são aplicados adesivos autocolantes conhecidos como *post-its*. É, portanto, "uma **agenda** sobre a qual os *stakeholders* irão se debruçar para conceber a lógica do projeto" (Finocchio Junior, 2013, p. 33, grifo no original).

Finocchio Junior (2013, p. 46) denomina *posts* as "sentenças curtas escritas em cada post-it e que irão preencher cada componente com informação específica do projeto". Os *post-its* descrevem as ideias que responderão às seis questões-chave relativas ao projeto, distribuídos em 13 blocos coloridos do *canvas*.

Figura 2.7 Modelo de um *post* em um *post-it*

*Elaborar o projeto do evento*

schab/Shutterstock

Fonte: Adaptado de Finocchio Junior, 2013, p. 37.

Ainda que os *post-its* sejam pequenos, como mostra a Figura 2.7, o autor propõe que não haja uma delimitação quanto ao número ou tamanho dos adesivos utilizados, porém é imprescindível que cada adesivo seja capaz de indicar informações precisas e objetivas, comunicando essencialmente o que é necessário. Para a concepção do *canvas*, conforme Finocchio Junior (2013, p. 38), é preciso seguir quatro etapas.

1. Conceber
2. Integrar
3. Resolver
4. Compartilhar

Na sequência, descreveremos cada uma dessas etapas.

- **Etapa 1 – Conceber**: quando devem ser respondidas seis perguntas consideradas fundamentais pelo autor.
    - Por quê? (Por que fazer o projeto?)
    - O quê? (O que o projeto produz?)
    - Quem? (Quem trabalha no projeto?)
    - Como? (Como o projeto será entregue?)
    - Quando? (Quando o projeto será concluído?)
    - Quanto? (Quanto custará?)

Pela proposta do *Project Model Canvas* (Figura 2.8), compõe-se a estrutura final de um plano de projeto, que difere da formatação clássica de planos de projetos pelo modelo de desenvolvimento (metodologia) e pela apresentação final, sem deixar de lado conceitos essenciais ao planejamento e gestão de projetos.

Como será possível visualizar adiante, "as perguntas definem o projeto de maneira que qualquer um o entenda", e o desenvolvimento sequencial (da esquerda para a direita e de cima para baixo) assegura que "a resposta às perguntas antecessoras torna mais fácil responder às sucessoras" (Finocchio Junior, 2013, p. 46). O autor estabelece que cada área demarcada no *canvas* representa uma função de planejamento e essas áreas demarcadas estão agrupadas em blocos que respondem a essas questões, conforme mostra a Figura 2.8.

Figura 2.8 Modelo do *canvas*, com 13 blocos e 6 perguntas fundamentais

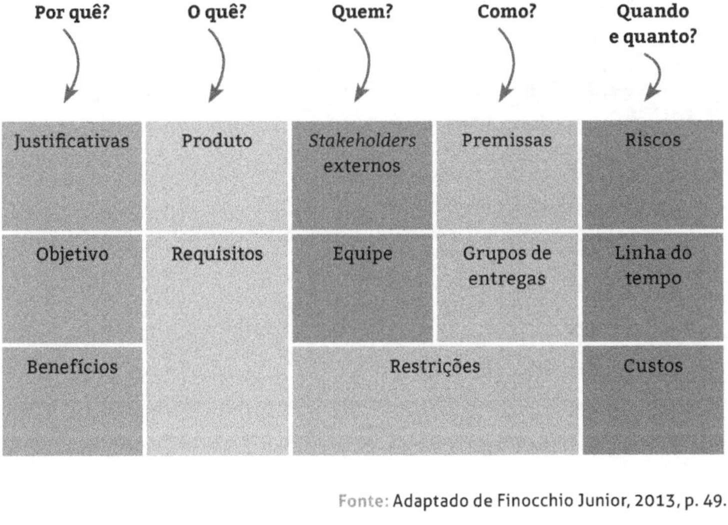

| Por quê? | O quê? | Quem? | Como? | Quando e quanto? |
|---|---|---|---|---|
| Justificativas | Produto | *Stakeholders* externos | Premissas | Riscos |
| Objetivo | Requisitos | Equipe | Grupos de entregas | Linha do tempo |
| Benefícios | | Restrições | | Custos |

Fonte: Adaptado de Finocchio Junior, 2013, p. 49.

- **Etapa 2 – Integrar**: quando os 13 blocos são integrados, possibilitando a visão do todo. Essa e as outras três etapas acontecem somente após concluída a etapa 1.
- **Etapa 3 – Resolver**: quando eventuais pendências, sejam elas decorrentes da falta de informações, indefinições ou contradições, devem ser resolvidas pelos participantes.
- **Etapa 4 – Compartilhar**: quando, após concluído, torna-se possível utilizar o *canvas* para gerar cronogramas, orçamentos e planos formais de projeto ou, por hipótese, como produto final com vistas à etapa de execução do projeto.

Todos os componentes do *Project Model Canvas* "são conceitos clássicos de gerenciamento de projeto que têm ocupado as mentes dos gerentes de projeto nos últimos 50 anos" (Finocchio Junior, 2013, p. 47) e resultam em um projeto estruturado com 13 componentes:

1. Justificativa
2. Objetivo SMART
3. Benefícios
4. Produto
5. Requisitos
6. *Stakeholders* externos
7. Equipe
8. Premissas
9. Grupos de entregas
10. Restrições
11. Riscos
12. Linha do tempo
13. Custos

Sobre o *canvas* (Figura 2.8), Finocchio Junior (2013, p. 46) chama a atenção para os seguintes pontos:

- Cada coluna deve ter uma cor diferente, o que facilita a visualização por parte de qualquer interessado.
- As grandes questões são prioritárias. Os detalhes devem ser desconsiderados.
- O preenchimento deve ser sequencial.

## 2.4 A metodologia do *Project Model Canvas*

Para não desconsiderar questões importantes ou desrespeitar o protocolo desenvolvido pelo autor quanto ao uso do *canvas*, é necessário observar as recomendações metodológicas e os requisitos para as sessões de trabalho, de acordo com Finocchio Junior (2013, p. 31):

- **Preparo**: preparar o ambiente de desenvolvimento do trabalho, que seja positivo e acolhedor, definindo-se procedimentos quanto aos conflitos e às dúvidas que surgirem no processo.
- **Foco**: conduzir sessões curtas e produtivas.
- **Visualização**: explorar o pensamento visual.
- **Ordem**: responder às questões do projeto respeitando-se a sequência, e de forma ordenada conforme, se apresenta no *canvas*.
- **Agrupar**: diminuir o número de itens, agrupando-se conceitos.
- **Integrar**: integrar os itens dois a dois.
- **Relacionar**: manter os conceitos necessários no mesmo desenho, de maneira que possam ser imediatamente relacionados.

- **Participar:** dar autonomia às partes interessadas na participação do processo.
- **Atenção:** manter a atenção em nível máximo.

O autor recomenda que o *canvas* seja feito preferencialmente em equipe. Nos projetos de eventos esportivos e recreativos, o *canvas* deve envolver o gerente do projeto, membros da equipe, patrocinadores e outras partes interessadas (ex.: no caso de um clube: gerente de esportes do clube, membros da equipe de esportes, membros do conselho diretor, patrocinador etc.; no caso de uma escola: o gerente do projeto, o coordenador de Educação Física, professores de Educação Física, o diretor da escola, o coordenador administrativo e financeiro, pais de alunos etc.). Todo o processo deve ser conduzido pelo gerente do projeto, de forma objetiva, simplificada, desburocratizada, visual e participativa, como representado na Figura 2.9.

Figura 2.9 Processo participativo de planejamento

baranq/Shutterstock

Como afirma Finocchio Junior (2013, p. 45), "quando você preencher o *Project Model Canvas* com *post-its*, uma mágica acontecerá: aquilo que estava obscuro ficará nítido". Após preenchido, o resultado é um esquema visual de fácil compreensão.

Outro motivo pelo qual optamos pela escolha desse modelo reside no fato de que o *canvas* pode ser utilizado diretamente no planejamento do evento ou pode ser facilmente convertido em um modelo convencional e formal, se for o caso. O *canvas* finalizado tem a apresentação visual ilustrada na Figura 2.10.

Figura 2.10 Modelo de visualização do *canvas* após sua elaboração

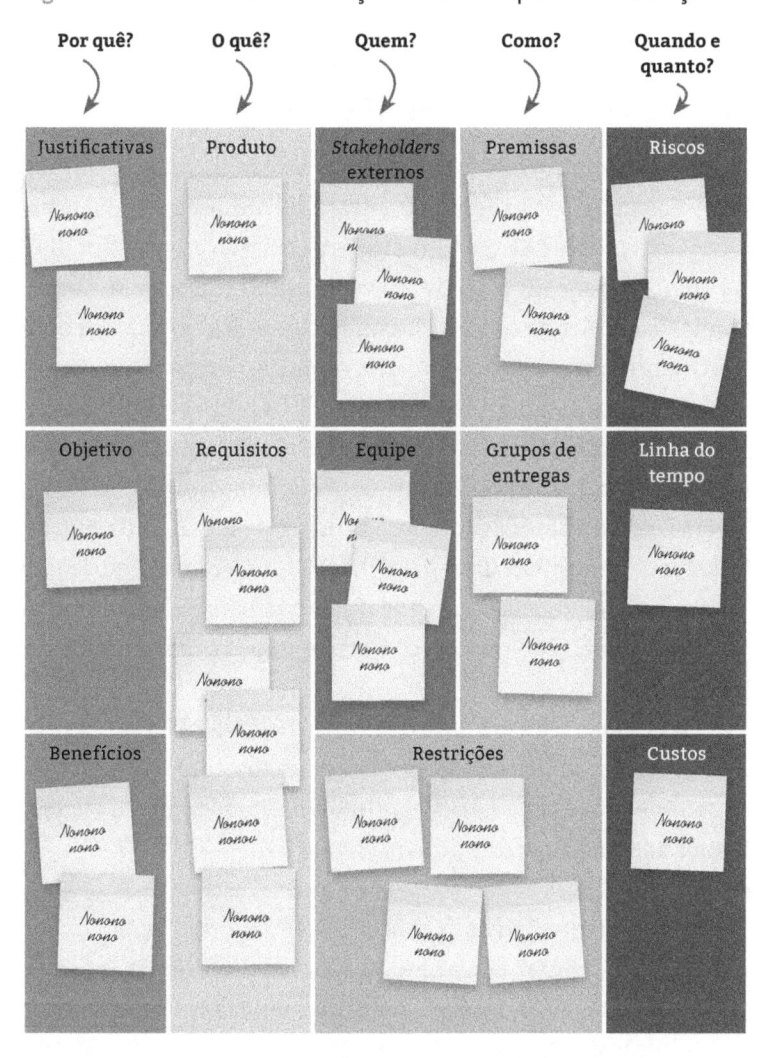

| Por quê? | O quê? | Quem? | Como? | Quando e quanto? |
|---|---|---|---|---|
| Justificativas | Produto | Stakeholders externos | Premissas | Riscos |
| Objetivo | Requisitos | Equipe | Grupos de entregas | Linha do tempo |
| Benefícios | | Restrições | | Custos |

Fonte: Adaptado de Finocchio Junior, 2013, p. 114.

Segundo Kerzner (2015, p. 324), o mau planejamento ou o planejamento inadequado podem ter como consequência o início de programas e projetos sem os requisitos definidos, ocasionando "forte entusiasmo inicial, desilusão, caos, busca pelo culpado, punição dos inocentes e promoção dos não participantes".

## 2.5 O *canvas* e o planejamento de eventos esportivos e recreativos

É importante informarmos que o terceiro, o quarto e o quinto capítulos serão dedicados ao desenvolvimento de conteúdos específicos referentes à **Etapa 1 – Conceber**, com o objetivo de auxiliar na compreensão do método e propor uma reflexão mais aprofundada a partir de conceitos, exemplos e reflexões sobre temas pertinentes ao planejamento de eventos esportivos e recreativos, alinhados às perguntas fundamentais propostas pelo autor (Por quê, O quê?, Quem?, Como?, Quando?, Quanto?). Somente após o desenvolvimento de toda a primeira etapa, no fim do Capítulo 5, retomaremos a abordagem sobre as outras três etapas (**Integrar**, **Resolver**, **Comunicar/Compartilhar**). Com isso, buscamos manter a correspondência com o andamento sequencial que caracteriza a elaboração do *canvas*, conforme propõe Finocchio Junior (2013).

Para cada elemento do projeto (justificativa, objetivo, benefícios, produto, requisitos, *stakeholders* externos, equipe, premissas, grupos de entregas, restrições, riscos, linha do tempo e custos) vamos adotar a seguinte ordem:

1. Desenvolveremos os conceitos pertinentes a cada um dos componentes do projeto, tendo como referência inicial a abordagem feita por Finocchio Junior (2013), somada à visão do *Guia PMBOK* (PMI, 2014), de Kerzner (2015) e de outros autores com relação ao mesmo tema.

2. Aplicaremos os conceitos desenvolvidos ao planejamento de eventos esportivos e recreativos, refletindo teoricamente sobre cada assunto e apresentando exemplos que podem auxiliá-lo na compreensão do tema. Essa abordagem também servirá de parâmetro para a reflexão e a lógica do raciocínio que deve acontecer no processo de elaboração do *canvas*.
3. Apresentaremos um exemplo de preenchimento de *canvas* aplicado ao planejamento de um evento. Isso se dará ao final de cada capítulo e poderá servir de referência para que você possa desenvolver as atividades de aprendizagem dos Capítulos 3 a 5.
4. Objetivando integrar os conhecimentos teóricos apresentados na elaboração do *canvas*, ao final de cada capítulo, também proporemos um exercício que se iniciará no Capítulo 3 e se completará no Capítulo 5, no qual você deverá preencher, de forma compartilhada e participativa, o *canvas* de um evento esportivo (seguindo as recomendações do autor do *Project Model Canvas*). Isso também estará no final de cada capítulo, na seção de atividades.
5. Cumpridas todas essas etapas, ao término do Capítulo 5, você terá o conhecimento completo da elaboração do *canvas*, percebendo com clareza todas as partes da elaboração de um projeto de evento esportivo e recreativo e a necessidade da integração em seu planejamento e organização.

Portanto, no próximo capítulo, daremos início à abordagem sobre a utilização do *Project Model Canvas*, passando a descrever cada um de seus componentes e sua aplicação nos projetos destinados a eventos esportivos e recreativos. Seguindo a lógica apresentada pelo autor do modelo, daremos subsídios que possam auxiliá-lo passo a passo nas respostas às seis perguntas fundamentais, começando pelos dois blocos que responderão às seguintes questões (com justificativas, objetivo e benefícios): "**Por que fazer o projeto?**" e "**O que o projeto produz?**".

## ⁞⁞⁞ Síntese

Neste capítulo, abordamos o que é um projeto e onde ele se situa na organização. Destacamos a importância do alinhamento do projeto relativamente à orientação estratégica da organização em questão, considerando-se que existem diferenças quanto às decisões estratégias em razão do segmento de mercado de atuação, do público, da missão e dos objetivos estratégicos.

A discussão contemplou o conceito de gerenciamento de projetos e evidenciou a existência de técnicas atreladas a essa atividade, formatadas e padronizadas por protocolos internacionais. Todo projeto tem um gerente que desempenha uma função decisiva em seu desenvolvimento. O gerente de projetos de eventos esportivos e recreativos pode vir a ser o gerente de esportes de um clube, o professor de uma escola, o funcionário de um governo ou o membro de uma associação comunitária.

Também tratamos da metodologia do *Project Model Canvas*, apresentada como uma possibilidade no desenvolvimento de planos de projetos destinados a eventos esportivos e recreativos, que podem ser utilizados como projeto final ou transferidos para modelos convencionais e formais de projetos. Esse conteúdo é essencial para avançarmos em direção aos conteúdos dos Capítulos 3, 4 e 5.

## ▪ Atividades de autoavaliação

1. Os projetos são esforços temporários necessários ao desenvolvimento de um produto ou serviço e demandam atividades e tarefas para sua execução. Analise as assertivas a seguir, referentes a essas atividades e tarefas, e marque V para verdadeiro e F para falso.

    ( ) Apresentam um objetivo específico a ser atingido dentro de determinadas especificações.
    ( ) Apresentam limites de financiamento e consomem recursos humanos e não humanos.

( ) As datas de início e término são definidas.

( ) Não são multifuncionais, pois não se cruzam com outras linhas funcionais.

Agora, assinale a alternativa que indica a sequência correta:

a) V, V, V, F.
b) F, V, V, F.
c) F, V, V, V.
d) F, V, F, F.
e) V, V, V, V.

2. Uma organização que tem em seu portfólio de projetos atividades esportivas e recreativas deve seguir estratégias que conduzam suas atividades na conquista de algum objetivo. Considerando-se essas estratégias, um projeto deve:

   I. estar alinhado à orientação estratégica da organização.
   II. respeitar a proposta da organização e não as demandas do mercado.
   III. respeitar o que estabelecem a missão, a visão e os objetivos da organização.
   IV. contribuir com a melhoria do desempenho da organização em seu segmento.

   Estão corretas apenas as afirmativas:

   a) I, II e III.
   b) I, II e IV.
   c) II, III e IV.
   d) I, III e IV.
   e) I e III.

3. O *Guia PMBOK* (2014, p. 5) define que "Gerenciamento de projetos é a aplicação do conhecimento, habilidades, ferramentas e técnicas às atividades do projeto para atender aos seus requisitos" e envolve cinco grupos de processos: iniciação, planejamento, execução, monitoramento e controle e encerramento.

Relacione cada grupo às respectivas decisões, listadas na sequência.

1. Iniciação
2. Planejamento
3. Execução
4. Monitoramento e controle
5. Encerramento

( ) Selecionar o melhor projeto e designar seu gerente.
( ) Rastrear o progresso, analisar os resultados e promover ajustes.
( ) Definir os requisitos de trabalho, a qualidade e a quantidade dos recursos necessários e analisar os riscos.
( ) Dirigir e gerenciar o trabalho.
( ) Verificar se o trabalho foi executado, encerrar o contrato e entregar a documentação.

Agora, assinale a alternativa que apresenta a sequência correta.

a) 3, 2, 5, 1, 4.
b) 4, 2, 3, 1, 5.
c) 5, 4, 3, 2, 1.
d) 1, 4, 2, 3, 5.
e) 1, 5, 3, 2, 4.

4. O *Project Model Canvas* representa aquilo que é essencial na elaboração de planos de projetos, por isso a escolha desse modelo para a elaboração de planos destinados a eventos esportivos e recreativos.

Sobre a utilização do *Project Model Canvas*, analise as assertivas que seguem e marque V para verdadeiro e F para falso.

( ) É um modelo dinâmico (pela agilidade e flexibilidade em sua concepção).
( ) É o único modelo existente e adaptável para essa finalidade.

( ) É um modelo sem formalismos (por não requerer procedimentos burocráticos, tais como a construção de extensos manuais lineares e fragmentados).
( ) É um modelo relacional (por permitir a visualização de todas as partes de forma integrada).
( ) É um modelo coletivo (por ser concebido com a participação de outras partes interessadas no projeto).

Agora, assinale a alternativa que apresenta a sequência correta:

a) V, F, V, V, V.
b) V, F, V, V, F.
c) F, V, V, F, V.
d) V, V, F, F, F.
e) F, V, F, F, F.

5. Com base no conteúdo desenvolvido neste capítulo, pode-se afirmar que as seis perguntas fundamentais propostas por José Finocchio Junior, autor do *Project Model Canvas*:

I. deixam de lado e desconsideram conceitos essenciais ao planejamento e à gestão de projetos.
II. devem ser desenvolvidas no canvas de forma sequencial, da esquerda para a direita e de cima para baixo.
III. constam no canvas agrupadas em blocos demarcados que representam os 13 componentes que estruturam um projeto.
IV. resultam em uma apresentação final pouco visual, altamente burocrática e de difícil compreensão.
V. resultam em uma apresentação final que poderá ser utilizada diretamente no planejamento do evento ou que poderá ainda ser facilmente transferida para modelos convencionais e formais de projetos.

São corretas as afirmativas:

a) I, II e V, apenas.
b) II, IV e V, apenas.
c) I, IV e V, apenas.
d) II, III e V, apenas.
e) II e III, apenas.

## Atividades de aprendizagem

*Questões para reflexão*

1. Pesquise e reflita sobre a Cerimônia de Encerramento dos Jogos Olímpicos de Verão de 2016, no Rio de Janeiro. Você acha que foi um final apoteótico e à altura do evento? Quais foram os pontos fortes dessa cerimônia e que justificam sua opinião? Quais foram os pontos fracos? É possível planejar ações de grande impacto em eventos esportivos e recreativos de porte pequeno e médio, como os realizados em escolas ou clubes, por exemplo? Você acha necessário um projeto só para isso? Elabore um breve texto para responder a essas questões.

2. Faça uma pesquisa sobre eventos recreativos não esportivos (*shows*, festivais de dança, de teatro, de música, de literatura, de gastronomia, de cinema, de pintura etc.). Procure informações em livros, revistas, jornais ou *sites*. Selecione três eventos diferentes e, entre eles, escolha aquele que você considera o mais completo e complexo em termos de organização. Reflita: Que evento é esse? Em sua opinião, o que faz com que a organização desse evento seja mais complexa do que a de outros? Com base nos conteúdos desenvolvidos até aqui, aponte no mínimo três diferenças fundamentais para justificar sua resposta.

*Atividade aplicada: prática*

Dando sequência ao exercício iniciado no Capítulo 1 – planejamento e organização da Tradicional Festa Junina no Dia de São João –, vamos utilizar o *Project Model Canvas*, de José Finocchio Junior. O primeiro passo deve ser preparar o *canvas* (conforme modelo apresentado na Figura 2.8) e os materiais (*post-its* e pincel atômico).

Com base nas informações apresentadas pelo diretor do clube na reunião com a equipe e o Conselho Deliberativo, deve ser escolhido um nome para o evento. Vamos imaginar que a equipe se reuniu, tendo sido feitas as seguintes propostas:

- 10ª Festa de São João do (nome do clube)
- Festa de São João do (nome do clube) – 10 Anos de Arraial (ou Arraiá)
- Festerê de São João do (nome do clube) – 10 Anos de Tradição
- Arraial (ou Arraiá) do (nome do clube) – 10 Anos Celebrando São João
- Arraiá do (nome do clube) – 10 Anos de Festerê de São João

Por fim, vamos supor que a equipe escolheu a denominação Arraiá do (nome do clube) – 10 Anos de Festerê de São João.

Agora é com você!

Para que você possa dar continuidade ao exercício referente ao **Festival de Esportes das Escolas Particulares – Voleibol**, nos Capítulos 3, 4 e 5, utilize o *canvas*, conforme a proposta do autor do *Project Model Canvas*. Não se esqueçam das recomendações do autor para esta etapa:

- preparar o ambiente (desenhe o *canvas*, separe *post-its* e pincel atômico);
- realizar sessões curtas e produtivas;
- explorar o pensamento visual;

- responder às questões de forma ordenada e na sequência do *canvas*;
- agrupar conceitos, diminuindo o número de itens;
- relacionar e integrar os conceitos conforme o desenvolvimento do *canvas*;
- dar autonomia aos participantes do processo;
- concentrar-se na tarefa e manter a atenção em nível máximo.

Faça o exercício preferencialmente em equipe. Lembre-se: pense em um nome para o evento, mas, caso queira utilizar o mesmo já proposto, fique à vontade!

Bom trabalho!

# Capítulo 3

## Mas, afinal, qual evento realizar e por quê?

**N**este capítulo, daremos início ao desenvolvimento do *canvas* (Finocchio Junior, 2013) e à apresentação da lógica aplicada a projetos de eventos esportivos e recreativos. Quanto ao *canvas*, é importante enfatizar que aqui trataremos dos dois primeiros e mais importantes blocos que o compõem, assim constituídos: **Bloco 1 – Justificativa, objetivo e benefícios; Bloco 2 – Produto do projeto e requisitos do produto.**

Ressaltamos que, quanto à elaboração de projetos de eventos esportivos e recreativos, os conteúdos deste capítulo (correspondentes aos dois primeiros blocos do *canvas*) devem ser considerados de extrema importância, pois são fundamentais na definição do evento que se pretende realizar, o que se inicia pela seleção do melhor projeto e pela identificação da finalidade que terá e dos benefícios de sua realização. Todos os demais componentes do projeto estarão vinculados a esses conteúdos. Além disso, o capítulo é fundamental na compreensão sobre os principais requisitos no planejamento e na entrega dos eventos esportivos e recreativos.

## 3.1 Justificativa

Por que fazer um evento esportivo e recreativo? Como selecionar o melhor projeto? Responder a essas perguntas é o primeiro e mais importante passo. O pressuposto é que "temos que sair de uma situação atual com problemas e demandas não atendidas para um futuro melhor e com mais valor" (Finocchio Junior, 2013, p. 51). Segundo o autor, o que motiva a elaboração e execução de um projeto é melhorar o estado das coisas. "Todo projeto defende uma mudança da situação atual para uma situação futura melhor" (Finocchio Junior, 2013, p. 51).

Conforme o *Guia PMBOK* (PMI, 2014, p. 10), "os projetos são frequentemente utilizados como um meio de direta ou indiretamente alcançar objetivos do plano estratégico de uma organização", tendo como referência uma ou mais das seguintes considerações estratégicas:

- demanda de mercado;
- oportunidade ou necessidade estratégica de negócios;
- necessidade de natureza social;

- consideração ambiental;
- solicitação de um cliente;
- avanço tecnológico;
- requisito legal.

A resposta associada à justificativa do projeto define os valores que identificarão todos os envolvidos (Finocchio Junior, 2013, p. 51). É o que impulsiona e justifica a destinação de tempo e de recursos à execução de uma ideia.

Responder à pergunta "Por que fazer?" deve demonstrar a relevância da ideia, que pode estar relacionada com problemas que devem ser solucionados e cujas soluções ainda não foram apresentadas. Podem ser oportunidades não exploradas, necessidades e exigências legais não atendidas ou desejos não supridos por outros produtos ou serviços. Assim, a primeira e fundamental pergunta a ser feita é: Por que fazer determinado evento esportivo e recreativo?

Finocchio Junior (2013, p. 56) argumenta que as organizações sentem "dores", representadas por demandas não atendidas e oportunidades não exploradas. Essas "dores" são exatamente as demandas e oportunidades que devem ser descritas, de forma precisa, objetiva e enxuta, com o propósito de estruturar a ideia.

Considerando que os projetos de uma organização devem estar alinhados com sua orientação estratégica e tendo em vista o direcionamento estratégico amplo apresentado pelo *Guia PMBOK* (PMI, 2014, p. 10), apresentamos, no Quadro 3.1, alguns exemplos que justificam a realização de um evento esportivo e recreativo.

Quadro 3.1 Considerações estratégicas que justificam eventos esportivos e recreativos – alguns exemplos

| Consideração estratégica | Justificativa | Exemplo |
|---|---|---|
| Demanda de mercado | Adequação às mudanças de comportamento do consumidor, decorrente de novas tecnologias. | Festivais de robótica destinados ao público infantojuvenil. |
| Oportunidade ou necessidade estratégica de negócios | Conquista de novos mercados. | Eventos patrocinados por empresas que têm interesse no público participante com o propósito de apresentar sua marca, produtos ou serviços para um mercado no qual ainda não estejam presentes, mas que queiram conquistar. |
| Necessidade de natureza social | Oferta de oportunidades de acesso a atividades esportivas e recreativas. | Eventos esportivos e recreativos ofertados por prefeituras municipais para os cidadãos. Eventos em defesa de causas sociais ofertados por ONGs. |
| Consideração ambiental | Campanhas de preservação da natureza. | Eventos escolares que celebram o Dia da Árvore ou a entrada da primavera, por exemplo. Eventos de combate à poluição de rios e matas. |
| Solicitação de um cliente | Confraternização de funcionários de uma empresa. | Festa de confraternização. |
| Requisito legal | Campanha de vacinação. | Eventos institucionais que objetivam engajar a população em determinadas campanhas de saúde pública. |

Fonte: Elaborado com base em PMI, 2014, p. 10.

Melo Neto (2007) apresenta alguns exemplos de eventos esportivos, de entretenimento e lazer que apontam para algumas possibilidades já contempladas no Quadro 3.1, porém especificadas de outra forma, como consta no Quadro 3.2.

Quadro 3.2 Considerações estratégicas que justificam eventos esportivos e recreativos – outros exemplos

| Consideração estratégica | Justificativa | Exemplos |
|---|---|---|
| Associativismo | Reunir pessoas com um objetivo comum. | Clube das mães, moto clube, amigos do pedal, concurso de fotos etc. |
| Cidadania | Promover a participação comunitária. | Eventos cívicos, ambientais etc. |
| Relacionamento | Promover o encontro e o relacionamento de executivos, funcionários, fornecedores e clientes empresariais. | Camarotes VIP em grandes eventos (hospitalidade VIP). Excursões do tipo desafio e aventura para executivos. Feiras e exposições. |
| Eventos classificatórios | Classificar atletas ou equipes em eventos menores para participar de eventos maiores. | Etapa regional de competições esportivas, que classifica para uma etapa final. |
| Promoção da cidade | Promover o nome da cidade. | Corridas de rua, provas ciclísticas, festivais de teatro e música que levam o nome da cidade que promove o evento. |
| Eventos como meio de comunicação | Aproveitar a força dos eventos como mídia. | Eventos esportivos, culturais e artísticos veiculados pelos meios de comunicação. |

Fonte: Melo Neto, 2007.

Observe que os eventos apresentados por Melo Neto (2007) acompanham, de certa forma, as considerações estratégicas propostas pelo *Guia PMBOK* (PMI, 2014, p.10), conforme destacamos a seguir:

- **Associativismo**: demanda de mercado ou demanda de natureza social.
- **Cidadania**: necessidade de natureza social ou por consideração ambiental.
- **Relacionamento**: oportunidade ou necessidade estratégica de negócios ou por solicitação de um cliente.
- **Conquista de títulos e resultados**: demanda de mercado ou oportunidade.
- **Promoção da cidade**: demanda de mercado, oportunidades e estratégias de negócio, necessidades sociais.

Os exemplos apresentados por Melo Neto (2007) se referem a eventos específicos com determinadas considerações estratégicas que por si justificam sua realização. No entanto, não demonstram necessário alinhamento com alguma organização, pois são apresentados de forma aleatória e isoladamente, sem a preocupação de estabelecer vínculos com quem os promove ou os patrocina. Essa é a razão pela qual, ao buscarmos aproximação entre as considerações estratégicas apresentadas pelo autor e pelo *Guia PMBOK*, encontramos várias possibilidades; esse guia apresenta considerações estratégicas das organizações de forma mais ampla e que se estabelecem de modo mais regular entre as empresas.

Vale ressaltar a importância do alinhamento entre a orientação estratégica do evento e a organização que o promove ou patrocina, como ilustrado na Figura 3.1, pois é com base nesse alinhamento, e no olhar para os desejos e necessidades dos clientes, que se encontrará a justificativa para a iniciativa.

**Figura 3.1** Alinhamento estratégico entre a organização e o evento com relação aos clientes e usuários de eventos esportivos e recreativos

```
  ORGANIZAÇÃO           EVENTO              CLIENTES
   orientação    ---  justificativa  --->   E USUÁRIOS
   estratégica                               demandas
```

Na próxima seção, trataremos do segundo componente do Bloco 1 do *canvas*, o objetivo.

## 3.2 Objetivo SMART

Para o autor do *Project Model Canvas*, o objetivo é a finalidade de todos os esforços e recursos que serão mobilizados e deve ser direto, resumido, persuasivo e pertinente. Responder à pergunta "Para que serve o projeto?" auxilia na concepção dos objetivos dele – que, se atingidos, podem levar a organização da situação atual para uma situação melhor (Finocchio Junior, 2013).

Segundo Kerzner (2015, p. 233), "todo projeto deve ter pelo menos um objetivo", e esses objetivos devem ser específicos, simples, mensuráveis, tangíveis, quantificáveis, desafiadores e adequados, realistas e atingíveis, dentro dos limites dos recursos disponíveis e consistentes quanto à orientação estratégica da organização.

Para a descrição do objetivo, Finocchio Junior (2013, p. 58) recomenda o uso do formato SMART, recomendação em parte corroborada por Kerzner (2015, p. 234):

- **S** – *specific*: específico.
- **M** – *measurable*: mensurável.
- **A** – *attainable*: atingível, alcançável.
- **R** – *realistic or relevant*: realista ou relevante.
- **T** – *tangible or time bound*: tangível, de prazo definido ou delimitado no tempo.

Se descrito no formato SMART, o objetivo é delimitado no tempo (ou seja, tem prazo para ser executado) e pode ser medido (por apresentar números e referências qualitativas do produto ou serviço). Quando o projeto for executado, será possível avaliar seu êxito, conforme sugere Finocchio Junior (2013). Descrito sempre no tempo infinitivo do verbo, o objetivo passa a ser uma unidade de medida capaz de permitir, ao fim do evento, a comparação entre o que foi estabelecido e o que foi realizado, contribuindo para o processo de avaliação. Com base nos pressupostos da regra SMART, veja três exemplos de um mesmo objetivo, dois deles descritos de forma errada e um, de forma correta:

Exemplo 1: realizar o festival de literatura (errado).
Exemplo 2: realizar o festival de literatura com 10% a mais de participantes (errado).
Exemplo 3: realizar o festival de literatura na segunda quinzena de julho, com 10% a mais de participantes em relação ao evento do ano anterior (SMART).

Na Figura 3.2, é possível perceber que desejos e necessidades não atendidas são demandas e oportunidades que podem alavancar ideias capazes de atendê-las. A partir disso, é importante definir o que se pretende com a implantação dessas ideias, em forma de objetivo.

Figura 3.2 Relação entre a justificativa, o objetivo e os benefícios gerados por eventos esportivos e recreativos

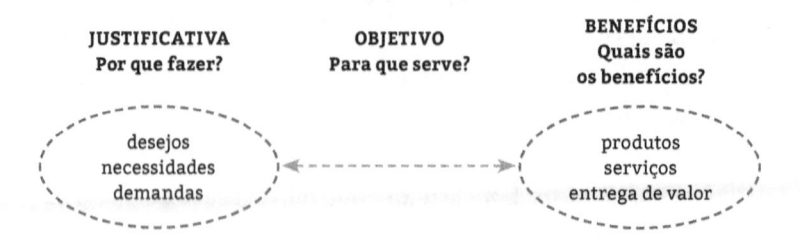

| JUSTIFICATIVA
Por que fazer? | OBJETIVO
Para que serve? | BENEFÍCIOS
Quais são
os benefícios? |
|---|---|---|
| desejos
necessidades
demandas | ←------→ | produtos
serviços
entrega de valor |

E quanto aos benefícios? Esse é o tema da seção a seguir.

## 3.3 Benefícios

Conforme sugere Finocchio Junior (2013, p. 52) e o *Guia PMBOK* (PMI, 2014, p. 3), os benefícios são os resultados (tangíveis ou não tangíveis) obtidos com a execução do projeto. O ideal é que os benefícios também sejam quantificáveis, colaborando para o processo de avaliação quanto ao êxito do projeto após a entrega do produto acabado (evento realizado).

Para compreender um pouco melhor a relação existente entre a justificativa, o objetivo e os benefícios, considere o raciocínio de Finocchio Junior (2013, p. 51): enquanto "os problemas e demandas existentes comporão a justificativa do projeto [...], as melhorias e o valor agregado que imaginamos no futuro constituirão os benefícios. E a ponte necessária que conduzirá determinada situação da condição atual para a futura será o objetivo".

> *Os benefícios são os resultados (tangíveis ou não tangíveis) obtidos com a execução do projeto.*

Finocchio Junior (2013, p. 59) ainda recomenda a atenção a alguns pontos que podem indicar o benefício de um projeto:

- aumento de receita;
- diminuição de custo;
- uso mais eficiente de ativos;
- melhoria da imagem da empresa;
- responsabilidade socioambiental e sustentabilidade.

O Quadro 3.3 apresenta algumas situações, desejos, necessidades, problemas ou demandas que podem alavancar oportunidades para a realização de eventos esportivos e recreativos.

Quadro 3.3 Delineamento de justificativa, objetivo e benefícios para determinadas demandas e oportunidades

| Exemplo | Organização | Situação/desejo/necessidade/problema/demanda |
|---|---|---|
| 1 | Equipe esportiva | Uma equipe de determinada modalidade esportiva precisa se preparar para uma competição internacional. |
| 2 | Prefeitura municipal | Um município precisa retomar o fluxo de turistas na cidade, que entrou em declínio em razão do abandono de um importante equipamento turístico. |
| 3 | Associação comunitária | Moradores de um bairro querem vetar uma mudança na legislação que beneficiará o setor da construção civil na comercialização de ampla área verde do bairro. |
| 4 | Consulado | Imigrantes colonizadores querem estreitar e fortalecer os laços de amizade com a população local de uma cidade. |
| 5 | Escola | Uma escola quer celebrar o Dia da Árvore e aproveitar a oportunidade para vincular sua imagem a ações de preservação do meio ambiente. |

Com base nas situações descritas, os Quadro 3.4 a 3.8 apresentam justificativas, objetivos e benefícios para alguns eventos esportivos ou recreativos.

Quadro 3.4 Justificativa, objetivo e benefícios – equipe esportiva (exemplo 1)

| | |
|---|---|
| **Organização** Quem faz? | Equipe esportiva |
| **Beneficiários** Para quem? | Atletas e grupo técnico de uma equipe de competição. |
| **Justificativa** Por que fazer? | Preparar a equipe para uma competição internacional. |
| **Objetivo** Para que serve o evento? | Proporcionar jogos amistosos com outras duas equipes de nível internacional, em condições similares ao da competição oficial, quatro meses antes desta. |
| **Benefícios** Valor, percepção de valor | Melhoria do nível técnico da equipe, preparação técnica e psicológica, ambientação. |

Quadro 3.5 Justificativa, objetivo e benefícios – prefeitura municipal (exemplo 2)

| | |
|---|---|
| **Organização** Quem faz? | Prefeitura municipal |
| **Beneficiários** Para quem? | Munícipes. |
| **Justificativa** Por que fazer? | Retomar o fluxo turístico da cidade, que entrou em declínio por abandono de um importante equipamento turístico. |
| **Objetivo** Para que serve o evento? | Aumentar em 30% o fluxo turístico nos próximos 12 meses. |
| **Benefícios** Valor, percepção de valor | Revitalização do atrativo turístico; aumento do fluxo turístico; aumento de receita; geração de empregos; geração de renda. |

Quadro 3.6 Justificativa, objetivo e benefícios – associação comunitária (exemplo 3)

| | |
|---|---|
| **Organização** Quem faz? | **Associação comunitária** |
| **Beneficiários** Para quem? | Moradores do bairro. |
| **Justificativa** Por que fazer? | Vetar mudança de lei que beneficia a construção civil na ocupação da área verde do bairro. |
| **Objetivo** Para que serve o evento? | Coletar 5 mil assinaturas em uma semana para vetar a mudança da legislação. |
| **Benefícios** Valor, percepção de valor | Mobilização da população em defesa da causa; mobilização das forças políticas; proteção do terreno contra a especulação imobiliária; preservação da área verde da cidade; veto à mudança de lei. |

Quadro 3.7 Justificativa, objetivo e benefícios – consulado (exemplo 4)

| | |
|---|---|
| **Organização** Quem faz? | Consulado |
| **Beneficiários** Para quem? | Imigrantes e população local. |
| **Justificativa** Por que fazer? | Estreitar e fortalecer os laços de amizade entre a população de uma cidade e os imigrantes colonizadores. |
| **Objetivo** Para que serve o evento? | Promover evento temático anual, no primeiro fim de semana do mês de chegada do primeiro imigrante, a partir do próximo ano, atraindo um público de 7 mil pessoas. |
| **Benefícios** Valor, percepção de valor | Conhecimento cultural; fortalecimento de laços culturais; diversão e entretenimento; simpatia e amizade. |

Quadro 3.8 Justificativa, objetivo e benefícios – escola (exemplo 5)

| | |
|---|---|
| **Organização** Quem faz? | Escola |
| **Beneficiários** Para quem? | Comunidade escolar e comunidade em geral. |
| **Justificativa** Por que fazer? | Celebrar o Dia da Árvore e vincular a imagem da escola a ações de preservação do meio ambiente. |
| **Objetivo** Para que serve o evento? | Realizar o plantio de 500 mudas de árvores nos quatro principais parques da cidade em um fim de semana. |
| **Benefícios** Valor, percepção de valor | Promoção do Dia da Árvore; preservação do meio ambiente; imagem positiva. |

Ao perguntar "Por que fazer?" (justificativa), "Para que serve?" (objetivos) e "Quais são os benefícios?" (entrega de valor para o cliente), identificam-se na proposta apresentada pelo método *Project Model Canvas* elementos que caracterizam os relacionamentos de troca inerentes aos princípios do *marketing* (como foi possível ver no Capítulo 1), pois o *marketing* tem o sentido de satisfazer as necessidades e desejos das pessoas ou organizações (Kotler; Armstrong, 2015).

Com relação aos benefícios, Kotler e Armstrong (2015) afirmam que é um erro prestar mais atenção nos produtos específicos do que nos benefícios e na experiência gerados por esses produtos. É o que os autores chamam de *miopia de marketing*, exemplificada com a seguinte pergunta: Por que alguém compra uma furadeira? Para ter uma furadeira ou para fazer um furo? O desejo é o furo, e a furadeira pode ser, no momento, o produto capaz de atender a esse desejo. Porém, se surgir outro produto mais eficiente, barato e acessível, será que a furadeira não perderá seu valor?

Considerando esse exemplo quanto ao planejamento de eventos esportivos e recreativos, recomendamos que sempre sejam feitas as seguintes perguntas: Por que fazer determinado evento esportivo e recreativo? Para que serve esse evento? Quais serão os benefícios decorrentes de sua realização?

Com base na abordagem feita no Capítulo 1, quando representamos as variáveis intervenientes e a dinâmica observada na elaboração de programas de eventos esportivos e recreativos (Figura 1.3), podemos afirmar que os benefícios (ou sensação de benefícios) decorrentes desses eventos são diversos e distintos, tangíveis ou intangíveis, como diversão, emoção, entretenimento, educação, sociabilização, mobilização, contemplação, prazer, satisfação, bem-estar, transpiração, técnica, tática, força física, habilidade, entre outros.

Quanto aos beneficiários dessas iniciativas, é preciso perguntar: Quem são os clientes de eventos esportivos e recreativos? Segundo Kotler e Armstrong (2015, p. 76), os clientes são os principais agentes no microambiente da empresa. O microambiente é constituído pelos agentes mais próximos que afetam a capacidade da empresa de atender a seus clientes. Há no microambiente, segundo os autores, cinco tipos de mercado de clientes que devem ser observados pelas organizações no desenvolvimento e nas possibilidades de oferta de seus produtos ou serviços. São eles: os **mercados consumidores**, que são as pessoas que compram os produtos para seu consumo e benefício direto; os **mercados organizacionais**, que compram produtos para seu processo de produção; os **mercados de revenda**, que compram produtos para revender a terceiros; os **mercados governamentais**, que compram serviços para entregar bens ou serviços aos cidadãos; e os **mercados internacionais**, que são os compradores de outros países.

Em um evento esportivo e recreativo, o cliente pode ser, portanto, uma pessoa ou um grupo de pessoas; uma escola ou a comunidade escolar; um clube ou seus associados; uma associação ou uma determinada comunidade; a prefeitura de uma cidade, o governo de um estado, o governo federal (ou sua população); uma academia (de natação, atividade física, *fitness*) ou seus alunos; uma pessoa que esteja comemorando seu aniversário ou os pais propondo a celebração do aniversário de um filho; um *shopping center* ou outro estabelecimento comercial qualquer; uma confederação ou federação esportiva ou os atletas e equipes vinculadas; uma empresa que esteja lançando um novo produto no mercado. Isso somente para citar alguns dentre inúmeros outros segmentos, pessoas ou organizações. Esse aspecto dependerá da justificativa e do objetivo do projeto em relação ao público ao qual o evento se destina, considerando-se a orientação estratégica da organização que o está empreendendo.

Com base nos tipos de mercado descritos por Kotler e Armstrong (2015), apresentamos, no Quadro 3.9, uma proposta de classificação dos mercados de clientes de eventos esportivos e recreativos.

Quadro 3.9 Classificação geral dos mercados de clientes de eventos esportivos e recreativos

| Mercados de clientes | Eventos esportivos e recreativos ||||||
|---|---|---|---|---|---|
| | Mercados consumidores | Mercados organizacionais | Mercados de revenda | Mercados governamentais | Mercados internacionais |
| Eventos esportivos e recreativos – exemplos | Eventos destinados diretamente a pessoas ou grupos de pessoas como consumidores finais. Exemplo: uma escola realizando um evento para a comunidade escolar. | Eventos que integram um processo produtivo de outras organizações. Exemplo: evento esportivo e recreativo vinculado a uma convenção de vendas de determinada empresa. | Eventos que são contratados por terceiros que, por sua vez, serão destinados a mercados consumidores finais da forma como foram produzidos. Exemplo: agenciamento de evento como promoção – comunicação e *marketing*. | Eventos que são destinados a organizações governamentais na prestação de serviços ao cidadão. Exemplo: empresa organizadora de evento contratada por uma prefeitura municipal para a realização de um festival de teatro. | Eventos internacionais. Exemplo: empresas de eventos contratadas por federações esportivas internacionais para a realização de eventos internacionais, como circuitos mundiais. |

Fonte: Elaborado com base em Kotler; Armstrong, 2015.

Como os benefícios estão vinculados à expectativa de utilidade, percepção de qualidade e satisfação final do cliente, é necessário considerar que esta última só pode ser medida pela percepção de benefícios a partir da própria experiência.

Assim, para que refletir quanto à elaboração do *canvas* no que tange à identificação de benefícios, objetivo e justificativa para o projeto de qualquer evento esportivo e recreativo, é preciso, antes de tudo, identificar com clareza – evento a evento, caso a caso – quem é o cliente desse evento: É um mercado consumidor? É um mercado organizacional? É um mercado de revenda? É um mercado internacional? Somente após a clara identificação do cliente será possível aprofundar a análise sobre problemas, necessidades e desejos e definir expectativas, benefícios e percepção de valor gerados pelo evento.

Concluímos a apresentação dos conteúdos dos três primeiros blocos do *canvas* destacando a necessidade do alinhamento entre a justificativa, o objetivo e os benefícios entre si e em relação à orientação estratégica da organização. Somente a definição correta desses componentes permitirão ao gerente do projeto o desenvolvimento dos demais conteúdos com o necessário alinhamento e integração entre as ações.

## 3.4 Produto do projeto: o evento esportivo e recreativo

A abordagem do produto do projeto e de seus requisitos corresponde ao segundo bloco do *canvas*, que está vinculado à pergunta "O que o projeto produz?". Para Finocchio Junior (2013, p. 63), "todo projeto gera um produto – serviço ou resultado – para um cliente – mesmo que esse cliente seja você próprio, no caso de um projeto pessoal".

Ainda segundo Finocchio Junior (2013), cliente é quem recebe o projeto, ou o destinatário para quem o produto, serviço ou resultado do projeto deverá ser entregue ao fim de sua implantação. Como mencionamos anteriormente, é o cliente quem gera a demanda.

É a partir dessa leitura que devem ser estabelecidos os componentes e as especificações de qualidade do produto ou serviço. As características devem ser "claras e mensuráveis, e o produto ou serviço só poderá ser considerado entregue ao cliente quando estiver completamente pronto" (Finocchio Junior, 2013, p. 65).

Norteados pela pergunta "O quê?", passamos à concepção dos eventos esportivos e recreativos e de seus requisitos. Ao fim da execução do projeto, o que se entrega ao cliente é o produto do projeto, ou seja, o evento realizado. "Existem projetos que não constroem um produto propriamente, mas entregam um serviço ou um resultado para o cliente" (Finocchio Junior, 2013, p. 65). Mas, afinal, que projeto é esse? Qual é o produto desse projeto? Qual evento será realizado? Como será realizado?

É na formatação do produto e na concepção de seus requisitos que o evento esportivo e recreativo começa a ser concebido, visualizando-se quais são as condições de realização e entrega, bem como a totalidade de requisitos necessários ao cumprimento dos objetivos estabelecidos.

A seguir, listamos algumas organizações que podem ter em seu portfólio de projetos aqueles relacionados a eventos esportivos e recreativos, conforme destacamos no capítulo anterior:

- escola;
- clube;
- academia;
- federação esportiva;
- condomínio;

- prefeitura municipal;
- empresa de evento;
- organização não governamental.

Trata-se de organizações dos três setores da sociedade (governo, iniciativa privada, terceiro setor) que atendem a diferentes clientes ou usuários e têm orientação e objetivos estratégicos distintos entre si. Consideremos, por exemplo, o caso das organizações governamentais, que atendem aos cidadãos com produtos e serviços que lhes sejam úteis, necessários e que os satisfaçam, representando valor público e reconhecimento, como condição de troca ao pagamento de impostos e tributos.

Há também empresas de eventos, que, em geral, operam no mercado como prestadoras de serviços para clientes que queiram realizar eventos e, em troca, têm a perspectiva do lucro, ainda que possam ter, em sua orientação estratégica, um conjunto de valores socioambientais como missão, por exemplo.

Quanto ao terceiro setor, composto por organizações privadas sem fins lucrativos, mas que prestam serviços públicos que preenchem lacunas não ocupadas pelos dois outros setores, destinando atenção a grupos sociais minoritários e causas sociais especiais (combate às drogas; crianças órfãs; idosos desamparados; doenças sem cura; refugiados etc.), é possível perceber outra orientação estratégica.

Pelos exemplos, fica clara a diferença entre cada organização quanto à identificação de seu cliente ou usuário e sua orientação estratégica. É preciso refletir: Para que as organizações existem? O que elas fazem? Por que o fazem? O que querem em troca? Depois, deve-se perguntar: Como as organizações fazem isso? Ora, a resposta a essa pergunta é: com projetos. São os projetos de cada organização que representam os produtos, serviços, resultados ou experiências que serão trocados com seus clientes ou usuários.

Como mostra o Quadro 3.10, há ainda uma ampla variedade de possíveis configurações organizacionais e de orientação estratégica para cada um dos exemplos mencionados.

Quadro 3.10 Diferentes possibilidades de orientação estratégica para organizações de um mesmo segmento

| Organização | Natureza da atividade/segmento de mercado/vocação | | |
|---|---|---|---|
| Escola | Pública | Privada | Terceiro setor |
| Clube | Esportivo | Social | Esportivo e social |
| Academia | Ginástica | Natação | Arte |
| Federação esportiva | Skate | Golfe | Basquetebol |
| Condomínio | Clube | Flat | Popular |
| Prefeitura municipal | Capital | Interior/rural | Litorânea/turística |
| Empresa de eventos | Esportivo | Cultural | Tecnológico |
| Organização não governamental | Causas ambientais | Causas sociais | Causas culturais |

Sem se limitar aos exemplos apresentados no Quadro 3.10, é importante perceber as inúmeras possibilidades de segmentação de mercados de atuação – por vocação, cultura, negócios ou qualquer outra variável que possa impactar a definição da orientação estratégica das organizações. Portanto, quando se pensa em uma escola, por exemplo, não se pode imaginar que todas as escolas tenham a mesma orientação estratégica, pois, ainda que essa escola possa ser pública, privada ou do terceiro setor, pode ter uma orientação cristã, por exemplo. Além disso, sendo cristã, pode ser católica ou pentecostal, tornando ainda mais específicas a definição de sua missão, dos valores, de seus objetivos estratégicos e, portanto, dos projetos que desenvolve.

Assim, podemos supor que o projeto de um evento de *skate*, por exemplo, é útil ao beneficiar os alunos e a comunidade de determinada escola, mas não tem o menor sentido de valor e significado para a comunidade de outra escola. Além de demonstrar a lógica que se deve aplicar sempre que se pensar no projeto de um evento esportivo e recreativo, esse exercício reforça o entendimento sobre a exclusividade de cada projeto.

Para esclarecer melhor o conceito de produto – de cada evento que pode ser realizado –, o autor do *Project Model Canvas* apresenta um exemplo que faz pensar: "Visualize o último dia do projeto: todos estão felizes com o sucesso da empreitada. O que está sendo entregue para o cliente? Resposta: o produto do projeto" (Finocchio Junior, 2013, p. 65).

O produto do projeto é isso. É o que se entrega, deixando todos felizes com o sucesso do evento esportivo e recreativo que acabou de ser realizado. Pode ser um belo campeonato de *skate* na escola, um festival de pipas, uma mostra de esculturas em argila, um passeio a cavalo, uma maratona aquática, uma exibição cinematográfica, um festival de *hip-hop* e grafite, um desfile de carros antigos, uma gincana esportiva e cultural, uma excursão de alunos, uma oficina de artes manuais, um *show* de *rock*, um encontro de motoqueiros, uma apresentação de patinação artística, uma gincana cultural, uma campanha promocional, um desafio nas ondas, uma corrida de garçons, um encontro de colecionadores de vinil, um festival internacional de robótica, uma competição esportiva escolar ou uma tarde de jogos, brinquedos e brincadeiras no parque da cidade.

Da articulação de todas as variáveis apresentadas até o momento resultam os produtos que serão entregues aos clientes e usuários dos eventos esportivos e recreativos. Mas não se pode esquecer que, eventualmente, esses projetos envolvem também descontração, prazer, excitação, aprendizagem, cultura, gastronomia, educação ambiental, compromisso social, rendimento esportivo, espetáculo, contemplação, contato com ídolos, integração com fãs, identificação com personagens, alegria e satisfação. Em alguns casos, mesmo que o organizador não tenha consciência disso, é possível que ele esteja oferecendo uma oportunidade única, um momento inesquecível e especial na vida das pessoas.

Para isso, é preciso integrar razão e emoção, sem se esquecer da qualidade. Segundo o *Guia PMBOK* (PMI, 2014), o gerenciamento da qualidade envolve o gerenciamento do projeto e suas entregas. Cada projeto apresenta requisitos e padrões específicos de qualidade, que devem ser identificados, monitorados e cumpridos. É desse tema que trataremos a seguir.

## 3.5 Requisitos dos eventos esportivos e recreativos

Cada produto, serviço ou resultado tem seus requisitos. Para Finocchio Junior (2013, p. 67, grifo do original), "**requisitos** são a maneira de o cliente comunicar para a equipe aquilo que lhe parece necessário ou desejável no produto que vai receber ao término do projeto". Segundo o *Guia PMBOK* (PMI, 2014, p. 112), "os requisitos incluem condições ou capacidades que devem ser atendidas pelo projeto ou estar presentes no produto, serviço ou resultado para cumprir um acordo ou outra especificação formalmente imposta". Mas quem impõe um requisito? Normalmente, quem solicitou a realização do evento (o cliente), ou quem financiará o evento (patrocinador), ou, ainda, outras partes interessadas no evento (*stakeholders*).

Segundo o *Guia PMBOK* (PMI, 2014, p. 113), "o sucesso do projeto é influenciado pelo envolvimento ativo das partes interessadas na descoberta e decomposição das necessidades em requisitos", que devem ser documentados e gerenciados como capacidades a serem supridas no evento. Finocchio Junior (2013,

p. 69) ressalta que talvez seja preciso dedicar mais tempo à coleta dos requisitos do que a outros pontos do *canvas* e que o desenvolvimento do *canvas* deve levar à identificação dos requisitos mais relevantes, sendo necessário ordenar os *post-its* por grau de prioridade (maior para menor).

A identificação dos requisitos de um evento esportivo e recreativo permite ao gerente, à equipe do projeto e às partes interessadas visualizar de forma clara como será o evento, quais são suas características e funções. Vamos imaginar uma situação hipotética: o diretor de uma escola solicitou que um dos professores de Educação Física assumisse a organização de uma gincana esportiva, recreativa e cultural para celebrar a Semana da Família.

Ao chamá-lo para a reunião, o diretor convocou também a coordenação pedagógica, administrativa, financeira, todos os demais professores de Educação Física e o pai que preside a Associação de Pais e Mestres. Após o início da reunião, o diretor (cliente e patrocinador) delegou oficialmente ao professor de Educação Física a coordenação do evento (gerente do projeto), fez explicações preliminares e estabeleceu os seguintes requisitos:

- Deverá ser realizada uma gincana esportiva, recreativa e cultural.
- O evento deverá ter a duração de cinco dias.
- O encerramento deverá ser no ginásio da escola, na sexta-feira, às 20h.
- O evento inteiro deverá ocorrer dentro da escola.
- As atividades poderão ocorrer em todos os espaços, pois não haverá aula.
- Todos os alunos e os pais deverão participar.
- A coordenação financeira informará sobre a disponibilidade de recursos.
- O evento será comemorativo à Semana da Família.

Esse é um exemplo simples e prático quanto à identificação de alguns requisitos, nesse caso estabelecidos pelo cliente e patrocinador do evento. A partir desse momento, os participantes da reunião, entre os quais será composta a equipe do projeto gerenciada pelo professor indicado, deverão debruçar-se sobre o projeto e organizar todos os esforços (temporários) para realizar o evento, considerando os requisitos impostos. A partir desses requisitos que norteiam o formato geral do evento, resultarão novos requisitos que deverão ser criteriosamente refinados pela equipe e assegurados no evento.

Finocchio Junior (2013, p. 67-69) argumenta que os requisitos prioritários são aqueles que representam utilidade e valor ao cliente, mas, quanto à elaboração do *canvas* na identificação dos requisitos, o processo ainda estará incompleto e precisará ser aperfeiçoado à medida que a concepção do projeto avançar. O autor afirma que os componentes principais do produto deverão ser descritos, porém de maneira simplificada e não detalhada, como em todos os demais blocos e elementos do *canvas*. Esse detalhamento somente deverá acontecer na sequência, após a finalização do *canvas*, quando serão agregados novos requisitos.

Segundo o *Guia PMBOK* (PMI, 2014, p. 112), existem vários tipos de requisitos, sendo que o primeiro deles se refere exatamente às necessidades das partes interessadas. Ainda de acordo com o *Guia PMBOK*, os requisitos podem ser agrupados de diferentes maneiras e, após definidos e organizados, devem ser minuciosamente refinados para que passem a compor o projeto: requisitos de **solução**, requisitos de **necessidades de negócio**, requisitos das **partes interessadas**, requisitos de **transição** (como está *versus* como será), requisitos do **projeto**, requisitos de **qualidade** etc.

O Quadro 3.11 apresenta alguns tipos de requisitos e sua aplicação aos eventos esportivos e recreativos.

Quadro 3.11 **Tipos de agrupamento de requisitos**

| Grupos de requisitos | Condições impostas a eventos esportivos e recreativos |
|---|---|
| Do projeto | Estabelecem ações ou processos que devem estar presentes no projeto. Ex.: equipe mínima para gerenciar o projeto; orçamento do projeto etc. |
| De qualidade do produto | Estabelecem condições que validem as entregas e a conclusão do evento. |
| De solução do produto | Descrevem funções e características do evento. |

Fonte: PMI, 2014, p. 112.

Para que se possa assegurar a qualidade nas entregas de produtos, serviços e resultados que passarão a compor os eventos, os requisitos de qualidade devem fazer parte das especificações técnicas das aquisições, das locações, dos serviços e das contratações. As especificações para cada item do projeto devem ser capazes de descrever exatamente o que será necessário e permitir a comparação do que está sendo contratado no ato da entrega. O Quadro 3.12 apresenta um exemplo de duas especificações técnicas para a aquisição de um mesmo produto: uma tenda.

**Quadro 3.12** Exemplo de especificação técnica (requisitos) para aquisição de uma tenda

| Item | Especificação 1 | Especificação 2 |
|---|---|---|
| Tenda | Tenda piramidal em formato cônico, com lona branca, medindo 8 m × 8 m | Tenda piramidal (como mostra a Figura 3.3) com as seguintes características: **estrutura** – confeccionada com tubos de aço de 80 mm × 80 mm para as colunas (pés) e travessas de 8 m em tubos de 40 mm × 80 mm e 30 mm × 50 mm. Meio mastro central com tubos de aço de 2.1/2", suspenso a partir do pé direito através de 2 cabos cruzados fixados nos canos da estrutura. Área livre de 64 m², pé direito de 3 m, vão livre frontal (medido da base do pé direito até o alinhamento superior da testeira) de no mínimo 2,65 m e vão livre central (até os 2 cabos cruzados do mastro central) de no mínimo 2,60 m. **Cobertura** – em lona com proteção solar (*blackout* e raios UV), KP 1000 ou similar, piramidal nas dimensões 8 m × 8 m, 100% na cor branca, formato cônico com base quadrada (tipo chapéu de bruxa) e testeira em semicírculo/arco nas 4 laterais, como parte do acabamento da cobertura em toda a borda superior. |

Figura 3.3 Exemplo de tenda piramidal

Ann in the uk/Shutterstock

O Quadro 3.12 lista todos os requisitos de qualidade de forma diferente para o mesmo produto. Desse exemplo é possível extrair algumas considerações:

- Ainda que a intenção relacionada a determinado produto seja a mesma, a entrega poderá ser diferente.
- Os padrões especificados no primeiro caso podem comprometer a entrega.
- Os padrões especificados no segundo caso permitem melhor avaliação da entrega quanto à sua qualidade, possibilitando a comparação entre o que foi solicitado e o que foi entregue, facilitando e qualificando o aceite.

Entre os requisitos de qualidade, podemos mencionar, por exemplo, o contido nas Normas Brasileiras publicadas pela Associação Brasileira de Normas Técnicas (ABNT, 2018). Muitos dos processos, produtos ou serviços agregados aos eventos esportivos e recreativos têm padrões estabelecidos pela ABNT, sendo recomendada a adequação a esses requisitos, pois qualificam e trazem benefícios ao evento e a todos os envolvidos.

A ABNT apresenta normas específicas não somente para produtos e serviços necessários aos eventos esportivos e recreativos, mas também para algumas atividades esportivas e de organização de eventos, como mostra o Quadro 3.13.

Quadro 3.13 Algumas normas da ABNT que apresentam requisitos específicos para determinadas atividades diretamente vinculadas a eventos esportivos e recreativos

| Título da norma | Norma (NBR) |
| --- | --- |
| Eventos – Classificação e terminologia | 16004 |
| Eventos – Qualidade na organização – Requisitos | 16571 |
| Organizador de eventos – Competências pessoais | 16513 |
| Eventos – Sistemas de gestão de segurança – Requisitos | 16566 |
| Segurança na construção de brinquedos de parquinhos, inclusive o planejamento e manutenção de espaços | 16071 |
| Turismo de aventura – Condutores de montanhismo e de escalada – Competência de pessoal | 15397 |
| Turismo de aventura – Condutores de *rafting* – Competências de pessoal | 15370 |
| Turismo de aventura – Condutores de turismo fora de estrada em veículos 4x4 ou bugues – Competências de pessoal | 15383 |
| Turismo de aventura – Condutores de caminhada de longo curso – Competências pessoais | 15398 |
| Turismo de aventura – Condutores de canoísmo e cachoeirismo – Competência de pessoal | 15400 |
| Assentos plásticos para eventos esportivos | 15925 |

Fonte: ABNT, 2018.

Na sequência, desenvolveremos uma abordagem mais completa quanto a alguns requisitos técnicos, de *performance*, de segurança, de sustentabilidade, protocolares, entre outros, que definem condições mínimas de caráter técnico e operacional relativas à qualidade, à segurança, às funções e às características que devem estar presentes nos eventos esportivos e recreativos. Esses requisitos merecem toda a atenção por parte dos organizadores nos processos de planejamento, estruturação, formatação e realização de eventos, a começar pelos conteúdos apresentados no Quadro 3.14.

Quadro 3.14 Exemplos de requisitos gerais, de solução, em eventos esportivos e recreativos.

| Requisitos | O que esse requisito define? |
|---|---|
| Data, período e tempo | A data, o período e o número de dias ou a quantidade de horas de realização. |
| Espaço e local | O local onde deverá ser realizado, podendo-se descrever o tipo de instalação, características, condições etc. (Ex.: ginásio de esportes climatizado; praça pública arborizada). |
| Público | O público ao qual o evento se destina (ex.: escolares de ambos os sexos com idades entre 15 e 17 anos; funcionários de uma empresa). Define também condições de participação e de atendimento ao público, inclusive espectadores. |
| Credenciamento | Normas, padrões e procedimentos de credenciamento e de acesso das pessoas e organizações que atuarão no evento e também dos participantes. |
| Atividades, conteúdos e programação | Quais atividades e conteúdos serão ofertados (esportivos e/ou recreativos)? Qual será o formato das atividades (tradicional ou inovador; homologado oficialmente ou recreativo)? As atividades serão essencialmente educativas? O evento estimula a participação? Deverá ser em formato de espetáculo e apresentação? Deverá ter competição? Qual será a programação de todas as atividades do evento? Como se dará a integração entre elas? Como acontecerá o evento? |

(continua)

*(Quadro 3.14 – continuação)*

| Requisitos | O que esse requisito define? |
|---|---|
| Equipamentos técnicos | Equipamentos técnicos necessários ao desenvolvimento das atividades e conteúdos do evento (ex.: bolas, redes, traves, equipamentos musicais, materiais para atividades manuais, artísticas). Observação: os equipamentos técnicos estão diretamente vinculados às atividades e aos conteúdos (esportivos ou recreativos); sem eles as atividades não se realizam. |
| Infraestrutura | Implementos e materiais necessários à produção do evento (ex.: grades de isolamento, arquibancadas, banheiros químicos (como os da Figura 3.4), tendas, tablados, coberturas especiais, palcos, sistemas de iluminação, sonorização, caminhões pipa, geradores de energia), devendo-se descrever detalhadamente cada item e as condições de uso. |
| Serviços | Serviços médicos, jurídicos, tecnologia da informação, elétricos, hidráulicos, segurança, seguros, brigadas de incêndio, limpeza, manutenção, logística, hospedagem, alimentação, transporte, comunicação etc. |
| De pessoal | Todo o pessoal necessário à realização do evento, inclusive autoridades; funções, atividades e requisitos de seleção, treinamento e contratação. |
| Financeiros | Capacidade financeira e limite orçamentário para determinadas despesas ou para todo o evento; indicação da fonte de recursos. |
| Legais | Todas as normas legais pertinentes a qualquer atividade ou área do evento – em âmbito municipal, estadual ou federal (ex.: a Lei n. 8.666, de 21 de junho de 1993, que estabelece normas para licitações e contratos da Administração Pública). |
| Protocolares | Protocolos, congressos, reuniões técnicas, cerimônias e etiquetas. |

*(Quadro 3.14 – conclusão)*

| Requisitos | O que esse requisito define? |
|---|---|
| Tecnológicos | Tecnologias aplicadas à gestão, às atividades e aos conteúdos do evento (ex.: *softwares*, *hardwares*, equipamentos e aparatos tecnológicos, aplicativos, sistemas de captação e transmissão de imagem e som, sistemas de iluminação, de cronometragem, de controle de acesso); tecnologias de comunicação em tempo real (radiocomunicadores, celulares, aplicativos, redes sociais, sistemas e redes de comunicação). |
| De comunicação e *marketing* | Assessoria de comunicação, cobertura jornalística, utilização das redes sociais, veiculação nos meios de comunicação, transmissão ao vivo, padronização do visual do evento, plano de identidade e comunicação visual, patrocínios, cenografia e *merchandising* (ex.: peças de comunicação visual, *banners*, painéis, totens, infláveis, faixas, sinalização, impressos). |

Figura 3.4 Exemplo de banheiros químicos, usados em eventos temporários

Leena Robinson/Shutterstock

Os requisitos de solução para eventos esportivos e recreativos não se limitam aos citados, tampouco são aplicáveis a todos os eventos. Devem ser analisados caso a caso – evento a evento – e descrevem quais funções ou características devem estar presentes, estando diretamente relacionados ao resultado que se pretende entregar. Por essa razão, os requisitos devem estar perfeitamente alinhados com a justificativa, com os objetivos e com os benefícios estabelecidos para o projeto, ou seja, devem ser considerados todos os requisitos para que o evento seja realizado com o pleno cumprimento desses propósitos, sem desconsiderar a existência de outros requisitos que não são, necessariamente, especificados pelo cliente ou patrocinador, mas que são impostos por outras razões: certificações, normas legais, normas técnicas, protocolos padronizados, acordos comerciais, funções do evento, entre outros.

Mas como identificar e coletar os requisitos? "Coletar requisitos é o processo de determinar, documentar e gerenciar as necessidades e requisitos das partes interessadas a fim de atender aos objetivos do projeto. O principal benefício deste processo é o fornecimento da base para a definição e gerenciamento do escopo do projeto"(PMI, 2014, p. 110). No entanto, nem sempre o gerente do projeto ou os membros da equipe terão todas as informações e os conhecimentos necessários à definição clara de todos os requisitos ou de detalhamento das especificações técnicas para determinadas partes do evento.

Nesse caso, o *Guia PMBOK* recomenda que os requisitos sejam coletados mediante entrevistas, grupos de discussão, oficinas facilitadas, técnicas de criatividade em grupo (ex.: *brainstorming*), tomada de decisões em grupo, questionários e pesquisas, *benchmarking* (comparação do que se pretende com as melhores práticas já identificadas), análise de documentos e desenvolvimento de protótipos (PMI, 2014, p. 114-117). Os eventos esportivos e recreativos têm como possibilidade a realização de eventos preparatórios ou eventos-teste[1], a exemplo dos realizados nos megaeventos esportivos (Jogos Olímpicos, Copa do Mundo etc.), cuja função é de ambientar e aquecer o público para o grande evento, bem como treinar as equipes e coletar requisitos, refinando e integrando as operações com vistas ao evento principal.

Identificados os requisitos, é necessário seu detalhamento item a item, descrevendo-os de forma precisa e quantificando-os para todas as atividades do evento. Isso porque, além de resultarem na estruturação do evento, passarão a compor o memorial descritivo deste, possibilitando, entre outras coisas, seu planejamento orçamentário e o estabelecimento de um cronograma de entregas, como abordaremos no Capítulo 5.

### 3.5.1 Requisitos técnicos por atividade

Todas as atividades esportivas e recreativas, sejam elas ofertadas em seu formato tradicional ou inovador, apresentam requisitos técnicos, que são as condições mínimas exigidas para que essas atividades possam ser ofertadas e usufruídas ou apreciadas com segurança e qualidade por parte dos usuários. Em geral, esses requisitos estão vinculados ao espaço de realização, ao tempo, aos equipamentos, aos implementos, aos materiais, às habilidades técnicas ou a regras específicas. O Quadro 3.15 lista alguns exemplos.

---

[1] Conheça alguns eventos-teste realizados antes dos Jogos Olímpicos e Paralímpicos de 2016 em: COB– Comitê Olímpico do Brasil. Rio 2016 divulga calendário de eventos--teste para os Jogos Olímpicos e Paralímpicos. 18 mar. 2015. Disponível em: <https://www.cob.org.br/pt/noticia/rio-2016-divulga-eventos-teste-para-jogos-olimpicos-e-paralimpicos>. Acesso em: 10 maio 2018.

Quadro 3.15 Exemplos de requisitos técnicos em eventos esportivos e recreativos

| Atividades | Exemplos |
|---|---|
| Esportivas | Materiais e equipamentos esportivos, dimensões de quadra, iluminação, regras, regulamentos, implementos de aferição, equipamentos de segurança etc. |
| Manuais | Materiais e equipamentos de artes manuais e artesanato, procedimentos e técnicas de manuseio de objetos etc. |
| Artísticas | Equipamentos musicais, acústica, iluminação, temperatura, tipos de piso, cenários, figurinos, materiais, técnica e equipamentos para pintura e escultura, trilhas sonoras etc. |
| Intelectuais | Acústica, iluminação, temperatura, qualificação para o tipo de atividade etc. |
| Sociais | Protocolos, etiquetas, equipamentos e utensílios etc. |
| Turísticas | Meios de transporte, acomodação, serviços agregados etc. |
| Tecnológicas | Configuração de dispositivos tecnológicos, capacidade de memória, aplicativos, *softwares*, *hardwares*, domínio tecnológico etc. |

Vamos imaginar uma competição esportiva de médio porte na modalidade de basquetebol (como ilustrado na Figura 3.5), que requer um ginásio coberto, sem nenhum aparato adicional que não seja voltado ao atendimento das demandas de um jogo de alto nível competitivo. A princípio, o local deverá ser compatível com esses requisitos, atendendo à prática do basquetebol nos dias e horários necessários à competição. O Quadro 3.16 apresenta algumas exigências que o ginásio deverá respeitar.

**Quadro 3.16** Exemplos de requisitos para a realização de um jogo de basquetebol

| Infraestrutura, materiais e serviços | Requisitos mínimos |
|---|---|
| Arena de competição | Arquibancada ou local para acomodação dos espectadores, banheiros, lanchonete e vestiários. |
| Área de competição | Quadra na medida 15 m × 28 m, com cobertura e iluminação, demarcada para o jogo de basquetebol, conforme estabelecem as regras da modalidade. |
| Implementos e materiais | 1 par de tabelas, com aro e redes.<br>2 bancos de reserva.<br>1 placar.<br>1 relógio de 24 segundos.<br>Marcadores de faltas de jogadores.<br>Seta de posse alternada.<br>3 bolas.<br>1 bomba de encher bola, com bico.<br>2 cronômetros.<br>Placas numeradas de 1 a 5.<br>Placas numeradas de 1 a 4 (para faltas coletivas).<br>2 bandeiras vermelhas de mesa.<br>Súmula de jogo<br>Caixa ou carrinho para transporte dos materiais.<br>Saco para as bolas.<br>Equipamento de som. |
| Mobília | 1 conjunto de mesa e cadeiras para arbitragem (para acomodar no mínimo 5 pessoas). |
| Material administrativo | Canetas azuis, vermelhas e pretas, corretivo líquido, régua acrílica de 30 cm, papel A4 branco, fita crepe, súmulas em branco. |
| Materiais de limpeza | Vassoura, balde, pano de chão e rodo. |

*(continua)*

*(Quadro 3.16 – conclusão)*

| Infraestrutura, materiais e serviços | Requisitos mínimos |
|---|---|
| Serviços | Equipes de coordenação do evento, arbitragem, atendimento médico-fisioterápico, segurança, limpeza, imprensa, serviços gerais, equipe de apoio. |

Figura 3.5 **Competição básica de basquetebol**

O Quadro 3.16 faz referência à realização de um jogo de basquetebol nas condições requeridas. Alguns itens não foram quantificados porque dependeriam do dimensionamento exato do tamanho do evento, como: quantidade de seguranças, estrutura de atendimento médico-fisioterápico, serviços de bilheteria, controles de acesso, assessoria de imprensa etc. Agora vamos imaginar o mesmo evento, porém com transmissão ao vivo pela tevê (Figura 3.6). O que muda? Vejamos alguns requisitos adicionais que poderiam decorrer dessa mudança de escopo:

- aumento da capacidade de energia elétrica e/ou a previsão do uso de gerador de energia, para o caso de sobrecarga ou queda de energia;
- cabeamento de energia e de transmissão;
- isolamento de áreas de risco, garantindo-se a segurança do público e dos membros da organização em razão da passagem de cabos externos;
- definição de locais e condições específicas para o acesso e a circulação de comentaristas e repórteres;
- isolamento de áreas para o posicionamento de câmaras;
- cabines de transmissão ou montagem de estrutura temporária;
- iluminação adequada;
- redefinição do *layout* de itens na área de competição (reposicionamento de mesas, cadeiras, materiais de apoio) e no (re)posicionamento de marcas e peças de comunicação visual e *merchandising*;
- veiculação de marcas de patrocinadores/anunciantes da tevê;
- sala e serviços de atendimento à imprensa;
- montagem da zona mista da imprensa (área onde repórteres e jogadores/comissão técnica das equipes se encontram para entrevistas no início, no intervalo e no fim do jogo, sem que haja necessariamente contato direto entre as partes e o público).

Figura 3.6 Ginásio de basquetebol preparado para transmissão de tevê

É importante observar que, se esse jogo fizer parte de uma competição internacional oficial, ainda que seja do mesmo esporte e sob as mesmas regras de jogo, os requisitos mudarão, porque o evento deverá respeitar os requisitos da Federação Internacional de Basquetebol (Fiba). Vejamos alguns requisitos adicionais que podem estar contidos nessa condição:

- medidas de áreas de escape lateral e de fundo;
- altura mínima sem obstruções;
- tipo e condição de piso;
- intensidade de luz;
- acessibilidade;
- temperatura e nível de ruído na área de competição;
- ventilação/climatização.

Podemos chamar esses itens de *requisitos de desempenho* ou *de performance*, que são as condições mínimas necessárias para que os atletas de alto rendimento possam melhorar sua *performance* e seu desempenho em condições de igualdade com todos os demais competidores do mesmo esporte.

No exemplo apresentado a partir do Quadro 3.16, constatamos diversas possibilidades de mudança de requisitos em razão da mudança de escopo do projeto, que é a delimitação de "todo trabalho necessário, e somente o necessário, para terminar o projeto com sucesso" (PMI, 2014, p. 105).

Entre os requisitos de qualidade, é preciso considerar também as boas práticas de sustentabilidade, que trazem benefícios ao evento e a seus participantes, agregando valores econômicos, sociais e ambientais ao mundo em que vivemos e que queremos deixar para aqueles que virão. Esses requisitos podem estar contidos em certificação nacional e internacional de sustentabilidade ambiental, social e econômica e podem ser incorporados ao planejamento de empreendimentos atrelados a eventos esportivos e recreativos, a exemplo das certificações Procel Edifica, NBR 16-1, Processo AQUA, ISO 9001, OHSAS 18001, que estabelecem padrões, protocolos, procedimentos, unidades de medida, indicadores e metas com a intenção de anular ou reverter situações que impactam negativamente o ambiente e a sociedade.

Segundo Valle et al. (2014, p. 24), "o problema é que o mundo atual não comporta mais uma empresa (ou qualquer outra organização) que não se responsabilize pelos efeitos de sua atividade". Nesse aspecto, algumas particularidades inerentes a eventos esportivos e recreativos residem no fato de que algumas atividades são, por vezes, poluentes (em razão da queima de combustíveis em atividades com motos, veículos e embarcações, por exemplo), barulhentas (todas as mencionadas anteriormente, além de *shows*, movimentação de torcidas e seus aparatos, som alto, fogos de artifício etc.), estressantes (ao provocarem o bloqueio de ruas ou utilizarem áreas compartilhadas onde haja fluxo de pedestres, veículos e banhistas, por exemplo), impactando negativamente o ambiente, em especial a população que não está envolvida com o evento e mora no entorno.

Para que se possa compreender melhor o tema da sustentabilidade em eventos esportivos e recreativos, é necessário refletir sobre o conceito de desenvolvimento sustentável, definido como "desenvolvimento que procura satisfazer as necessidades da geração atual, sem comprometer a capacidade das gerações futuras de satisfazerem as suas próprias necessidades" (COL, 2013).

Trata-se de um conceito que requer o olhar dirigido para o futuro, integrando-se aos eventos ações estratégicas relacionadas a questões essenciais à vida de todos nós no mundo de hoje, assim como à sociedade que queremos construir e deixar para o amanhã. Em outras palavras, significa planejar a obtenção de resultados que vão além do desenvolvimento esportivo e do lazer, envolvendo também o desenvolvimento econômico, social e ambiental, como ilustra a Figura 3.7.

Figura 3.7 A importância da sustentabilidade no planejamento de eventos esportivos e recreativos

SceneNature/Shutterstock

São inúmeros os procedimentos, iniciativas e atitudes que valorizam o evento, seus organizadores e patrocinadores e beneficiam os participantes, as partes interessadas e a comunidade com ações práticas, por vezes simples, e responsáveis, a exemplo das listadas a seguir:

- planejar a satisfação e o bem-estar dos colaboradores;
- estimular a cooperação e a corresponsabilidade entre os envolvidos;
- estabelecer relações contratuais éticas;
- promover a inclusão social;
- envolver a comunidade do entorno onde o evento acontecerá;
- gerar benefícios diretos para as comunidades impactadas pelo evento (participação, infraestrutura, emprego, renda);

- assegurar transparência e ética na gestão dos processos e dos recursos;
- promover a coleta seletiva de lixo;
- planejar a logística reversa (assunto a ser abordado no capítulo 4, ao se tratar do tema *stakeholders*);
- reduzir o consumo de água (com o uso de redutores de vazão em torneiras e chuveiros, por exemplo);
- reduzir o consumo de energia (com o uso de lâmpadas econômicas, por exemplo);
- utilizar fontes renováveis de energia;
- utilizar materiais e equipamentos de baixo impacto ambiental e reutilizáveis;
- atentar aos requisitos de segurança.

Essas atitudes representam o que Bradish (2013, p. 79) chama de *responsabilidade social corporativa*, "um conceito reemergente e estrategicamente valioso", sendo "essencial que gerentes de eventos entendam a importância de 'retribuir'" por meio dos eventos e organizações que promovem.

### 3.5.2 Requisitos de segurança

Os requisitos de segurança em eventos esportivos e recreativos devem ser observados com atenção e responsabilidade por parte dos organizadores, assumindo *status* de prioridade por ocasião de seu planejamento e operação. Obviamente, não se pode realizar um evento que possa colocar os envolvidos em situação de risco.

Os eventos esportivos e recreativos normalmente reúnem as pessoas em busca de lazer, confraternização, diversão e realização pessoal em torno de atividades que, por sua natureza, são envolventes e relaxam, mas também apresentam riscos ao distrair a atenção do público, dos participantes e dos colaboradores. Estes, por sua vez, devem estar em permanente estado de alerta, zelando pelo bem-estar do público enquanto desempenham as atividades funcionais.

Quando se trata de segurança em eventos, é necessário considerar uma abordagem completa, que envolva a segurança patrimonial e das pessoas, considerando-se os aspectos preventivos e os procedimentos emergenciais, de modo a evitar casos de negligência, imperícia e imprudência com o desenvolvimento de planos de segurança e de treinamento do pessoal que vai operar o evento. Devem ser previstos também os cuidados com a segurança por parte de todos os prestadores de serviços em suas entregas, a assistência médica emergencial, os cuidados com os serviços de alimentação, a necessidade de cumprimento dos requisitos prévios à sua realização e a cobertura por seguros. Devem ser observados, ainda, todos os requisitos legais quanto à contratação das pessoas que estarão trabalhando ou colaborando, ainda que voluntariamente, bem como no que se refere à aquisição de produtos, insumos e terceirização de serviços.

Como exemplo, podemos supor um evento em que seja necessário tomar cuidados essenciais com a vistoria atenta em brinquedos e parques infantis. É preciso pensar também na possibilidade de pequenas peças serem engolidas por crianças menores ou de haver partes quebradas, pregos aparentes, telas de proteção soltas, canos enferrujados, lascas de madeira, pontas e cantos perigosos. É fundamental, ainda, haver cuidado com o controle de acesso à área do evento, o porte de armas ou objetos cortantes, estruturas mal fixadas, queima de fogos de artifício e a segurança em atividades na água, bem como considerar a necessidade de fortes esquemas estratégicos que envolvem agentes particulares de segurança e órgãos oficiais da segurança pública, como agentes de trânsito, guardas municipais e polícias (civil, militar e federal), conforme o caso.

Nakane (2013, p. 46) conceitua *segurança* como "ato de proteger algo ou alguém de riscos, acidentes e tragédias" e chama a atenção dos gestores de eventos para que atentem para a infinidade de riscos relacionados à segurança que permeiam a arte de organizar um acontecimento. A autora ressalta que a segurança em eventos deve ser compreendida com base em "contingências analíticas, que terão ações preventivas ou, até mesmo, reativas caso algum incidente fora do esperado ocorra [...]" e que, nesse processo, "o trabalho com hipóteses é a mola mestra" (Nakane, 2013, p. 46). Considerando-se que cada evento tem suas peculiaridades, é preciso reconhecer que não seria possível abordar neste texto todos os itens concernentes a esse importante assunto, razão pela qual indicamos que você consulte a obra de Andréa Nakane (2013).

O Quadro 3.17 destaca algumas particularidades dos eventos que são realizados no ambiente escolar, apresentando algumas hipóteses de possíveis ocorrências que colocam as pessoas – e em especial as crianças – em risco.

Quadro 3.17 Possibilidades de ocorrências em eventos esportivos no ambiente escolar

| Hipóteses quanto às condições de uso de alguns equipamentos | Tipo de ocorrência |
|---|---|
| Traves e postes soltos ou mal fixados. | Queda do implemento sobre alguém. |
| Ganchos de fixação de redes. | Engate em anéis, correntes, roupas ou em partes do corpo. |
| Pisos de madeira com rachaduras ou lascas. | Penetração de lascas finas ou quebra da madeira durante o uso, podendo provocar entorses, escoriações ou lesões graves. |
| Pisos de cimento com rachaduras ou buracos. | Quedas, podendo provocar entorses, escoriações ou lesões diversas. |
| Arquibancadas móveis de ferro ou madeira. | Queda da estrutura. |

*(continua)*

*(Quadro 3.17 – conclusão)*

| Hipóteses quanto às condições de uso de alguns equipamentos | Tipo de ocorrência |
|---|---|
| Pregos em assentos de arquibancada. | Arranhões, perfuração ou lesões diversas. |
| Inexistência de grades ou redes de proteção. | Boladas, invasão de quadra, tumulto. |
| Quadras cobertas ou ginásios de esportes com cobertura comprometida. | Goteiras em dias de chuva, impactando a segurança dos praticantes, ou até mesmo queda da estrutura. |
| Uso de extensão elétrica com fios quebrados ou com emendas e isolamentos malfeitos. | Choque elétrico. |

## 3.5.3 Requisitos liberatórios no Poder Público

O gerente do projeto deve ter conhecimento sobre as leis (municipais, estaduais e federais) que deliberam sobre a atividade principal do evento e também sobre todas as atividades secundárias, pois, em alguns casos, é necessário obter autorizações prévias junto ao Poder Público. Havendo necessidade de utilização de áreas públicas ou no caso de eventos que sejam de interesse público, é necessário obter um alvará temporário. Nesse caso, deve-se observar, além do perfil e da natureza do evento, o fato de que o caminho a ser seguido para a obtenção do alvará pode variar cidade a cidade. Para tanto, antes de ingressar com o pedido de expedição do alvará, é preciso estar sempre preparado com as seguintes informações e documentos:

- data, horário (início e término) e local do evento (endereço completo);
- dados sobre o público (perfil, estimativa);
- informação sobre a venda ou não de ingressos;
- informação sobre aspectos comerciais: parcerias, patrocínios, vendas;

- informação sobre a venda ou não de bebida alcoólica;
- autorização prévia da entidade que representa o esporte em questão.

O organizador deve ainda estar preparado para providenciar diversos documentos, entre os quais a razão social, os documentos do responsável legal e do ato de nomeação, o termo de responsabilidade assinado, a planta baixa do evento (*layout*), a descrição dos serviços de segurança, o atendimento médico-hospitalar (UTI móvel/ambulância/atendimento emergencial, consultas seletivas, internamento, exames, convênios), os documentos referentes à alimentação, ao credenciamento, ao estacionamento, à montagem, à produção, à manutenção e à desmontagem, as certidões de regularidade fiscal (municipal, estadual e federal), o contrato de locação do local onde o evento acontecerá ou o registro do imóvel, entre outros.

No caso de serviços técnicos e profissionais de arquitetura, engenharia, medicina, educação física, nutrição, psicologia, segurança privada e tantas outras categorias profissionais, devem ser observados os requisitos profissionais ou a necessidade de emissão de anotação de responsabilidade técnica (ART) pelos conselhos da categoria profissional (Cref – Conselho Regional de Educação Física; CAU – Conselho de Arquitetura e Urbanismo; Crea – Conselho Regional de Engenharia e Agronomia; CRM – Conselho Regional de Medicina, entre outros), pela Polícia Federal e por outros órgãos ou agências de controle, fiscalização e regulamentação de serviços profissionais das respectivas categorias.

O Quadro 3.18 apresenta exemplos de autorizações que precisam ser obtidas com órgãos oficiais, como Polícia Civil, Polícia Militar, Corpo de Bombeiros e órgãos oficiais de meio ambiente municipal/estadual/federal (para o caso da intenção de utilização de logradouros públicos, como praças, parques, praias e áreas de preservação). As empresas contratadas/terceirizadas também devem estar em situação regular nos órgãos públicos municipais, estaduais e federais, além de obter outras autorizações que devem ser mapeadas pelo organizador em cada caso. É importante observar que todos os documentos mencionados e quaisquer outros que venham a ser exigidos devem estar regularmente validados pelas entidades que os emitem e dentro do prazo de validade.

Quadro 3.18 Exemplos de autorizações prévias e órgãos responsáveis

| Tipo de situação | Órgão que autoriza |
|---|---|
| Utilização de vias públicas municipais. | Órgão municipal de trânsito da prefeitura do município onde o evento será realizado. |
| Utilização de estradas ou rodovias, estaduais ou federais. | Polícia Rodoviária Estadual ou Federal, conforme o caso. |
| Execução pública de programação musical. | Escritório Central de Arrecadação de Direitos Autorais (Ecad). |
| Utilização de áreas públicas municipais, estaduais ou federais. | Prefeituras municipais, governos estaduais ou governo federal, conforme o caso. |
| Utilização de patrimônio da União (terrenos da Marinha, margens de rios, ilhas, unidades de conservação, terras rurais, terras indígenas e outros). | Secretaria do Patrimônio da União (SPU – governo federal) – requerimento de permissão de uso. |
| Realização de eventos esportivos náuticos. | Capitania dos Portos sob cuja jurisdição está o município onde será realizado o evento. |
| Identificação de riscos à saúde pública e cumprimento de medidas sanitárias. | Agência Nacional de Vigilância Sanitária (Anvisa) e órgãos estaduais e municipais que integram o Sistema Nacional de Vigilância Sanitária. |
| Participação de crianças e adolescentes em eventos. | Vara da Infância e da Juventude. |

É comum haver uma relação de precedência na obtenção de certos documentos liberatórios, existindo dependência entre documentos predecessores e sucessores. Nesse aspecto, antes de partir em busca de autorizações para um evento, é importante que o gerente do projeto construa um fluxograma que demonstre o processo de obtenção das autorizações prévias.

### 3.5.4 Requisitos de cerimonial, protocolo e etiqueta

Segundo o *Manual de organização de eventos do Senado Federal* (Brasil, 2013, p. 159), "o cerimonial, o protocolo e a etiqueta são códigos de conduta que tornam mais efetivo e amistoso o convívio humano e suas relações de poder". Esses códigos tratam de questões como etiqueta, o uso correto de pronomes de tratamento, a ordem de precedência no uso da fala, a posição que os participantes de um evento ocupam em uma mesa solene, as normas relativas aos símbolos nacionais (Bandeira Nacional, Hino Nacional, Armas Nacionais e Selo Nacional), convites, confirmação de presença, atrasos, trajes etc.

Os procedimentos são alguns dos requisitos que devem ser observados no planejamento de eventos esportivos e recreativos, especialmente quando assumem um *status* de eventos oficiais, que contam com a presença de autoridades públicas. Para saber mais sobre esses requisitos, acesse o referido manual, na internet (Brasil, 2013).

Um exemplo muito comum que requer a atenção aos requisitos protocolares são as cerimônias de abertura em competições esportivas (Figura 3.8), que seguem um rito próprio e demandam cuidados quanto à etiqueta no tratamento de autoridades e no uso dos símbolos nacionais. Em geral, as cerimônias de abertura de competições esportivas compartilham de um roteiro comum: concentração e desfile das delegações, execução dos hinos e hasteamento das bandeiras, declaração oficial de abertura, entrada do fogo simbólico e acendimento da pira, juramento do atleta e do árbitro, confraternização e encerramento.

**Figura 3.8** Cerimônia de abertura dos Jogos Olímpicos de Verão de 2016, no Rio de Janeiro

Petr Toman/Shutterstock

Para concluir, é fundamental notar que os requisitos impactam não somente a definição do escopo do projeto, mas principalmente a estruturação de todos os eventos esportivos e recreativos e, posteriormente, sua operação, contribuindo para o processo de monitoramento e qualificação da entrega. É imprescindível compreender que cada evento tem um conjunto próprio de requisitos, sendo atribuição do gerente e da equipe do projeto cuidar para que sejam constantemente rastreados, descritos, monitorados, controlados e cumpridos.

## ⦀ *Síntese*

Neste capítulo, demos início à abordagem sobre o desenvolvimento de um projeto, mediante a aplicação da metodologia do *Project Model Canvas* a eventos esportivos e recreativos. Abordamos os conteúdos que fazem parte da justificativa, do objetivo e dos benefícios para esclarecer a reflexão que deve ser feita na elaboração dos *posts*. Estes precisam resumir as ideias principais, transformando um conjunto volumoso de informações em frases concisas. A justificativa, o objetivo e os benefícios são os elementos que alinham o evento à orientação estratégica da organização e também aos demais elementos do projeto e, nesse processo, a coerência, o alinhamento estratégico e a clareza são fundamentais.

O produto de um projeto é o que se entrega para o cliente ao fim da empreitada – no caso tratado aqui, é um evento, esportivo ou recreativo. Destacamos também o fato de que todo produto tem uma série de requisitos e que os eventos esportivos e recreativos os têm em grande número. Sem o preenchimento de todos os requisitos, corre-se o risco de um evento ficar incompleto, o que pode comprometer sua entrega final ou mesmo inviabilizar sua realização.

## Atividades de autoavaliação

1. Para utilizar a metodologia do *Project Model Canvas* na elaboração de projetos e no planejamento de eventos esportivos e recreativos, conforme mencionamos no decorrer do capítulo, é imprescindível que, primeiramente, sejam identificados alguns elementos do projeto, como justificativa, objetivo e benefícios, por se tratar de conteúdos prioritários na definição sobre o evento que se pretende realizar. Diante dessa informação e levando em consideração o conteúdo do livro sobre como planejar um evento esportivo e recreativo, analise as afirmativas a seguir.
    I. O objetivo é o que motiva a elaboração e execução de um projeto.
    II. A justificativa é o que impulsiona e justifica a destinação de tempo e de recursos à execução de uma ideia.

III. O objetivo representa uma unidade de medida capaz de permitir, ao fim do evento, a comparação entre o que foi estabelecido e o que foi realizado, contribuindo para o processo de avaliação.

IV. Os benefícios envolvam os resultados (tangíveis ou não tangíveis) obtidos com a execução do projeto.

Estão corretas as afirmativas:

e) I, II e III, apenas.
f) I, III e IV, apenas.
g) I e III, apenas.
h) I, II e IV, apenas
i) II, III e IV, apenas

2. Os projetos de uma organização devem estar alinhados com sua orientação estratégica, tendo em vista o direcionamento estratégico amplo apresentado pelo *Guia PMBOK* (PMI, 2014), que pode, por diferentes motivos, justificar a realização de um evento esportivo e recreativo. Levando em consideração essa informação e o conteúdo abordado no capítulo, relacione corretamente os elementos a seguir às considerações estratégicas listadas.

1. Associativismo
2. Cidadania
3. Relacionamento
4. Eventos classificatórios
5. Eventos como meio de comunicação

( ) Aproveitar a força dos eventos como mídia.
( ) Promover a participação comunitária.
( ) Reunir pessoas com um objetivo comum.
( ) Promover o encontro e o relacionamento de executivos, funcionários, fornecedores e clientes empresariais.
( ) Classificar atletas ou equipes em eventos menores para participar de eventos maiores.

Agora, assinale a alternativa que apresenta a sequência correta:

a) 5, 2, 1, 3, 4.
b) 4, 3, 2, 1, 5.
c) 4, 2, 3, 1, 5.
d) 2, 1, 5, 4, 3.
e) 5, 4, 3, 2, 1.

3. Considere a seguinte informação:

> O objetivo de um projeto é a finalidade de todos os esforços e recursos que serão mobilizados e deve ser direto, resumido, persuasivo e pertinente.

Analise as assertivas que seguem e marque V para verdadeiro e F para falso.

( ) Nem todo projeto deve apresentar os objetivos.
( ) O objetivo é delimitado no tempo, ou seja, tem prazo para ser executado.
( ) O objetivo é mensurável por apresentar números e referências qualitativas do produto ou serviço.
( ) Os objetivos devem ser específicos, não complexos, mensuráveis, tangíveis, quantificáveis, desafiadores e adequados, realistas e atingíveis.

Agora, assinale a alternativa que apresenta a sequência correta:

a) V, F, V, F.
b) V, F, V, V.
c) F, V, V, V.
d) V, V, F, F.
e) F, V, F, F.

4. Cada projeto apresenta requisitos e padrões específicos de qualidade, que devem ser identificados, monitorados e cumpridos. Segundo o *Guia PMBOK* (PMI, 2014, p. 112), "o sucesso do projeto é influenciado pelo envolvimento ativo das partes interessadas na descoberta e decomposição das necessidades em requisitos".

Analise as afirmativas a seguir sobre o conceito de requisito.

I. Requisito é a maneira de o cliente comunicar para a equipe aquilo que lhe parece necessário.
II. Requisitos incluem condições ou capacidades que devem ser atendidas pelo projeto.
III. Requisitos não influenciam o resultado do projeto e suas necessidades.
IV. Requisitos devem estar presentes no produto, serviço ou resultado para cumprir um acordo ou outra especificação formalmente imposta.

Estão corretas as afirmativas:

a) I, II e III, apenas.
b) I, III e IV, apenas.
c) I e III, apenas.
d) I, II e IV, apenas.
e) I e II, apenas.

5. Existem várias formas de agrupar requisitos, que, após definidos, devem ser minuciosamente refinados para que passem a compor o projeto. De acordo com os conteúdos do livro referentes a agrupamento de requisitos, relacione corretamente os requisitos a seguir às respectivas características.

1. Requisitos do projeto
2. Requisitos de solução
3. Requisitos técnicos

4. Requisitos de qualidade
5. Requisito de segurança

( ) Estabelecem ações ou processos que devem estar presentes no projeto.

( ) Estão vinculados ao espaço de realização, ao tempo, aos equipamentos, aos implementos, aos materiais, às habilidades técnicas ou a regras específicas.

( ) Descrevem funções ou características que devem estar presentes no evento.

( ) Envolvem a segurança patrimonial e das pessoas, considerando-se os aspectos preventivos e os procedimentos emergenciais.

( ) Estabelecem condições que validem a conclusão do evento.

Agora, assinale a alternativa que apresenta a sequência correta:

a) 5, 2, 1, 3, 4.
b) 1, 3, 2, 5, 4.
c) 4, 2, 3, 1, 5.
d) 2, 1, 5, 4, 3.
e) 5, 4, 3, 2, 1.

## Atividades de aprendizagem

*Questões para reflexão*

1. Todo produto tem seu conjunto de requisitos. Conforme abordado neste capítulo, os eventos esportivos e recreativos também. Você se recorda de algum fato, em eventos dessa natureza, que possa estar relacionado ao descumprimento de algum requisito? Aproveite os conteúdos expostos no capítulo, procure por outras fontes de consulta sobre o mesmo tema e elabore um texto expondo sua opinião a respeito.

2. Você já deve ter ouvido falar, por meio da tevê, do jornal ou das redes sociais, ou mesmo já deve ter conversado com amigos e familiares sobre algum acidente grave ocorrido durante um evento esportivo ou recreativo. É o caso, por exemplo, de desabamentos de estruturas que tenham resultado em várias pessoas feridas ou que ficarem presas entre grades de proteção ou foram pisoteadas por uma multidão etc. Você acha que quem organiza esses eventos pode ser responsável por isso? Como evitar algumas dessas tragédias? Quando o caso envolve brigas nas ruas após jogos de futebol, você acha que os organizadores dos eventos têm alguma influência e podem contribuir para evitá-las? Escreva um breve texto expondo sua opinião a respeito.

*Atividade aplicada: prática*

**Arraiá do (nome do clube) – 10 Anos de Festerê de São João**

Vejamos o início do desenvolvimento do *canvas*:

Bloco 1 – Justificativa, objetivo e benefícios

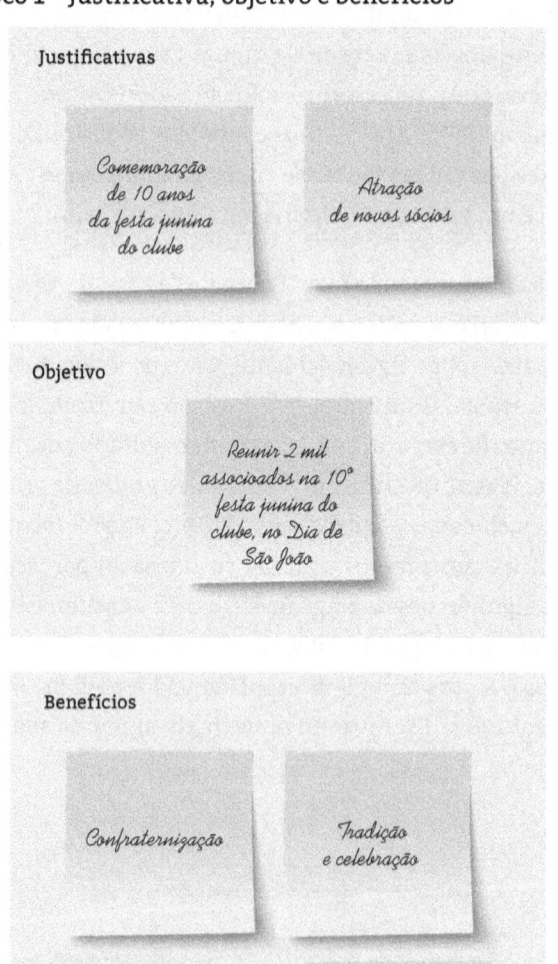

**Justificativas**

- Comemoração de 10 anos da festa junina do clube
- Atração de novos sócios

**Objetivo**

- Reunir 2 mil associados na 10ª festa junina do clube, no Dia de São João

**Benefícios**

- Confraternização
- Tradição e celebração
- Filiação de novos sócios
- Conceituação do clube

schab/Shutterstock

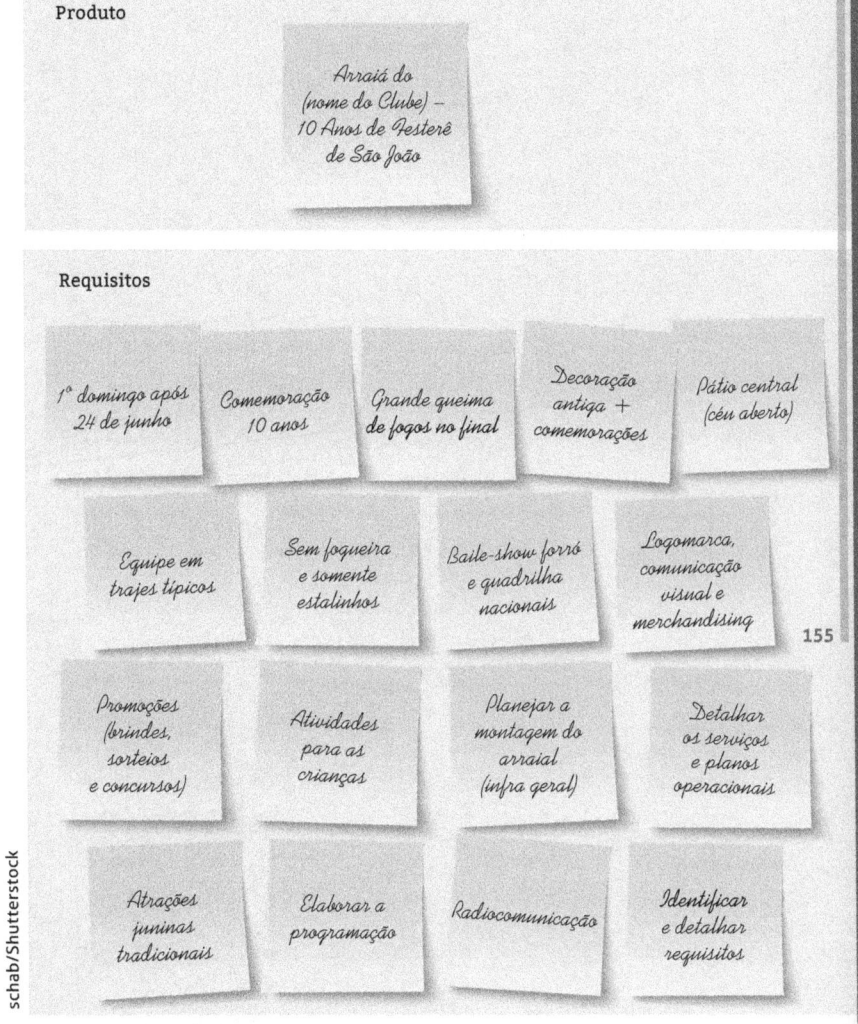

## Bloco 2 – Produto do projeto e requisitos do produto

**Produto**

> Arraiá do (nome do Clube) – 10 Anos de Festerê de São João

**Requisitos**

- 1º domingo após 24 de junho
- Comemoração 10 anos
- Grande queima de fogos no final
- Decoração antiga + comemorações
- Pátio central (céu aberto)
- Equipe em trajes típicos
- Sem fogueira e somente estalinhos
- Baile-show forró e quadrilha nacionais
- Logomarca, comunicação visual e merchandising
- Promoções (brindes, sorteios e concursos)
- Atividades para as crianças
- Planejar a montagem do arraial (infra geral)
- Detalhar os serviços e planos operacionais
- Atrações juninas tradicionais
- Elaborar a programação
- Radiocomunicação
- Identificar e detalhar requisitos

**Agora é com você!**

Prosseguindo com o *canvas*: é hora de desenvolver os Blocos 1 e 2 do *canvas* relativo ao **Festival de Esportes das Escolas Particulares – Voleibol**, tendo como referência o exemplo elaborado com o Arraiá do (nome do clube) – 10 anos de Festerê de São João.

Bloco 1 – Justificativa, objetivo e benefícios
Bloco 2 – Produto do projeto e requisitos do produto

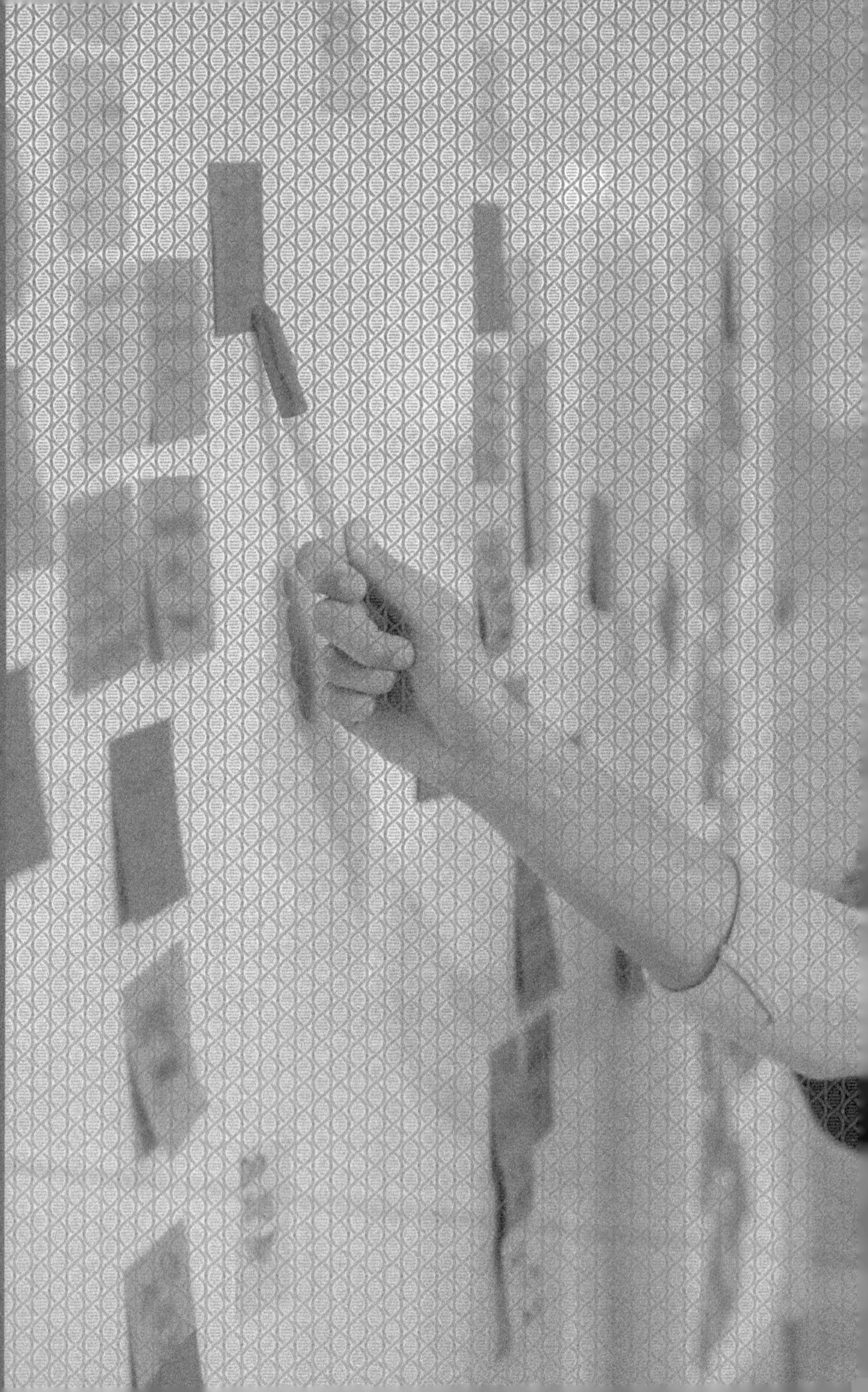

# Capítulo 4

## Pessoas, atividades e grupos de entregas no planejamento de eventos esportivos e recreativos

**Este capítulo** dá sequência à abordagem sobre a estruturação do projeto, tratando dos componentes de dois outros blocos do *canvas* (Finocchio Junior, 2013), assim estruturados: **Bloco 3 –** *Stakeholders* **externos e equipe; Bloco 4 – Premissas, grupos de entregas e restrições do projeto.**

Com base no *Project Model Canvas*, demonstraremos a importância de identificar e descrever quem são as pessoas ou organizações que integram a força de trabalho ou que têm algum interesse no evento, as quais, conforme apresenta Finocchio Junior (2013), são os *stakeholders* externos e a equipe do projeto.

Também tendo como referência o *Project Model Canvas*, explicaremos como o evento é feito, o que são entregas e quais são as condições para produzi-las (premissas e restrições).

## 4.1 Stakeholders externos

Finocchio Junior (2013, p. 72) descreve *stakeholders* como todas as pessoas ou organizações envolvidas ou afetadas pelo projeto, conceito também encontrado no *Guia PMBOK* (PMI, 2014, p. 30).

Kerzner (2015, p. 305) define as partes interessadas como "indivíduos, empresas ou organizações que podem ser afetadas pelo resultado do projeto ou pela maneira como o projeto é gerenciado", enquanto Valle et al. (2014, p. 23) definem os *stakeholders* como "partes interessadas [...] que têm um interesse positivo ou negativo no projeto, independentemente de estarem conscientes ou não de sua condição de *stakeholder*", constituindo uma rede de pessoas.

Para Finocchio Junior (2013, p. 72), entre os principais *stakeholders* externos estão o cliente do projeto (que receberá o produto); o patrocinador do projeto (que destinará recursos para a execução do projeto); os fornecedores; outros departamentos da organização que está propondo o projeto, mas que não fazem parte de seu desenvolvimento; os órgãos regulatórios que impactam ações do projeto; os governos, entre outros.

Segundo o *Guia PMBOK* (PMI, 2014, p. 32), as partes interessadas no projeto incluem patrocinador, clientes e usuários, prestadores de serviços, fornecedores, grupos organizacionais diversos, órgãos públicos, consultores, especialistas em áreas do conhecimento do projeto, entre outros. O alinhamento do projeto com as necessidades ou objetivos das partes interessadas integra o processo de governança do projeto, considerado um elemento essencial como critério de sucesso de qualquer empreendimento como esse.

Para se assegurar a governança do projeto, o *Guia PMBOK* (PMI, 2014, p. 30) indica a necessidade de se gerenciar o engajamento dos *stakeholders*, o que inclui comunicação e interação contínua com esses grupos, não somente para atender às suas expectativas e/ou necessidades, mas também para solucionar questões suscitadas à medida que elas ocorrem. Isso porque a falta de clareza, a indefinição e o não alinhamento dos interesses em relação aos *stakeholders* podem impactar negativamente a governança do projeto, provocando atrasos, aumento de custos e até seu cancelamento.

Nesse sentido, é fundamental que seja feito o mapeamento (identificação) dos *stakeholders*, bem como a sondagem quanto à sua influência, interesses, necessidades e expectativas, pois "um projeto só será exequível e gerará os resultados desejados se houver uma coalizão de apoios suficientemente forte" (Valle et al., 2014, p. 17). De acordo com Finocchio Junior (2013, p. 71), é importante que haja uma visão clara sobre quem faz parte da equipe e quem não faz, pois "o que é interno ao projeto [...] deve ser controlado, e o que é externo [...] pode apenas ser monitorado".

Com base nos fundamentos sobre os *stakeholders* externos, é possível compreender que, em eventos esportivos e recreativos, há também uma rede de grupos de interesse que interagem com o projeto – na qualidade de usuários ou clientes finais, patrocinadores, promotores, prestadores de serviços, fornecedores, órgãos governamentais e outros segmentos da comunidade, que influenciam ou são influenciados pelo evento.

Vamos considerar o caso de um tradicional e hipotético evento – Torneio Interclubes de Tênis – que acontece anualmente em uma cidade de médio porte, no interior do país. Esse evento é local (ou seja, realizado tradicionalmente no mesmo clube, em um ambiente semelhante ao mostrado na Figura 4.1). Quem o promove é o próprio clube, mas a participação é aberta a todos os tenistas da cidade, que pagam pela inscrição, o que garante a cobertura das despesas adicionais do evento, exceto premiação. O clube é historicamente muito envolvido com a modalidade de tênis. O evento está em sua sétima edição, sendo bastante comentado e reconhecido por todos os tenistas e pessoas envolvidas com o tênis na cidade, e vem assumindo outra dimensão, começando a despertar interesse em alguns tenistas do estado e do país por sua organização e pelo ambiente agradável, festivo e acolhedor, bem como pela premiação, que é obtida com recursos financeiros cotizados entre os clubes participantes. Quem são os *stakeholders*?

### Situação 1– Torneio Interclubes de Tênis

**No ambiente interno:**
- membros do Conselho Diretor;
- membros do Conselho Deliberativo;
- sócios;
- equipe dos diversos departamentos do clube: esportes, administrativo, social, médico, *marketing* e comunicação, recepção, limpeza, manutenção, equipe da secretaria, segurança, brigada de incêndio;
- restaurante(s) e lanchonete(s) do clube;
- tenistas e técnicos de tênis do clube;
- pais e familiares dos tenistas;
- fornecedores do clube, entre outros.

Figura 4.1 Ambiente com quadras de tênis

*Iou99/Shutterstock*

Vale lembrar que, seguindo-se as recomendações de Finocchio Junior (2013, p. 72), quando a lista inclui os funcionários que compõem os diversos departamentos do clube, ela está se referindo àqueles que não fazem parte do projeto, pois é necessário estabelecer uma abordagem diferenciada no gerenciamento das equipes do projeto.

**No ambiente externo:**
- departamento de esportes dos clubes que participarão do evento;
- tenistas dos clubes que participarão do evento;
- fornecedores de materiais e equipamentos específicos para a prática de tênis;
- programas de tevê especializados em jornalismo esportivo;
- equipes de vendas de empresas construtoras de quadras de tênis, alambrados e redes de proteção, iluminação de quadras esportivas, vestuário e calçados esportivos;

- boleiros e batedores de tênis;
- federação ou associação de tênis;
- equipes de arbitragem do tênis, entre outros.

Nessa edição do evento, os organizadores planejaram e garantiram a participação de um ilustre e renomado tenista brasileiro, reconhecido no mundo do tênis internacional – que é, na verdade, um ídolo nacional – e que, como convidado especial, fará a partida promocional de abertura. Os adversários serão o jogador mais bem ranqueado do clube, que participará do jogo de duplas como parceiro do grande tenista, contra outros dois jogadores escolhidos por sorteio entre os clubes participantes do evento.

Essa ação é inédita no clube e foi concebida como estratégia promocional dos organizadores para entregar o novo Parque de Tênis, planejado considerando-se os mais modernos conceitos de sustentabilidade e construído integralmente com recursos oriundos de uma lei de incentivo. Essa obra é muito esperada pelos tenistas do clube e gerou uma expectativa enorme entre os tenistas de todo o país, pois se vislumbra como grande a possibilidade de que o clube possa prospectar e vir a sediar eventos internacionais de tênis, que até então não eram possíveis em razão de alguns aspectos impeditivos relacionados à infraestrutura anterior, que não atendia integralmente aos requisitos da modalidade para eventos oficiais internacionais.

Esse novo equipamento esportivo é dotado de um complexo sistema de coleta, separação e destinação de resíduos sólidos, apoiado em conceitos da logística reversa, com o envolvimento da comunidade na qual o clube está situado, da cooperativa de catadores de lixo da região, dos prestadores de serviços e dos fornecedores de produtos e insumos vinculados ao clube e também da Secretaria Municipal de Meio Ambiente (que opera o sistema de coleta de lixo da cidade).

O referido sistema de coleta, separação e destinação de resíduos sólidos não será útil somente para a área do tênis ou para as atividades internas clube. Ele foi planejado para atender igualmente à área externa do clube, beneficiando, por extensão, a comunidade. A rede de envolvidos no novo sistema foi treinada por especialistas no assunto enquanto a obra era executada. Esse treinamento durou o período que o clube e os especialistas entenderam como necessário para envolver as pessoas e preparar o funcionamento do sistema, que assume os patamares mais elevados de compromisso ambiental e social e extrapola a realização do evento, com a perspectiva de se transformar em uma ação duradoura e de longo prazo, atendendo ao clube e à comunidade com a implantação de processos sustentáveis.

Como atividade adicional, os organizadores planejaram a realização de um coquetel e de uma entrevista coletiva com o grande ídolo do tênis, o que deverá acontecer antes da partida promocional. Para isso, os organizadores acionaram a presidência e o Conselho Diretor do clube, solicitando apoio e atenção especial em relação a essas atividades e propondo um envolvimento intenso do Departamento de *Marketing* no planejamento de ações integradas de comunicação, assessoria de imprensa e relações públicas.

Assim, é possível perceber que a ação promocional com a presença do atleta-ídolo e a entrega do Parque de Tênis não só agregam valor ao Torneio Interclubes de Tênis, mas apresentam características de um novo evento, demandando um projeto a ser iniciado antes da implantação das ações que integram o sistema de sustentabilidade do parque.

Além disso, quanto aos *stakeholders* externos, decorre dessa nova ação o aumento de relações e de grupos de interessados no evento. Não se trata somente de um aumento numérico, mas também em intensidade de interesse, o que faz pensar, primeiramente, sobre quais serão os novos interessados, incluindo os *stakeholders* externos e os membros da equipe, e quais são seus interesses e expectativas. Apresentamos a seguir uma nova lista, que vai além dos itens já relacionados antes da inclusão da ação promocional e da entrega do Parque de Tênis.

### Situação 2– Torneio Interclubes de Tênis + Parque de Tênis + Tenista ídolo

**No ambiente interno:**
- outros funcionários do clube e seus familiares;
- membros do Conselhos Diretor e do Conselho Deliberativo e seus familiares;
- familiares dos prestadores de serviços e dos fornecedores do clube.

**No ambiente externo:**
- o prefeito da cidade e alguns funcionários da prefeitura, especialmente;
- aqueles que trabalham ou têm alguma relação com o esporte;
- vereadores;
- presidentes e membros do conselho dos clubes participantes;
- tenistas dos clubes que participarão do evento e seus familiares;
- equipes de editorial e de pauta dos principais meios de comunicação da imprensa local;
- tenista ídolo e sua assessoria de comunicação;
- jornais, revistas e outras mídias especializadas em esportes;
- jornais, revistas e outras mídias especializadas em tênis;
- outras empresas que queiram associar-se ao Parque de Tênis em razão da causa sustentável;
- ambientalistas ou grupos de interesse em causas ambientais;

- pesquisadores em questões ambientais e sustentabilidade;
- proprietários da rede hoteleira local;
- representantes da organização que gerencia a lei de incentivos (municipal, estadual ou federal, conforme o caso);
- proprietários e diretores das empresas que participaram da construção, seja nas etapas de planejamento (arquitetos, engenheiros e desenhistas), seja nas de execução (construtores), e seus familiares;
- diretores das empresas construtoras de quadras de tênis;
- diretores das empresas de alambrados ou de redes de proteção;
- diretores das empresas de iluminação de quadras esportivas;
- diretores das empresas de vestuário e calçados esportivos;
- fornecedores do clube;
- representantes e funcionários do sistema de coleta de lixo da prefeitura municipal;
- equipe do clube responsável pela coleta e destinação do lixo;
- representantes e funcionários das entidades para as quais o lixo será destinado;
- comunidade do entorno do clube.

É interessante notar que o novo formato do evento resulta em mudanças nos grupos de clientes, de patrocinadores e em toda a rede de *stakeholders*, que se amplia consideravelmente, fazendo com que os processos decisórios se tornem mais complexos, tendo em vista a necessidade do realinhamento no atendimento às expectativas dos novos grupos interessados no evento.

Alguns *stakeholders* da Situação 1, do próprio clube ou fora dele, inclusive patrocinadores e clientes, poderiam demonstrar um tipo de interesse no evento, enquanto, na Situação 2, os mesmos *stakeholders* não só podem demonstrar outros interesses, como também podem ser influenciados ou influenciar no evento de outra forma, impactando os processos de tomada de decisão.

Cada evento, seja esportivo, seja recreativo, realizado em qualquer formato (festival, feira, exposição, encontro, gincana, desafio, apresentação, exibição, passeio, campanha promocional, *show*, oficina, jogos, brinquedos, brincadeiras ou reuniões) e com o conteúdo que for (esportivo, artístico, manual, intelectual, social, tecnológico, turístico ou ainda resultante da combinação entre eles), está associado a grupos de interesse diferentes.

### 4.1.1 Esferas de controle e de influência do gerente do projeto

A equipe do projeto e os *stakeholders* externos ocupam uma determinada posição em relação ao gerente do projeto. Este tem duas fronteiras virtualmente delimitadas, segundo Finocchio Junior (2013, p. 75), podendo exercer controle e/ou influência sobre elas no âmbito de seu trabalho ou, ainda, ser influenciado.

A esfera de controle é, segundo Finocchio Junior (2013), a área na qual estão as pessoas que trabalham diretamente com o gerente do projeto e sobre as quais ele tem autoridade para definir trabalho e agenda.

O autor descreve ainda a esfera de influência como a área na qual o gerente de um projeto exerce influência sobre pessoas, entidades ou unidades organizacionais, mesmo que não tenha controle sobre elas. O grande desafio do gerente reside em fazer com que esses grupos priorizem suas tarefas para o projeto, já que sobre eles não há autoridade de controle (Finocchio Junior, 2013).

Há um ainda um terceiro grupo, como mostra a Figura 4.2, composto por organizações que não sofrem influência do gerente do projeto, ficando fora de sua área de controle, e que podem ou não fazer parte da equipe, mas que, eventualmente, interagem com o projeto.

Figura 4.2 Representação das esferas de controle e de influência do gerente de projeto

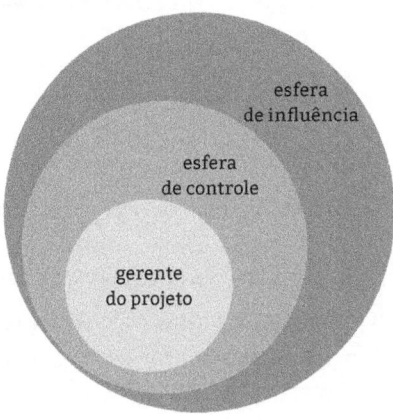

- esfera de influência
- esfera de controle
- gerente do projeto

Fonte: Elaborado com base em Finocchio Junior, 2013, p. 80-81.

Recomenda-se que, para o planejamento de um evento esportivo e recreativo, no detalhamento do projeto conste um quadro em que possam ser listados os grupos de interesse, bem como suas expectativas e os benefícios almejados, separando-os entre aqueles sobre os quais o gestor do projeto exerce influência, conforme o raciocínio de Finocchio Junior (2013), e outros grupos interessados. O Quadro 4.1 serve de modelo.

Quadro 4.1 Modelo de quadro para mapeamento e sondagem dos *stakeholders* em projetos de eventos esportivos e recreativos

| | Grupo de interesse (*stakeholders*) | Interesses | Expectativas |
|---|---|---|---|
| Grupos da esfera de controle | | | |
| | | | |
| | | | |

*(continua)*

(Quadro 4.1 – conclusão)

| Grupo de interesse (stakeholders) | Interesses | Expectativas |
|---|---|---|
| Outros grupos | | |
| | | |
| | | |

Fonte: Elaborado com base em Finocchio Junior, 2013; COL, 2013.

Neste livro, procuramos demonstrar que cada evento tem um formato único, exclusivo e distinto dos demais, razão pela qual não há a intenção de apresentar listas definitivas de *stakeholders* para qualquer tipo de evento. A ideia aqui é fazer um breve exercício de reflexão, simulando o que gerentes de projetos ou organizadores de eventos esportivos e recreativos devem fazer quanto à identificação dos *stakeholders* nos projetos de seus eventos. Qualquer alteração no escopo do projeto pode mudar substancialmente o grupo de interessados e seu grau de interesse e de engajamento.

Cabe, portanto, aos organizadores de eventos esportivos e recreativos a tarefa de coordenar esforços a fim de mapear os grupos interessados no evento sob sua responsabilidade, sondando os interesses e as expectativas de cada um, bem como a influência que esses grupos sofrem ou que podem exercer em razão do evento, de modo a engajá-los para obter a comunhão capaz de assegurar a governança do projeto.

## 4.2 Equipe/*Staff*

No bloco da equipe ou *staff*, devem ser relacionados os membros da equipe e seus papéis (o desempenho de cada membro em relação ao que deve ser produzido na concretização das entregas), devendo-se lembrar que o gerente do projeto deve exercer controle e influência sobre a equipe. Finocchio Junior (2013, p. 75) recomenda que os participantes da elaboração do *canvas* formulem um "modelo mental simples e rápido" a fim de listar os membros da equipe e seus papéis no projeto, no bloco que o autor denomina *equipe*.

Cada membro da equipe ocupa funções distintas em um evento esportivo e recreativo (a Figura 4.3 mostra o integrante de um *staff* com uniforme que o identifica para o público). É importante que as equipes sejam compostas por pessoas com habilidades compatíveis com as funções a serem desempenhadas no evento, que deverão estar claramente definidas. Cada membro da equipe deve ter consciência de seu grau de autoridade no âmbito dos processos decisórios. O autor também destaca a compatibilidade entre o papel desempenhado pelos membros da equipe e sua disponibilidade em atender às demandas do projeto.

> É importante que as equipes sejam compostas por pessoas com habilidades compatíveis com as funções a serem desempenhadas no evento, que deverão estar claramente definidas.

Figura 4.3 Membro do *staff* de um evento, facilmente identificável

rarrarorro/Shutterstock

Segundo o *Guia PMBOK* (PMI, 2014, p. 255), "o gerenciamento dos recursos humanos do projeto inclui os processos que organizam, gerenciam e guiam a equipe do projeto". São "pessoas, papéis e responsabilidades designadas para o projeto". A seguir, listamos os processos que envolvem a administração de recursos humanos.

### Gerenciamento de recursos humanos do projeto

Processos:

- planejar o gerenciamento dos recursos humanos;
- mobilizar a equipe do projeto;
- desenvolver a equipe do projeto;
- gerenciar a equipe do projeto.

Fonte: Adaptado de PMI, 2014, p. 255.

Para o *Guia PMBOK* (PMI, 2014, p. 261), a etapa de planejamento e gerenciamento dos recursos humanos tem como ferramentas a construção de organogramas (exibição gráfica da distribuição dos membros da equipe do projeto conforme as posições que ocupam hierarquicamente), a descrição de cargos e redes de relacionamento, as teorias organizacionais que subsidiam os processos de planejamento e gestão, a opinião de especialistas e a realização de reuniões, enquanto os papéis e as responsabilidades se referem à descrição das funções, da autoridade, da responsabilidade, da habilidade e da capacidade.

Ainda segundo o *Guia PMBOK* (PMI, 2014, p. 255), os membros da equipe do projeto (eventualmente referidos como *pessoal do projeto*) podem ter habilidades distintas, podendo atuar em tempo integral ou parcial, sendo passíveis de incorporação ou remoção da equipe conforme o desenvolvimento do projeto.

Para Kerzner (2015, p. 123), "selecionar o pessoal da organização de projetos pode tornar-se um esforço longo e tedioso". Recomenda-se que para essa tarefa sejam respondidas três questões principais:

- Quais recursos humanos são necessários?
- De onde virão essas pessoas?
- Que tipo de estrutura organizacional de projetos será melhor?

Ainda de acordo com Kerzner (2015, p. 123), "a definição dos recursos humanos necessários depende dos tipos de profissionais, da quantidade de indivíduos de cada categoria de trabalho, e quantos desses indivíduos serão necessários". Um dos primeiros requisitos da fase de início do projeto, segundo o autor, é desenvolver o organograma para o projeto e determinar sua relação com a estrutura organizacional principal, ou seja, com a organização à qual o evento está vinculado: um clube, uma escola, uma organização governamental, uma federação esportiva, um teatro, uma escola de dança, uma associação comunitária etc. É importante identificar a interface da equipe de gerenciamento do projeto com todas as demais equipes da organização, considerando-se que as atividades de rotina da organização prosseguem independentemente das atividades do projeto.

As equipes de projetos esportivos e recreativos apresentam algumas diferenças quanto aos requisitos, às habilidades e às competências, especialmente no âmbito das atividades técnicas que caracterizam o evento em relação aos conteúdos: social, turístico, artístico, esportivo, intelectual, manual, tecnológico ou resultante da combinação dessas atividades.

Os conteúdos tipicamente esportivos são diferentes dos conteúdos tecnológicos como atividade principal do evento. Por essa razão, as equipes que planejam e gerenciam um evento de robótica distinguem-se, quanto a categorias profissionais, das equipes que planejam e realizam um campeonato de basquetebol. Os requisitos técnicos associados a essas duas atividades são essencialmente diferentes. O mesmo se aplica quando se comparam eventos de pintura, passeios turísticos, atividades de dança, esportes etc. Além disso, quando se busca alinhar a composição das equipes aos objetivos, às expectativa de benefícios e à justificativa, ainda que esses profissionais possam ser oriundos das mesmas categorias profissionais, as exigências quanto às competências e às habilidades podem ser diferentes.

É o caso, por exemplo, de uma competição esportiva internacional de alto rendimento no voleibol comparada a uma gincana esportiva que tenha o voleibol como tema; ou a uma oficina de voleibol em território de risco e vulnerabilidade social; ou a uma semana cultural e esportiva escolar sobre o voleibol; ou, ainda, à organização de atividades recreativas de voleibol com crianças na praia, nas férias de verão. Ainda que o voleibol seja o conteúdo principal de todos esses eventos, a diferença nas condições da oferta implica o estabelecimento de requisitos específicos quanto às atividades, às funções da equipe, às competências e habilidades profissionais e aos perfis pessoais.

Considerando-se os conteúdos desenvolvidos em eventos esportivos e recreativos, o Quadro 4.2 apresenta como exemplo algumas categorias profissionais, agrupadas conforme as atividades e conteúdos desenvolvidos, a fim de responder a uma das perguntas propostas por Kerzner (2015): De onde virão essas pessoas?

Quadro 4.2 Aproximação de categorias profissionais com os conteúdos das atividades esportivas e recreativas

| Atividades/conteúdos desenvolvidos | Categorias profissionais (exemplos) |
|---|---|
| Sociais | Categorias diversas. |
| Turísticos | Turismo, hotelaria, gastronomia. |
| Artísticos | Artes plásticas, artes visuais, pintura, desenho, teatro, música, cinema, escultura, literatura, coreografia, atividades circenses, dança. |
| Esportivos | Educação física, esporte, atividade física, nutrição, fisioterapia. |
| Intelectuais | Categorias diversas. |
| Manuais | Paisagismo, decoração, artesanato, artes plásticas. |
| Tecnológicos | Engenharias (civil, elétrica, eletrônica, da computação), tecnologia da informação, física. |

Além das categorias profissionais vinculadas ao produto do projeto – seja esportivo, seja recreativo –, o Quadro 4.3 apresenta diversas outras categorias profissionais, de diferentes áreas, que comumente compõem as equipes desses projetos.

Quadro 4.3 Categorias profissionais comuns aos eventos esportivos e recreativos

| Área funcional | Categorias profissionais (exemplos) |
|---|---|
| *Marketing* e comunicação | *Marketing*, publicidade e vendas, jornalistas, repórteres, fotógrafos, técnicos de rádio e tevê, mestres de cerimônias, locutores, tradutores, relações públicas, desenhistas, profissionais da comunicação visual, cenógrafos. |
| Logística de pessoas | Administração, logística, recursos humanos. |
| Logística de materiais | Equipes de compras, estoquistas, carregadores, motoristas. |
| Infraestrutura | Engenheiros, arquitetos, marceneiros, carpinteiros, montadores, jardineiros, pintores, encanadores, eletricistas, carregadores, técnicos de som, operadores de áudio e vídeo. |
| Tecnologia da informação | Técnicos em informática, estatísticos, desenvolvedores de *software*, administradores de redes e bancos de dados. |
| Segurança | Policiais, bombeiros, técnicos em segurança, vigilantes, securitários. |
| Serviços gerais | Zeladores, porteiros, auxiliares de limpeza e manutenção predial, auxiliares de serviços gerais. |
| Serviços médicos | Médicos, enfermeiros, psicólogos, nutricionistas, fisioterapeutas. |
| Serviços contábeis e financeiros | Contadores, auditores, administradores, economistas. |
| Serviços jurídicos | Advogados. |

Se cada evento é único, não é possível estabelecer um formato definitivo quanto à composição das equipes de trabalho (e suas funções e responsabilidades), sendo essa uma incumbência do gerente do projeto e dos integrantes de sua equipe de trabalho.

O *Guia PMBOK* (PMI, 2014, p. 255) destaca que, embora os membros da equipe do projeto desempenhem papéis e responsabilidades diferentes, o envolvimento de todos os membros da equipe no planejamento do projeto e nos processos decisórios pode ser benéfico para o projeto, pois agrega conhecimento e favorece o engajamento.

É importante que haja uma representação gráfica e textual dos papéis e das responsabilidades que cada membro da equipe desempenha, de modo que possa ser facilmente visualizada e compreendida por todos, deixando claros os papéis, a autoridade e a maneira como as atividades se relacionam. Essa representação acontece com a construção do organograma do projeto.

Para Kerzner (2015, p. 131), "desenvolver o organograma para o projeto é um dos primeiros requisitos" do início do projeto. "Existem diversos formatos para documentar papéis e responsabilidades dos membros da equipe", como dispõe o *Guia PMBOK* (PMI, 2014, p. 261), sendo que a maioria se enquadra em um dos três tipos: hierárquicos, matriciais e em formatos de texto. A escolha do organograma de trabalho está relacionada ao tipo e às características do evento. É uma decisão a ser tomada pelo gerente do projeto e pode variar conforme o caso e de acordo com a organização que está promovendo o evento.

A Figura 4.4 apresenta o organograma no formato hierárquico tradicional de um evento hipotético que tem em seu conteúdo programático um conjunto de múltiplas atividades esportivas e recreativas. Em seguida, o Quadro 4.4 demonstra as atividades e as tarefas por integrante da equipe, no formato de uma matriz de responsabilidade, em uma hipotética competição esportiva.

Esses dois exemplos serão apresentados em sequência para que você possa visualizar, de maneira geral, algumas diferenças e semelhanças na composição de equipes de eventos esportivos e recreativos. Todavia, é importante afirmar que, nos dois casos, trata-se de exemplos que simulam eventos hipotéticos e que cada um deles, sendo um acontecimento exclusivo e único, tem seu organograma. Esse organograma, por sua vez, pode variar em razão de inúmeros fatores, entre os quais sua dimensão, abrangência, tempo de duração, conteúdos, recursos e outros requisitos, não sendo possível utilizar esses exemplos como uma matriz capaz de ajustar-se perfeitamente a outros eventos, sendo sempre necessária sua customização.

**Figura 4.4** Organograma tradicional, com posições e relações em um formato gráfico de cima para baixo, para um evento esportivo e recreativo hipotético

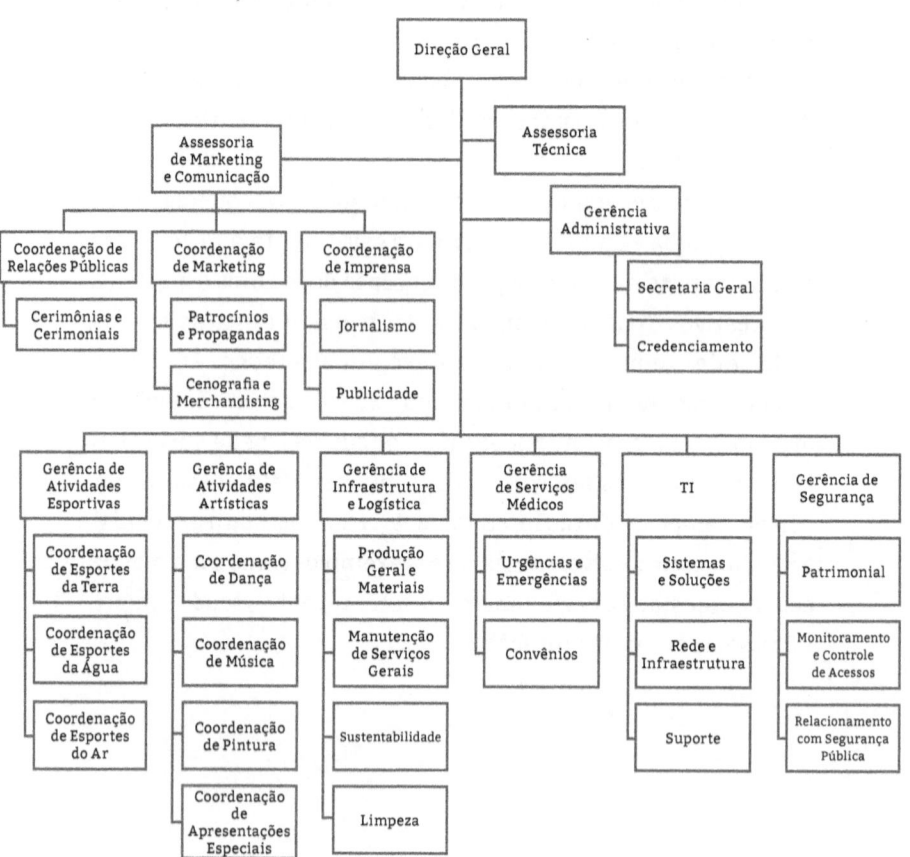

- **Direção Geral**
  - **Assessoria de Marketing e Comunicação**
    - Coordenação de Relações Públicas
      - Cerimônias e Cerimoniais
    - Coordenação de Marketing
      - Patrocínios e Propagandas
      - Cenografia e Merchandising
    - Coordenação de Imprensa
      - Jornalismo
      - Publicidade
  - **Assessoria Técnica**
  - **Gerência Administrativa**
    - Secretaria Geral
    - Credenciamento
  - **Gerência de Atividades Esportivas**
    - Coordenação de Esportes da Terra
    - Coordenação de Esportes da Água
    - Coordenação de Esportes do Ar
  - **Gerência de Atividades Artísticas**
    - Coordenação de Dança
    - Coordenação de Música
    - Coordenação de Pintura
    - Coordenação de Apresentações Especiais
  - **Gerência de Infraestrutura e Logística**
    - Produção Geral e Materiais
    - Manutenção de Serviços Gerais
    - Sustentabilidade
    - Limpeza
  - **Gerência de Serviços Médicos**
    - Urgências e Emergências
    - Convênios
  - **TI**
    - Sistemas e Soluções
    - Rede e Infraestrutura
    - Suporte
  - **Gerência de Segurança**
    - Patrimonial
    - Monitoramento e Controle de Acessos
    - Relacionamento com Segurança Pública

Quadro 4.4 Gráfico matricial de funções e atribuições, descritas em forma de texto, para uma competição esportiva hipotética

| Função | Atribuição |
|---|---|
| Direção geral | Gerenciamento estratégico e funcionamento geral da competição. A direção geral estabelece a interface com os membros do *staff* executivo do patrocinador/cliente e a equipe operacional da competição. |
| Direção técnica | Planejamento e gestão técnica da competição. A direção técnica gerencia a competição com o apoio das assessorias e coordenações de modalidades. |
| Assessoria(s) técnica(s) | Elaboração da programação, definição dos locais de competição, acompanhamento dos jogos e competições, homologação dos resultados finais e classificação geral. A(s) assessoria(s) técnica(s) zela(m) pelo bom andamento técnico da competição quanto ao programa esportivo do evento. |
| Coordenação de modalidade | Gestão técnica e operacional da competição nas diversas modalidades. Em geral, há um coordenador(a) para cada modalidade esportiva em disputa. |
| Coordenação de congressos, cerimônias e cerimoniais | Organização de congressos, cerimoniais (de abertura, de premiação e de encerramento), festas de confraternização, encontros, seminários, exposições, eventos oficiais e protocolares. |
| Assessoria administrativa | Planejamento e gestão administrativa da competição. A assessoria administrativa exerce importante papel no trâmite de documentos e no fluxo de informações, do recebimento das inscrições até a emissão de súmulas de jogo, incluindo credenciamento, emissão de informativos, controle de cartões e acompanhamento de processos na justiça desportiva. |
| Justiça desportiva | Organização e encaminhamento dos processos disciplinares. A justiça desportiva opera por meio de suas instituições (tribunais, códigos, comissões e demais órgãos judicantes) e membros (secretaria/procuradoria/defensoria). |

*(continua)*

*(Quadro 4.4 – continuação)*

| Função | Atribuição |
|---|---|
| Direção de marketing e comunicação | Gerenciamento de planos de *marketing*, comunicação visual, *merchandising*, cenografia, patrocínios, propaganda, publicidade e assessoria de imprensa. |
| Coordenação de hospedagem | Gerenciamento da hospedagem de participantes, colaboradores e/ou convidados, do primeiro até o último dia da competição. |
| Coordenação de transporte | Gerenciamento da logística de pessoas por meios terrestre, aéreo, ferroviário e marítimo, nos âmbitos interno, intermunicipal e interestadual/nacional. |
| Coordenação de alimentação | Gerenciamento das refeições (café da manhã, almoço, jantar, lanches e ceia, conforme o caso), primando pelo controle qualitativo e quantitativo de todos os serviços de alimentação. |
| Coordenação de materiais | Gerenciamento da cadeia de suprimentos do evento, compreendendo a aquisição, movimentação, armazenagem e entrega de produtos para abastecer todas as demais áreas com os materiais necessários à entrega de seus respectivos serviços. |
| Coordenação de infraestrutura | Entrega das arenas e áreas de competição, incluindo ginásios, quadras, piscinas, refeitórios, sede do comitê organizador etc. Os serviços de infraestrutura incluem manutenção e adequação das instalações (montagem de estruturas temporárias, como banheiros químicos, tendas, coberturas especiais, tablados, palcos, equipamentos esportivos ou arquibancadas) e abarcam também a utilização de serviços complementares (brigadas de incêndio, caminhões pipa, geradores de energia, redes física e lógica de TI etc.). |
| Coordenação de segurança | Gerenciamento dos serviços de segurança de todos os participantes, colaboradores e público do evento, além da segurança patrimonial, da vigilância e do monitoramento de entradas, saídas e fluxos de pessoas. |

*(Quadro 4.4 – conclusão)*

| Função | Atribuição |
|---|---|
| Coordenação de finanças | Gestão financeira do evento. A coordenação de finanças recebe os planos de aplicação e cronogramas de desembolso de todas as áreas do evento, planeja e gerencia os pagamentos e executa a prestação de contas. |
| Equipes de apoio | Desempenho de funções específicas em conformidade com a área à qual estão vinculadas. Os colaboradores de apoio atuam em todas áreas do evento, de acordo com as demandas e conforme a designação e treinamento que receberam. |

Observe que, na Figura 4.4, não aparecem equipes de apoio, mas elas poderão ser incluídas vinculadas a todas as demais assessorias, gerências ou coordenações, desempenhando funções específicas de acordo com as áreas às quais serão associadas, a exemplo das competições esportivas (Quadro 4.4).

Há também a possibilidade de representar as equipes conforme consta no Quadro 4.5, demonstrando-se os compromissos de cada um de seus membros em forma de matriz de responsabilidade.

Quadro 4.5 Gráfico matricial com as atividades e as tarefas por integrante da equipe, em forma de matriz de responsabilidade

| Atividade | Tarefas por indivíduo | | |
|---|---|---|---|
| | Pedro | Paulo | Sandra |
| Gerenciar o plano de treinamento de pessoal | R | A | I |
| ... | | | |

Legenda: R: responsável; A: responsável pela aprovação; I: informar.

Fonte: PMI, 2014, p. 262.

De acordo com o *Guia PMBOK* (PMI, 2014, p. 262), também é possível descrever as responsabilidades dos membros da equipe no formato de texto, conforme indicado no boxe a seguir. Nele, constam a função, as responsabilidades, a autoridade, as competências e qualificações requeridas. Podem ser inseridas informações adicionais, como foto do integrante, dados pessoais e canais de contato.

**Responsabilidades de membros da equipe em forma de texto**

- Gerente de instalação:
- Responsabilidades:
- Autoridade:
- Competência:
- Qualificação:

Com relação às equipes dos eventos esportivos, segundo o Comitê Olímpico Internacional, "não há dúvida de que as pessoas, os funcionários remunerados e os voluntários são o maior recurso disponível para sua organização. Todavia, eles representam o recurso que é pior gerenciado, o que pode fazer com que você perca habilidades, tempo e o entusiasmo que contribuem para o esporte" (Solidaridad Olímpica, 2010, p. 220, tradução nossa). Ainda conforme o COI, para gerenciar esses recursos de forma adequada, recomenda-se que sejam selecionadas as melhores pessoas possíveis, destinando-lhes funções que melhor permitam utilizar competências e conhecimentos pessoais, treinar para superar deficiências e manter altos os níveis de entusiasmo, motivação e interesse.

## 4.3 Premissas

As premissas compreendem aquilo que se espera de cada um dos *stakeholders* em relação ao projeto (Finocchio Junior, 2013, p. 85) e são determinantes na construção de um cenário considerado ideal, pois é de se supor que todas as entregas serão cumpridas se os *stakeholders* cumprirem seu papel e efetivarem suas entregas. Segundo o *Guia PMBOK* (PMI, 2014, p. 124), "premissa é um fator do processo de planejamento considerado verdadeiro, real ou certo, sem necessidade de prova ou demonstração". Vejamos alguns exemplos de premissas em eventos esportivos e recreativos:

- O evento começará invariavelmente na data e horário divulgados.
- O orçamento não sofrerá alteração.
- A equipe está definida.
- A direção da escola vai aprovar o evento.
- Ainda que haja eleições, o cenário segue favorável ao evento.
- A chefia será a mesma.
- O tempo e a chuva não atrapalharão.
- A queima de fogos será um espetáculo à parte.
- As obras serão entregues.

Kerzner (2015, p. 225) entende que o gerente do projeto deve sempre "revalidar e desafiar as premissas", pois sua mudança pode exigir o cancelamento do projeto ou o redirecionamento para outros objetivos. O Quadro 4.6 lista algumas incertezas quanto à possibilidade de mudança dessas premissas durante o desenvolvimento do projeto, o que pode afetar o resultado final do evento.

Quadro 4.6 Incertezas quanto às premissas

| Premissas | Incertezas |
|---|---|
| A direção da escola vai aprovar o evento. | E se não aprovar? |
| Ainda que haja eleições, o cenário segue favorável ao evento. | Será? E se o cenário mudar? |
| A chefia será a mesma. | E se mudar? |
| Teremos a melhor equipe. | Será que conseguiremos? E se não conseguirmos? |

*(continua)*

*(Quadro 4.6 – conclusão)*

| Premissas | Incertezas |
|---|---|
| O tempo e a chuva não atrapalharão. | E se chover e esfriar? |
| A queima de fogos será um espetáculo à parte. | E se houver um acidente? |
| As obras serão entregues. | E se atrasarem? |

Por essa razão, Kerzner (2015, p. 325) propõe um *checklist* para validação de premissas, reproduzido no Quadro 4.7.

Quadro 4.7 *Checklist* para validação de premissas

| *Checklist* para validação de premissas | Sim | Não |
|---|---|---|
| A premissa está fora do controle do projeto | | |
| A premissa está fora do controle da(s) parte(s) interessada(s) | | |
| A premissa pode ser validada como correta | | |
| As mudanças nas premissas podem ser controladas | | |
| A condição assumida não é fatal | | |
| A probabilidade da premissa permanecer verdadeira é clara | | |
| As consequências dessa premissa representam um sério risco para o projeto | | |
| Mudanças desfavoráveis na premissa podem ser fatais para o projeto | | |

Fonte: Kerzner, 2015, p. 325.

## 4.4 Entregas

Segundo Finocchio Junior (2013, p. 84), "se pensarmos primeiramente o projeto em termos de entregas, ou seja, ações concretas e tangíveis que devem ser produzidas pela equipe, daremos maior estabilidade e motivação para cada um organizar seu trabalho da melhor forma".

Antes do desenvolvimento desse raciocínio, é imprescindível compreender a diferença entre entrega e atividade. As entregas são produtos finalizados que implicam a realização de inúmeras atividades. As atividades por si, se não concatenadas no sentido de representar entregas específicas, podem não atender às demandas de um projeto, pois, "à medida em que o projeto avança, novas atividades se fazem necessárias" (Finocchio Junior, 2013, p. 830). É possível afirmar que as atividades são menores do que as entregas, porém não menos importantes, pois atividades não realizadas podem, por outro lado, comprometer as entregas.

Para Finocchio Junior (2013, p. 88), "para gerar o produto, serviço ou resultado final de um projeto é necessário pensar, primeiro em seus componentes, as partes menores, que, uma vez integradas, garantirão que o projeto seja concluído". Para o autor, essas partes são as entregas – "tangíveis, palpáveis, mensuráveis e verificáveis". Conforme o *Guia PMBOK* (PMI, 2014, p. 84), "uma entrega é qualquer produto, resultado ou capacidade singular e verificável para realizar um serviço cuja execução é exigida para concluir um processo, uma fase ou um projeto". Considerando-se que um projeto tem diversas entregas, o processo mais fácil de identificá-las no *canvas* do *Project Model Canvas* é "focar nas entregas mais relevantes, e nos grandes grupos de entregas" (Finocchio Junior, 2013, p. 90). Segundo o autor, essa é uma lógica que deve ser facilmente compreendida e assimilada por todos os *stakeholders*.

É importante que se possa enxergar o projeto como um produto único, final e acabado, mas que deve ser decupado em entregas menores. De acordo com Finocchio Junior (2013, p. 89), essas entregas menores devem ser divididas entre os membros da equipe,

> As entregas são produtos finalizados que implicam a realização de inúmeras atividades. As atividades por si, se não concatenadas no sentido de representar entregas específicas, podem não atender às demandas de um projeto.

conforme a especialidade de cada um. Assim, imaginando-se que todas as entregas menores sejam realizadas no tempo previsto, conforme o escopo do projeto e "encaixadas" entre si, é de se supor que a entrega final (o projeto executado – o evento realizado), por tendência, esteja mais próxima do êxito.

Vamos imaginar que o projeto de determinado evento (esportivo ou recreativo) prevê a instalação (entrega) de dez tendas de diferentes tamanhos, sob as quais deverão ser montados tablados acarpetados, rede elétrica, rede lógica e sistema de sonorização e iluminação (tomadas, equipamentos de som, luz, projeção e acesso à internet, incluindo cabeamento, acessórios periféricos e acabamento, refletores convencionais, refletores e painéis de LED, televisores com tela *full* HD, projetores de alta resolução), a produção cenográfica, incluindo comunicação visual, paisagismo e decoração (plantas, peças decorativas, painéis de comunicação e sinalização), a estrutura de apoio (mesas, cadeiras, balcões, prateleiras) e os equipamentos (computadores e outros equipamentos para serviços específicos). Qual é a entrega? A resposta está na Figura 4.5.

Figura 4.5 Exemplo de entrega

| ENTREGA |
|---|
| 10 tendas entregues no prazo, respeitando-se os termos de referência e os requisitos do cliente, e prontas para uso |

A entrega deve ser considerada um pacote de produtos, serviços e atividades que algum cliente necessita receber pronto e acabado em determinado prazo e nos padrões de qualidade requeridos. No exemplo apresentado na Figura 4.5, a tenda e todos os requisitos foram planejados para o desenvolvimento de ações que integram o projeto na entrega aos clientes, usuários ou beneficiários finais. Caso algum requisito dessa entrega (tendas completas, como na Figura 4.6) seja descumprido, o impacto recairá no atendimento ao cliente final.

**Figura 4.6** Tendas entregues com um pacote de outros produtos e serviços agregados

*zhu difeng/Shutterstock*

Portanto, no caso das tendas, os membros designados para essa função que integram a equipe do evento devem mapear todas as necessidades, desenvolvendo o *layout*, as plantas baixas e tridimensionais, os memoriais descritivos e o projeto executivo de todos os espaços, planejando também a produção geral para atender às necessidades de outro cliente que, também como membro(s) da equipe do projeto, definiu os requisitos necessários para cada tenda, em função das atividades que serão ali desenvolvidas com vistas ao cumprimento do objetivo do evento.

Concluída essa etapa, a equipe tem a responsabilidade de preparar o termo de referência, os manuais e todo o conjunto necessário de informações que possam explicitar aos eventuais fornecedores quais são as necessidades, os requisitos e as expectativas do cliente – os organizadores do evento. Assim, a equipe deve mapear no mercado os possíveis fornecedores para os diversos serviços, tendo algumas opções: contratar um único fornecedor para a entrega de todos os serviços ou contratar um fornecedor para cada serviço. A decisão tomada pela equipe pode impactar os custos, o cumprimento de prazos, a qualificação dos serviços, as demandas de gestão de processos, o monitoramento das entregas e a rede de *stakeholders* externos, conferindo maior ou menor complexidade às interdependências e, por conseguinte, aos processos decisórios e ao resultado das entregas. Isso porque qualquer atraso no cronograma ou descumprimento de requisitos vai influenciar as entregas dos produtos ou serviços e poderá impactar a entrega final.

Esses são outros três pacotes de entrega que, se não cumpridos, implicarão o descumprimento da entrega final – dez tendas completas em funcionamento. A Figura 4.7 demonstra a sequência de entregas a ser planejada e executada para que as dez tendas sejam entregues no prazo, respeitando-se o termo de referência e os requisitos de qualidade, e prontas para uso.

Figura 4.7 Grupos de entregas para efetivação de uma entrega final

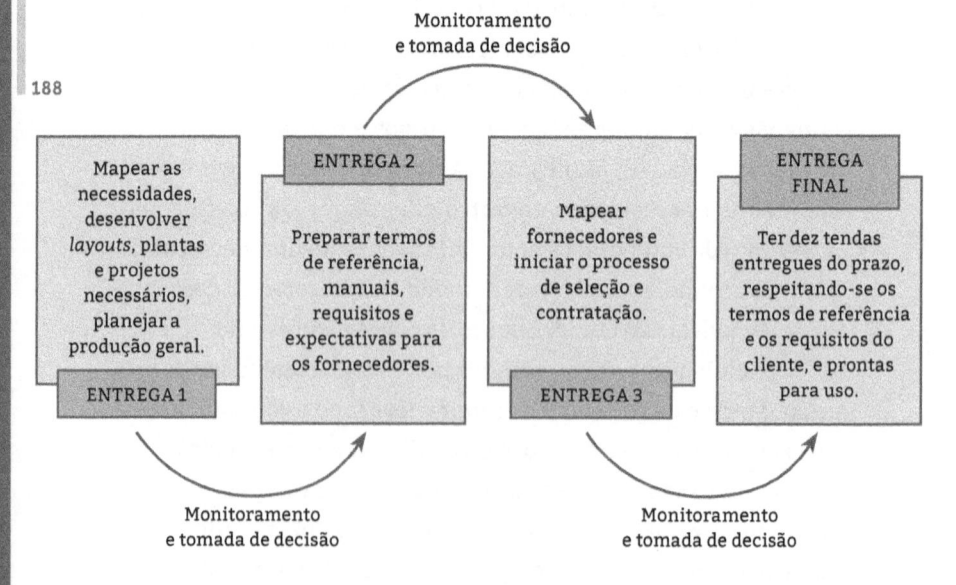

| ENTREGA 1 | ENTREGA 2 | ENTREGA 3 | ENTREGA FINAL |
|---|---|---|---|
| Mapear as necessidades, desenvolver *layouts*, plantas e projetos necessários, planejar a produção geral. | Preparar termos de referência, manuais, requisitos e expectativas para os fornecedores. | Mapear fornecedores e iniciar o processo de seleção e contratação. | Ter dez tendas entregues do prazo, respeitando-se os termos de referência e os requisitos do cliente, e prontas para uso. |

Monitoramento e tomada de decisão (entre as entregas)

Observe que a entrega dos tablados e dos serviços elétricos, de iluminação, decoração e paisagismo que compreendem a infraestrutura sob as tendas dependerá da entrega destas.

Ou seja, esses fornecedores poderão entregar seus produtos ou serviços somente após a finalização das tendas.

Tendo em vista que, se houver atraso na entrega das tendas, as demais entregas serão impactadas, comprometendo o cronograma, o que os membros da equipe responsável por essas entregas devem fazer? Monitorar o andamento das entregas, tomar decisões rápidas em caso de riscos de atraso e acompanhar *in loco* as entregas, avaliando também a qualidade destas e o cumprimento do cronograma.

É oportuno destacar que, nesse caso, o cliente não é – ainda – o usuário final, o beneficiário ou o participante da atividade. O cliente é a equipe que gerencia o projeto e organiza o evento, como tal, espera que suas expectativas sejam atendidas pelos fornecedores. Somente após o início efetivo do evento para o público ao qual ele se destina, a entrega passa a ser feita, em formato de pacote final, para esse público e para o patrocinador, pois são os clientes principais do projeto.

Cabe observar também que esses serviços contemplam apenas algumas partes do evento e demandam inúmeros e complexos processos de tomada de decisão, envolvendo várias pessoas, equipes e organizações. Estes formam redes de grupos de interesse, internos e externos, implicando a realização de uma variedade, multiplicidade e heterogeneidade de ações que dificultam o gerenciamento do projeto e das operações.

Eventos novos, que ainda não foram realizados em nenhuma edição, demandam a construção de rotinas e manuais de processos, procedimentos e operações, enquanto eventos tradicionais e periódicos têm muitas de suas rotinas delineadas com base em edições anteriores, resultando em complexos manuais de operação, no caso dos grandes eventos. As rotinas e os manuais de eventos devem ser objeto de permanente análise, acompanhamento, aperfeiçoamento e adequação. Todas as partes do evento seguem a mesma lógica gerencial e operacional, resguardadas as especificidades e características de cada demanda, qualquer que seja a entrega – produto, serviço, resultado ou experiência.

Para que se efetive uma única entrega – dez tendas de diferentes tamanhos, montadas e finalizadas na data e local definidos pela organização do evento, conforme *layout* de montagem –, além das atividades descritas, inúmeras outras são necessárias.

Por essa razão, o autor do *Project Model Canvas* propõe que se pense o projeto em termos de entregas, e não de atividades, pois cada integrante da equipe pode definir a melhor forma de trabalhar para garantir que as entregas finalizadas sejam feitas no prazo definido, motivando o cumprimento de cada atividade com vistas à sua efetivação. Para o autor, não existe trabalho "solto" no projeto, pois cada atividade está vinculada a uma entrega. "Cada hora ou minuto de trabalho realizado no projeto tem que estar a serviço de alguma entrega e contribuir para ela" (Finocchio Junior, 2013, p. 86).

A decupagem, ou divisão da entrega em sequências de pacotes, permite que o resultado pretendido seja visualmente compreendido por todos os *stakeholders*, possibilitando que cada um perceba seu papel, defina suas atividades e enxergue o resultado final a ser obtido. Isso permite a compreensão pelas partes interessadas sobre todas as entregas necessárias até que o evento seja concluído.

## 4.5 Restrições

Segundo o *Guia PMBOK* (PMI, 2014, p. 124), restrições são limitações internas ou externas que afetam a execução de um projeto ou processo, como orçamentos predefinidos, datas impostas, cláusulas contratuais, padrões de qualidade e precedência de entregas. Todo projeto está sujeito a algum tipo de restrição, pois, como afirma Finocchio Junior (2013, p. 91), "um projeto sem restrição nenhuma teria recursos infinitos e tecnologia perfeita". Por outro lado, de acordo com o autor, "um número excessivo de restrições arrisca inviabilizar o projeto".

Finocchio Junior (2013, p. 93) recomenda que, para identificar as restrições de um projeto, deve ser feita a seguinte pergunta: "Por que não podemos entregar o trabalho antes?". As respostas apontam para as restrições, indicando que o projeto é limitado por elas e por quem ou o que as impôs. Vejamos alguns exemplos de respostas possíveis:

> *Restrições são limitações internas ou externas que afetam a execução de um projeto ou processo.*

- Porque o ginásio de esportes ainda não terá sido entregue pela construtora.
- Porque ainda não temos o dinheiro suficiente.
- Porque os equipamentos estão em processo de liberação alfandegária.
- Porque o Conselho Diretor do clube ainda não autorizou o projeto.
- Porque, até lá, as equipes de trabalho ainda não terão sido treinadas.
- Porque estamos aguardando a resposta do fornecedor sobre a produção.
- Porque temos de aguardar a publicação da nova legislação sobre o assunto.
- Porque ainda não temos fornecedor que nos atenda.
- Porque precisamos da autorização dos pais ou responsáveis pelas crianças.
- Porque os requisitos ambientais ainda não foram cumpridos.
- Porque estamos aguardando a resposta do patrocinador.
- Porque a licitação ainda não foi homologada.
- Porque o termo de referência ainda não está pronto.

- Porque ainda não identificamos o profissional com o perfil descrito.
- Porque o dólar subiu e nossa previsão orçamentária não cobre o novo valor.
- Porque a diretoria disse que tem outra proposta.
- Porque o diretor da escola adoeceu e estamos aguardando o substituto.
- Porque tivemos um desfalque importante na equipe.
- Porque as regras do novo esporte ainda não estão definidas.
- Porque o regulamento da competição ainda não foi aprovado.
- Porque as obras paralisaram.
- Porque há previsão de chuva para esse período.

## Síntese

Dando prosseguimento à abordagem do *canvas*, neste capítulo tratamos das partes interessadas, os *stakeholders* – pessoas ou organizações que, de forma temporária ou não, têm alguma expectativa relacionada ao evento. Os *stakeholders* podem influenciar ou ser influenciados pelos eventos, impactando os processos de tomada de decisão, especialmente porque o gerente do projeto não tem controle sobre algumas dessas pessoas ou organizações, podendo somente acompanhar sua influência e, conforme o caso, decidir.

Também abordamos a equipe do projeto, composta por pessoas que desempenham funções específicas, descritas de modo detalhado ou apresentadas visualmente na forma de organogramas ou de matriz textual. Os integrantes da equipe são responsáveis, em suas áreas, pelo desenvolvimento do projeto, podendo participar ou não da operação do evento.

Na sequência, analisamos as premissas do projeto, que devem ser sempre monitoradas e validadas. A melhor forma de entregar o produto final, de realizar o evento esportivo e recreativo, é concebê-lo como o resultado de grupos de entregas simultâneas, predecessoras ou sucessoras, que se integram e se entrelaçam até o fim do trabalho. Uma entrega resulta de um conjunto de tarefas, atividades e procedimentos e pode ser visualizada, mensurada e ter sua qualidade aferida.

### Atividades de autoavaliação

1. Segundo o *Guia PMBOK* (PMI, 2014, p.30), "o alinhamento do projeto com as necessidades ou objetivos das partes interessadas é crítico para [...] o alcance dos objetivos organizacionais" e integra o processo de governança do projeto, podendo ser considerado um elemento essencial como critério de sucesso de qualquer projeto. Para assegurar a governança, ainda conforme o *Guia PMBOK* (PMI, 2014), é necessário que haja um processo de gerenciamento do engajamento das partes interessadas, ou *stakeholders*.

   Considerando essas informações e o conteúdo abordado neste capítulo sobre os *stakeholders*, assinale a alternativa correta:
   a) *Stakeholder* é um gênero que trata das pessoas mais importantes da sociedade.
   b) O *stakeholder* nomeia as pessoas e descreve o fator *liderança* de cada uma delas.
   c) *Stakeholder* é uma mistura de história em quadrinhos e charge.
   d) *Stakeholder* é uma rede de pessoas ou organizações envolvidas ou afetadas pelo projeto.
   e) *Stakeholder* é um texto descritivo organizado em torno de vários problemas do projeto.

2. Ao planejar um evento esportivo e recreativo, o gerente do projeto tem fronteiras virtualmente delimitadas no âmbito de seu trabalho, podendo exercer alguma influência sobre elas ou ainda ser influenciado (Finocchio Junior, 2013). Diante disso e considerando o conteúdo sobre a atuação do gerente do projeto abordado neste capítulo, analise as afirmativas a seguir.

   I. Pessoas que trabalham diretamente com o gerente do projeto e sobre as quais ele tem autoridade para definir trabalho e agenda caracterizam a esfera de controle.

   II. A não identificação das esferas em que se situam os *stakeholders* no planejamento de eventos esportivos e recreativos não influencia o gerenciamento do projeto.

   III. Na esfera de influência, o gerente do projeto influencia pessoas, entidades ou unidades organizacionais, mesmo que não tenha controle sobre elas.

   IV. Podem existir *stakeholders* que não sofrem influência do gerente do projeto, ficando de fora da esfera de controle ou influência, mas eventualmente interagem com o projeto.

   São corretas apenas as afirmativas:

   a) I, II e III.
   b) I, III e IV.
   c) I e III.
   d) I, II e IV.
   e) I e II.

3. Para exercer controle e influência sobre o gerenciamento de recursos humanos, o gerente do projeto deve respeitar etapas e utilizar algumas ferramentas que "organizam, gerenciam e guiam a equipe do projeto" (PMI, 2014, p. 255). Diante dessa informação e levando em consideração os conteúdos sobre planejamento de recursos humanos abordados neste capítulo, analise as assertivas a seguir e marque V para verdadeiro e F para falso.

I. O gerente do projeto deve construir um organograma, distribuindo os membros da equipe hierarquicamente.
II. O gerente do projeto deve construir um memorial descritivo sobre os cargos e as redes de relacionamento.
III. Na divisão de papéis e responsabilidades da equipe, o gerente do projeto não exerce controle e influência.
IV. O gerente do projeto deve utilizar as teorias organizacionais que subsidiam os processos de planejamento e gestão, a opinião de especialistas e a realização de reuniões,

Agora, assinale a alternativa que apresenta a sequência correta:

a) V, F, V, F.
b) V, F, V, V.
c) F, V, V, F.
d) V, V, F, V.
e) F, V, F, F.

4. No processo de planejamentos de um evento esportivo e recreativo, é preciso assegurar que a proposta atingirá os objetivos estabelecidos. Para isso, a definição das premissas é fundamental, pois implica considerar hipóteses e pressupostos verdadeiros para concluir o planejamento. Tendo em vista o conteúdo do capítulo sobre premissas, analise as assertivas que seguem e marque V para verdadeiro e F para falso.

I. As premissas são determinantes na construção de um cenário considerado ideal em um projeto.
II. As premissas devem ser revalidadas e testadas, pois mudanças podem exigir o cancelamento do projeto ou seu redirecionamento.
III. A premissa é um elemento do plano do projeto.
IV. Mesmo que as premissas fiquem fora do controle dos *stakeholders*, os riscos não existem.

Agora, assinale a alternativa que apresenta a sequência correta:

a) V, F, V, F.
b) V, F, V, V.
c) V, V, V, F.
d) V, V, F, F.
e) F, V, F, F.

5. Releia o exemplo de entrega apresentado a seguir:

> O projeto de determinado evento prevê a instalação (entrega) de dez tendas de diferentes tamanhos, sob as quais deverão ser montados tablados acarpetados, rede elétrica, rede lógica e sistema de sonorização e iluminação (tomadas, equipamentos de som, luz, projeção e acesso à internet, incluindo cabeamento, acessórios periféricos e acabamento, refletores convencionais, refletores e painéis de LED, televisores com tela *full* HD, projetores de alta resolução), a produção cenográfica, incluindo comunicação visual, paisagismo e decoração (plantas, peças decorativas, painéis de comunicação e sinalização), a estrutura de apoio (mesas, cadeiras, balcões, prateleiras) e os equipamentos (computadores e outros equipamentos para serviços específicos).

No exemplo, as dez tendas precisam ser entregues no prazo. Para isso, é necessária uma sequência de entregas, a serem planejadas e executadas por alguns dos *stakeholders*. Relacione cada uma das entregas a seguir à respectiva explicação.

1. Entrega 1
2. Entrega 2
3. Entrega 3
4. Entrega final

( ) Mapear fornecedores e iniciar o processo de seleção e contratação.

( ) Mapear as necessidades, desenvolver *layouts*, plantas e projetos necessários, planejar a produção geral.

( ) Ter dez tendas entregues no prazo e prontas para uso, respeitando-se os termos de referência e os requisitos do cliente.

( ) Identificar os requisitos de qualidade, detalhar as especificações técnicas e elaborar todos os descritivos.

Agora, assinale a alternativa que apresenta a sequência correta:

a) 3, 1, 4, 2.
b) 4, 2, 3, 1.
c) 4, 3, 2, 1.
d) 1, 4, 2, 3.
e) 1, 3, 2, 4.

## Atividades de aprendizagem

*Questões para reflexão*

1. Por uma década, o Brasil foi palco da realização de megaeventos esportivos, completando um ciclo virtuoso de grandes realizações. Entre inúmeras ações inovadoras nesse campo, podemos destacar os programas de voluntariado. Você ouviu falar do Programa de Voluntários da Copa das Confederações da Fifa 2013, da Copa 2014 ou do Jogos Olímpicos de Verão de 2016? Faça uma pesquisa sobre o assunto (em livros, revistas, jornais ou *sites*) e selecione o evento que mais lhe interessa. Em sua pesquisa, identifique:

    a) Como foi o programa de voluntariado nesse evento? Quais foram suas principais características? Quais funções ou serviços os voluntários desempenharam? Que opinião os voluntários emitem a respeito: gostaram, não gostaram, acham que sua participação foi importante e relevante para o sucesso do evento? Qual é a opinião do público sobre o trabalho desenvolvido pelos voluntários nesse evento?

b) O que você acha do programa de voluntariado em eventos esportivos? Os voluntários são considerados membros da equipe ou *stakeholders* externos nesses eventos? São influenciados e influenciam em sua realização? É possível desenvolver ações de voluntariado em eventos esportivos e recreativos de pequeno porte, como em escolas ou clubes? Reflita sobre isso, converse com amigos e familiares e elabore um pequeno texto respondendo a essas perguntas. Aproveite os conteúdos do capítulo, procure outras fontes de consulta sobre o mesmo tema e forme sua opinião a respeito.

2. Relembre sua experiência ao ter participado de algum evento, seja esportivo, seja recreativo. Como foi o atendimento das equipes? As pessoas foram atenciosas, prestativas e responsáveis? E como estavam os serviços do evento: compra de ingressos, chegada até o local, entrada e movimentação no ambiente, alimentação, banheiros, visibilidade, informação? Você percebeu as equipes trabalhando no evento? Com base nos conteúdos do capítulo, você consegue identificar, na prática, essas funções? Aproveite os conteúdos do capítulo, procure outras fontes de consulta sobre o mesmo tema, forme sua opinião a respeito e escreva um pequeno texto. E não esqueça: na próxima vez em que for a um evento, reflita sobre isso!

*Atividade aplicada: prática*

**Arraiá do (nome do clube) – 10 Anos de Festerê de São João**

Desenvolvendo o *canvas*:

Bloco 3 – *Stakeholders* externos e equipe

**Stakeholders** externos

| | | |
|---|---|---|
| Fornecedores | Prestadores de serviços | Funcionários do clube que não estão na equipe |
| Sócios atuais e convidados | Conselheiros | Organizações sociais |
| Banda de forró e grupo de quadrilha | Entidades assistenciais | Vigilância sanitária |
| | Grupo de escoteiros | Identificar outras partes interessadas |

schab/Shutterstock

**Equipe**

- Gerente do projeto
- Coordenador de atrações artísticas e musicais
- Coordenador de decoração e cenografia
- Coordenador de infraestrutura
- Coordenador de atividades infantis
- Coordenação de insumos e materiais
- Coordenador de comidas e bebidas
- Coordenador de promoções e queima de fogos
- Planejar o gerenciamento do RH
- Equipes funcionais do clube – imprensa, marketing, limpeza, segurança, médica, secretaria, finanças
- Coordenador de programação e integração
- Descrever funções e elaborar organograma

schab/Shutterstock

## Bloco 4 – Premissas, grupos de entregas e restrições

**Premissas**

- A festa será no 1º domingo após 24 de junho
- Será contratada a melhor banda de forró
- Será contratado o melhor show de quadrilha
- A queima de fogos será a melhor de todos os anos
- As principais atrações juninas serão contempladas
- Participarão no mínimo 2.000 pessoas
- O número de convidados será o maior de todas as edições
- Não haverá uso de fogos pelos convidados
- Os recursos financeiros serão suficientes

**Grupo de entregas**

- Programação (atrações, show e promoções)
- Decoração e cenografia
- Serviços de alimentação
- Brinquedos e atividades infantis
- Infraestrutura e materiais
- Marketing e merchandising
- Serviços do clube (secretaria, segurança etc.)

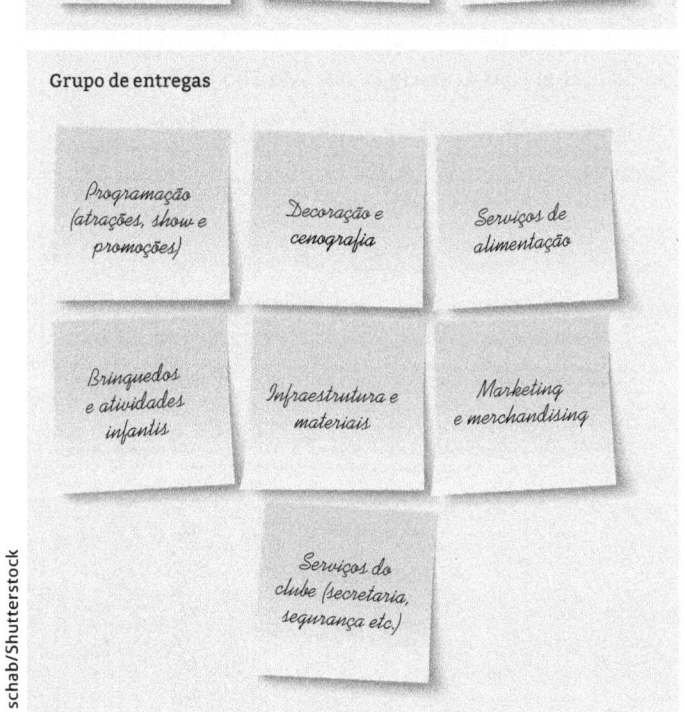

**Restrições**

- O orçamento é limitado e predefinido
- Tem que acontecer no 1º domingo após 24 junho
- Os conselhos têm que aprovar
- Os shows têm que ser os melhores

schab/Shutterstock

**Agora é com você!**

Prosseguindo com o *canvas*: agora elabore os Blocos 3 e 4 do *canvas* relativo ao **Festival de Esportes das Escolas Particulares – Voleibol**, dando continuidade à atividade desenvolvida no capítulo anterior, com base no exemplo apresentado para o Arraiá do (nome do clube) – 10 Anos de Festerê de São João.

   Bloco 3 – *Stakeholders* externos e equipe
   Bloco 4 – Premissas, grupos de entregas e restrições

# Capítulo 5

Identificação de riscos,
elaboração do cronograma
e definição dos custos de um projeto

Neste capítulo, trataremos do conteúdo referente ao quinto e último bloco do *Project Model Canvas*: **Bloco 5 – Riscos, linha do tempo e custos**. Mostraremos como, na organização de eventos esportivos e recreativos, os riscos estão sempre presentes e devem ser motivo de atenção do gerente do projeto e de sua equipe. Descreveremos algumas fontes de despesas e os processos de composição dos custos dos eventos esportivos e recreativos, além de explicar como é possível acompanhar o desenvolvimento do projeto com base em entregas a serem efetuadas em determinado tempo, até que a entrega final se efetive, com a realização do evento.

Também apresentaremos considerações sobre os encaminhamentos recomendados pelo autor do *Project Model Canvas* quanto ao fechamento do projeto, além de abordar as possibilidades de captação de recursos.

## 5.1 Riscos

Para Finocchio Junior (2013, p. 97), cronograma e orçamento "são previsões sobre um futuro incerto" proporcionalmente impactadas, em razão direta, pelos riscos apresentados pelo projeto, ou seja, quanto maiores os riscos, maiores as incertezas quanto às respostas para as perguntas "Quando?" e "Quanto?".

Contudo, "nem todas as incertezas são riscos", devendo ser consideradas como riscos do projeto "as incertezas que efetivamente importam, que podem afetar os objetivos do projeto" (Finocchio Junior, 2013, p. 97). Segundo a metodologia pela qual são concebidos os conteúdos no *Project Model Canvas*, é possível perceber com clareza a necessidade de um alinhamento perfeito entre todos os blocos do projeto. Isso significa dizer que, se os riscos afetam os objetivos, eles afetam também todas as demais partes do projeto, inclusive as entregas, que são o foco de todas as ações.

Segundo o *Guia PMBOK* (PMI, 2014, p. 562), o risco de um projeto é "um evento ou condição incerta que, se ocorrer, provocará um efeito positivo ou negativo em um ou mais objetivos do projeto". Ainda conforme o *Guia PMBOK*, os riscos podem ser motivados por requisitos, premissas, restrições ou outras causas, podendo gerar os mais diversos impactos.

Mas como se proteger dos riscos? De acordo com Finocchio Junior (2013, p. 97-106), conhecendo-os e gerenciando-os de forma sistemática. Para tanto, o autor recomenda que sejam adotados os seguintes procedimentos: identificar os possíveis riscos, selecionar os mais relevantes, desenvolver respostas e implantar as respostas. Os objetivos do gerenciamento dos riscos são "aumentar a probabilidade e o impacto dos eventos positivos e reduzir a probabilidade e o impacto dos eventos negativos no projeto" (PMI, 2014, p. 309).

Conforme Finocchio Junior (2013, p. 143), é possível para o gestor do projeto adotar os seguintes comportamentos diante dos riscos: a) aceitar passivamente; b) aceitar ativamente; c) mitigar; d) prevenir; e) transferir. A escolha entre as opções deve acontecer após a análise do grau de importância do risco em relação a diferentes blocos do projeto. Para isso, é importante rastrear duas variáveis inerentes à abordagem dos riscos: a probabilidade de ocorrência e o nível de impacto no objetivo. Resulta dessa análise uma combinação a partir da qual é possível mediar o grau de importância e relevância dos riscos para o projeto.

Finnochio Junior (2013, p. 142) apresenta uma proposta que indica unidades de medida capazes de mensurar o grau de importância de cada risco para ajudar na escolha de estratégias de ação. A proposta funciona como um passo a passo (os exemplos foram adaptados), descrito na sequência.

1. Construir uma escala de probabilidade dos riscos que varie entre 1 (probabilidade baixa), 3 (moderada), 6 (alta) e 10 (muito alta), como mostra o Quadro 5.1.

Quadro 5.1 Escala de probabilidade de riscos

| Escala de probabilidade dos riscos do projeto | | | | |
|---|---|---|---|---|
| Risco | Baixa | Moderada | Alta | Muito alta |
| Cancelamento por causa de chuva | 1 | 3 | 6 | 10 |

Fonte: Adaptado de Finocchio Junior, 2013, p. 106.

O Quadro 5.2 apresenta uma escala de impactos negativos dos riscos sobre partes específicas do projeto (objetivo, custos, cronograma, escopo, qualidade), sendo 1 (baixo impacto), 3 (impacto moderado), 6 (alto) e 10 (muito alto).

Quadro 5.2 Escala de impactos negativos dos riscos

| Escala de impactos negativos dos riscos | | | | |
|---|---|---|---|---|
| Sobre o objetivo do projeto | Baixa 1 | Moderada 3 | Alta 6 | Muito alta 10 |
| Sobre os custos | Aumento de até 5% | Aumento de 5,01% até 10% | Aumento de 10,01% até 20% | Aumento acima de 20,01% |
| Sobre o cronograma | Atraso de até 5% | Atraso de 5,01% até 10% | Atraso de 10,01% até 20% | Aumento acima de 30,01% |
| Sobre o escopo | Redução imperceptível | Partes pouco importantes serão afetadas | Sistemas críticos serão afetados | Produto final não serve para o cliente |
| Sobre a qualidade | Degradação imperceptível | Degradação de itens não prioritários | Degradação de qualidade significativa | Produto final sem uso |

Fonte: Finocchio Junior, 2013, p. 106.

2. Multiplicar a probabilidade e o impacto. O resultado será o grau de importância do risco. Quanto maior o resultado, maior deverá ser a atenção dedicada a ele.

   **Exemplo:**
   - Probabilidade de cancelamento do evento em razão de chuva = 6 (alta)
   - Probabilidade de impacto negativo sobre a qualidade = 6 (alta)
   - Grau de importância do risco = 6 × 6 = 36.

3. O resultado da multiplicação pode variar entre 0 e 100. Para medir o grau de importância do risco, Finocchio Junior (2013, p. 143) propõe a utilização de uma régua, com escala de 0 a 100, recomendando diferentes comportamentos do gerente do projeto para riscos compreendidos entre determinadas margens de ocorrência. Uma adaptação da régua consta no Quadro 5.3.

Os riscos são inerentes às incertezas que perpassam todas as etapas do planejamento, em maior ou menor grau, pelo fato de que, ao se planejar um evento esportivo ou recreativo, é preciso tratar de questões nem sempre conhecidas em sua plenitude. Em alguns casos, são projeções ou ações passíveis de monitoramento, mas nem sempre de controle, e nelas residem os riscos.

Quadro 5.3 Escala de risco e estratégia de ação por margens de ocorrência

| Resultado | O que fazer | Como fazer |
| --- | --- | --- |
| 1-3 | Aceitar passivamente | Monitorando e respondendo aos riscos sem a necessidade de recursos adicionais. |
| 4-10 | Aceitar ativamente | Delineando respostas ao risco, com ações que podem demandar alocação de recursos financeiros. |
| 11-36 | Mitigar | Atenuando o efeito, propondo ações capazes de diminuir a probabilidade de ocorrência ou o impacto. |
| 37-100 | Prevenir ou transferir | Eliminando a etapa, transferindo a etapa de riscos para quem tenha competência para mitigá-lo ou contratar seguro. |

Fonte: Adaptado de Finocchio Junior, 2013, p. 143.

Vejamos um exemplo de situação que o gerente de projeto pode enfrentar (Finocchio Junior, 2013). Ele terá de decidir o que fazer diante de riscos, mapeando-os um a um, e propondo as ações necessárias diante de cada circunstância.

Exemplo de identificação de risco e estratégia de ação

> Cancelamento do evento em razão da chuva
> Grau de importância do risco = 36
> Estratégia de Ação = MITIGAR

Observe que os riscos estão presentes em diversas situações, especialmente quanto aos requisitos, às premissas e às restrições, conforme abordado em capítulos anteriores. Os riscos têm origem em ocorrências ou fatos que podem ou não ser controlados, em maior ou menor grau (por exemplo, chuva, intempéries e catástrofes meteorológicas).

A seguir, listamos alguns exemplos de riscos para os objetivos do projeto ou para suas entregas em eventos esportivos ou recreativos:

- Chuva.
- Atraso na aquisição de produtos ou contratação de serviços.
- Atraso de entrega de fornecedor.
- Demora na emissão de laudos técnicos ou termos de nada a opor.
- Dificuldades na obtenção de autorizações prévias.
- Frustração na contratação de serviços.
- Falta de recursos.
- Governança.
- Variáveis políticas (especialmente no caso de projetos com interface governamental).

Os riscos estão sempre presentes e devem ser motivo de atenção por parte do gerente do projeto e de sua equipe, podendo ter várias causas. Finocchio Junior (2013) identifica, entre elas, algumas vinculadas às decisões estratégicas do projeto (objetivos ambíguos ou mal elaborados, desalinhamento estratégico, falta de recursos) ou a falhas em componentes do projeto (entregas, equipes, processos, requisitos, premissas, comunicação e integração).

O autor destaca ainda que, em razão das ações de aceitação ativa, mitigação, prevenção ou transferência das etapas de risco, poderá haver impacto nos custos adicionais, que devem ser previstos no *canvas* e nos documentos orçamentários correspondentes.

## 5.2 Linha do tempo

Finocchio Junior (2013, p. 96) afirma que o *Project Model Canvas* não é capaz de entrar no mérito do detalhamento do cronograma físico (quando) e do cronograma financeiro (quanto), sendo possível, porém, extrair do *canvas* informações simplificadas, por ordem de grandeza e importância, que poderão servir de referência para o desenvolvimento de um cronograma físico e financeiro mais detalhado.

Para isso, o autor recomenda a utilização de ferramentas complementares na gestão de projetos (*softwares* de gestão de projetos capazes de acompanhar o progresso do projeto, comparando datas e prazos planejados relativamente às datas e prazos realizados) e planilhas de cálculo. Segundo o autor, as perguntas "Quando?" e "Quanto?" aparecem juntas, pois "cronograma e custo compartilham uma estrutura comum baseada nas entregas" (Finocchio Junior, 2013, p. 93).

Construir a linha do tempo é responder à seguinte pergunta: Quanto vai durar o projeto? A resposta a essa pergunta é crucial e, ao mesmo tempo, é uma estimativa. É de se supor, e assim o fazem muitos gerentes de projeto e patrocinadores, conforme Finocchio Junior (2013, p. 107), que o nível de detalhamento dos projetos aumenta a possibilidade de acerto quanto à previsão da duração do projeto e também ao estabelecimento de todas as etapas e prazos para cada entrega.

Como mencionamos, o *Project Model Canvas* não é capaz de detalhar o cronograma físico (quando), mas consegue elencar informações simplificadas capazes de servir de referência para o desenvolvimento do cronograma. A seguir, mostraremos como transpor as deliberações obtidas a partir do *canvas* para um cronograma físico, já que o *canvas* disponibiliza informações que se parecem mais com uma "lista de compromissos" (Finocchio Junior, 2013, p. 108).

A linha do tempo de um projeto é a demonstração dos compromissos assumidos com base nas atividades capazes de efetivar entregas em determinado prazo. Portanto, antes do planejamento de uma linha do tempo, é necessário definir com precisão cada uma das entregas e os prazos para que estas se concretizem, além do grupo de tarefas capazes de tornar as entregas uma realidade, como mostramos no Capítulo 4, na Figura 4.7, quando apresentamos um exemplo de grupos de entregas para efetivação de uma entrega final.

De acordo com o *Guia PMBOK* (PMI, 2014, p. 41), "o gerenciamento do tempo inclui os processos necessários para gerenciar o término pontual do projeto". Esses processos são:

- planejar o gerenciamento do cronograma;
- definir as atividades;
- sequenciar as atividades;
- estimar os recursos das atividades;
- estimar as durações das atividades;
- desenvolver o cronograma;
- controlar o cronograma.

Vamos imaginar que um membro da equipe do projeto tenha sido designado como responsável por realizar (entregar) a cerimônia de abertura de uma competição esportiva (jogos escolares municipais). Os jogos são a atividade principal, mas a cerimônia de abertura é um evento que se vincula ao evento principal – jogos escolares municipais –, sendo necessário, para tal, um projeto alinhado ao evento principal.

Nesse caso, o pacote a ser entregue é a cerimônia de abertura realizada. Até que a cerimônia se realize, uma série de entregas deve ser feita, de forma agrupada (grupos de entregas), conforme sugere o exemplo a seguir.

- Entrega 1: Concepção da ideia.
- Entrega 2: Elaboração do projeto.
- Entrega 3: Contratação dos fornecedores.
- Entrega 4: Produção geral.
- Entrega final: Realização do evento.

Figura 5.1 Pacotes de entrega para a cerimônia de abertura – exemplo fictício

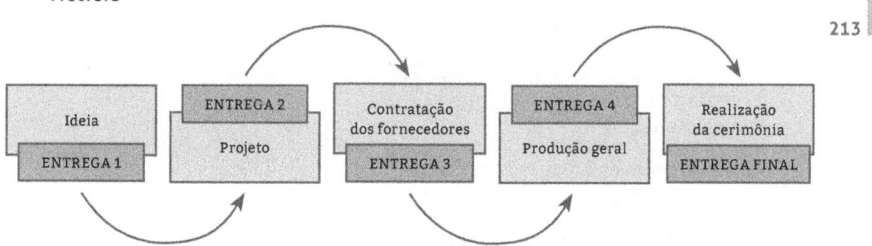

A cada pacote desses corresponde uma série de atividades que devem ser realizadas para que se concretizem. No exemplo, da concepção da cerimônia de abertura, vamos supor que a equipe tenha optado por realizar uma oficina de criação, envolvendo alguns membros da equipe e *stakeholders* externos, para, juntos, darem início ao planejamento da cerimônia de abertura. Perceba que a oficina de criação não é, obviamente, um evento recreativo ou esportivo, mas é uma entrega necessária na composição da entrega final.

Para o monitoramento dessa entrega, é recomendável que se faça uma lista de tarefas – ilustrada no Quadro 5.4 –, com prazos a serem cumpridos, que deverá passar por um processo de checagem periódica, até que a oficina se realize e o resultado seja entregue. A lista deve ser construída considerando-se três questões: "Qual tarefa deve ser feita?"; "Qual é a data limite para sua realização?" e "Quem deverá fazer?".

Quadro 5.4 *Checklist* (lista de tarefas) com a indicação de data limite e responsável

| Tarefa | Realizar até (inserir data limite) | Responsável (inserir nome) |
|---|---|---|
| Definição dos objetivos da oficina de criação | | |
| Definição da data, da carga horária e do local | | |
| Verificar quantidade de cadeiras e mesas de apoio | | |
| Identificação de quem deverá participar | | |
| Levantamento dos recursos materiais necessários | | |
| Levantamento dos recursos humanos necessários | | |
| Levantamento dos recursos financeiros necessários | | |
| Definição dos docentes | | |
| *Coffee break* | | |
| Preparação das apresentações multimídia | | |
| *Kit* de participante (pasta, crachá, bloco de anotações, caneta) | | |
| Emissão de convite para os participantes | | |
| Realização do 1º contato de confirmação dos participantes | | |

*(continua)*

*(Quadro 5.4 – continuação)*

| Tarefa | Realizar até (inserir data limite) | Responsável (inserir nome) |
|---|---|---|
| Conclusão da 1ª etapa de confirmação | | |
| Abertura de vagas remanescentes para novos participantes | | |
| Emissão de convite para os novos convidados | | |
| 1º contato de confirmação dos novos convidados | | |
| Conclusão da etapa de confirmação | | |
| Fechamento da lista de participantes | | |
| Contratação do sistema de som | | |
| Providências para uso e disponibilização de internet | | |
| Definição da pauta da oficina | | |
| Envio da pauta da oficina para os participantes | | |
| Início da logística de receptivo dos participantes | | |
| Início da logística de pagamento dos docentes | | |
| Preparação (montagem) do auditório | | |
| Teste dos equipamentos e das apresentações | | |
| Montagem da secretaria de atendimento aos participantes | | |
| Prontidão da equipe | | |
| Reunião geral com a equipe organizadora | | |
| Chegada e acomodação dos participantes | | |
| Realização do evento | | |

*(Quadro 5.4 – conclusão)*

| Tarefa | Realizar até (inserir data limite) | Responsável (inserir nome) |
|---|---|---|
| Entrega do certificado de participação | | |
| Pagamento dos docentes | | |
| Relatório de conclusões da oficina | | |

O gráfico de Gantt é uma ferramenta que permite a visualização e o monitoramento de atividades, tarefas e entregas (Solidaridad Olímpica, 2010, p. 254; Kerzner, 2015, p. 420; PMI, 2014, p. 182) e possibilita o acompanhamento da linha do tempo e o cronograma do projeto de um evento esportivo e recreativo, tendo como referência as datas de início e fim, mais o tempo de duração das entregas e/ou das atividades ou tarefas, conforme mostra o Gráfico 5.1.

Gráfico 5.1 **Modelo de gráfico de Gantt (ou gráfico de barras) para acompanhamento da linha do tempo**

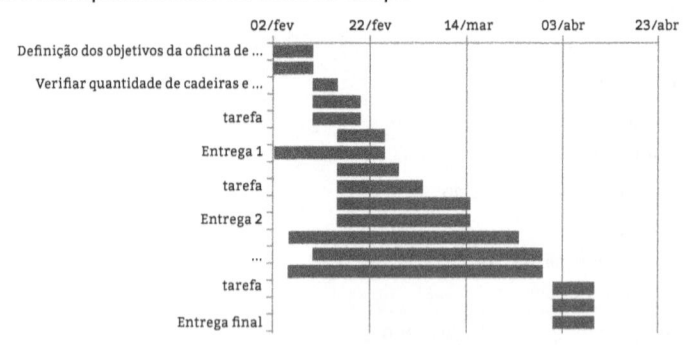

## 5.3 Custos

Segundo Finocchio Junior (2013, p. 95), "uma gestão eficaz prevê custos e estima um cronograma somente depois de ter clareza sobre a causa que o projeto defende, sobre o produto que será gerado, as pessoas a serem alocadas para o trabalho, como serão feitas as entregas etc.".

Tal como ocorre no cronograma físico, não é possível detalhar o cronograma financeiro a partir do *canvas*, recomendando-se que sejam extraídas informações capazes de servir de referência para o desenvolvimento dos custos, com base em uma visão integrada de orçamento.

A proposta feita pelo autor prevê que os custos sejam apresentados de forma simplificada e decompostos por entregas, as quais podem desdobrar-se em elementos de custo – como mostra a Figura 5.2 –, seja por mão de obra e insumos, seja por trabalho, materiais e contratações, podendo ser especificadas de forma personalizada, de acordo com as características do projeto e da maneira que melhor vier a atender à organização.

Figura 5.2 Composição dos custos por grupos de entregas

| ENTREGA 1 | ENTREGA 2 | ENTREGA 3 | ENTREGA 4 |
|---|---|---|---|
| $ custo | $ custo | $ custo | $ custo |

O orçamento de um evento se compõe da somatória dos custos de todas as partes necessárias à sua execução, como mostra a Figura 5.3, qualificando e quantificando produtos, serviços, infraestrutura, equipamentos, tecnologias, incluindo impostos, taxas e reservas, e atribuindo a esses itens preço por pacote de trabalho. Segundo o *Guia PMBOK* (PMI, 2014, p. 205), a estimativa de custos *bottom-up* é o método que permite fazer essa estimativa a partir do detalhamento das necessidades e a realização de cotações com fornecedores qualificados no mercado (cotações e orçamentos). Portanto, para definir o custo total do evento, é necessário estimar o valor unitário e total de todos os itens.

Figura 5.3 Composição do custo total do evento pela somatória dos custos por grupos de entregas

```
┌─────────────┐  ┌─────────────┐
│  ENTREGA 1  │  │  ENTREGA 2  │
│   $ custo   │  │   $ custo   │
└─────────────┘  └─────────────┘
       ENTREGA FINAL
       $ custo do evento
┌─────────────┐  ┌─────────────┐
│  ENTREGA 3  │  │  ENTREGA 4  │
│   $ custo   │  │   $ custo   │
└─────────────┘  └─────────────┘
```

Como exemplo, vamos considerar um evento com dois dias de duração, em que serão realizadas atividades esportivas e recreativas, sem a necessidade de providências quanto à hospedagem, à alimentação e ao transporte dos membros da organização e dos participantes.

Vamos apresentar, na sequência, alguns exemplos de montagem de planilhas de cálculo, que, como exercício, devem ser visualizadas levando-se em conta os seguintes aspectos:

- Todos os valores e demais dados inseridos nas planilhas são simples referência para o exemplo hipotético em questão, não tendo como base dados reais.
- Os produtos ou serviços elencados em cada planilha são, como exercício, também uma simples referência, não se considerando o mérito de cada contratação no âmbito do exemplo hipotético.
- Cada gerente de projeto ou organização pode desenvolver a planilha que melhor lhe convier.
- Ao apresentarmos cada planilha, teceremos comentários que servem não somente para a planilha em discussão, mas para todas as demais planilhas.

A composição dos custos permite ao gerente do projeto ponderar sobre a decisão de aquisição, locação ou utilização de recursos materiais, equipamentos e estruturas já existentes, pois essas escolhas podem representar economicidade no evento e o redirecionamento de recursos financeiros para outras atividades, observando-se sempre o cumprimento dos requisitos do evento e os riscos presentes em cada alternativa.

A Tabela 5.1 tem como elemento de custo alguns membros da equipe do evento (contratação de pessoa física), demonstrando sua função, a unidade de medida para o item, o número de dias que cada pessoa estará disponível para o evento, o valor unitário para cada dia de trabalho (diária) e o valor total por pessoa.

Tabela 5.1 Planilha de custos: recursos humanos

|  | Função | Unidade de medida | Quantidade | Número de dias | Valor unitário por dia (R$) | Valor total (R$) |
|---|---|---|---|---|---|---|
| 01 | Diretor geral | Pessoa | 01 | 10 | 200,00 | 2.000,00 |
| 02 | Assessor de ... | Pessoa | 02 | 10 | 200,00 | 4.000,00 |
| 03 | Coord. de atividades esportivas | Pessoa | 01 | 08 | 180,00 | 1.440,00 |
| 04 | Coord. de atividades recreativas | Pessoa | 01 | 08 | 180,00 | 1.440,00 |
| 05 | Médico | Pessoa | 01 | 03 | 180,00 | 540,00 |
| 06 | Fisioterapeuta | Pessoa | 01 | 03 | 180,00 | 540,00 |
| 07 | Monitor de atividades esportivas | Pessoa | 07 | 02 | 80,00 | 1.120,00 |
| 09 | Monitor de atividades recreativas | Pessoa | 12 | 02 | 80,00 | 1.920,00 |
| 10 | Motorista | Pessoa | 02 | 02 | 80,00 | 320,00 |
| 11 | Segurança | Pessoa | 01 | 02 | 80,00 | 160,00 |
| 12 | Árbitros | Pessoa | 06 | 02 | 120,00 | 1.440,00 |

*(continua)*

*(Tabela 5.1 – conclusão)*

| | Função | Unidade de medida | Quantidade | Número de dias | Valor unitário por dia (R$) | Valor total (R$) |
|---|---|---|---|---|---|---|
| 13 | Jornalista | Pessoa | 01 | 10 | 120,00 | 1.200,00 |
| n | ... | ... | ... | ... | ... | ... |
| **Total geral** | | | | | | **16.120,00** |

As Figuras 5.4 e 5.5 apresentam as fórmulas utilizadas para obtenção do valor total por item e do total geral da planilha, sendo que o valor total por item é o valor de cada item, na linha vertical, conforme memória de cálculo apresentada na Tabela 5.1.

Figura 5.4 Fórmula utilizada para obtenção do valor total por item na Tabela 5.1

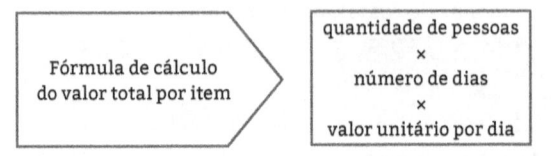

> Fórmula de cálculo do valor total por item → quantidade de pessoas × número de dias × valor unitário por dia

Por sua vez, o valor total da planilha corresponde à somatória dos valores totais por item, conforme memória de cálculo apresentada na Tabela 5.1.

Figura 5.5 Fórmula utilizada para obtenção do valor total geral na Tabela 5.1

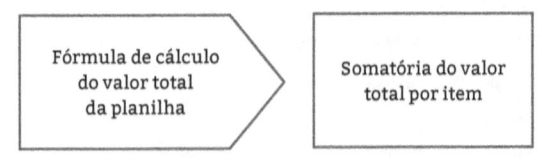

> Fórmula de cálculo do valor total da planilha → Somatória do valor total por item

Vejamos algumas considerações sobre a planilha de custos referente a recursos humanos:

- Devem ser descritas todas as funções necessárias à execução do evento, como mostramos ao tratar do componente do *canvas* intitulado *equipe do projeto*. Por essa razão, foi inserido o n na penúltima linha da planilha, simbolizando o total de possibilidades.

- Ainda que o evento tenha a duração de dois dias, é importante observar que algumas funções devem ser contratadas para um período que antecede a realização do evento propriamente dito, razão pela qual aparecem funções com mais dias de atuação.
- É necessário prever o percentual de impostos incidentes sobre o pagamento de serviços prestados por terceiros – pessoa física –, pois impactam os custos.

A Tabela 5.2 apresenta os recursos materiais necessários ao evento, demonstrando o tipo de material, a unidade de medida para o item, a quantidade necessária de cada um, o valor unitário em cada caso e o valor total por item.

Tabela 5.2 Planilha de custos: recursos materiais

|   | Tipo | Unidade de medida | Quantidade | Valor unitário (R$) | Valor total (R$) |
|---|---|---|---|---|---|
| **MATERIAL ESPORTIVO** | | | | | |
| 01 | Apito de plástico | Apito | 04 | 6,00 | 24,00 |
| 02 | Bambolê de plástico | Bambolê | 40 | 15,00 | 600,00 |
| 03 | Bastões de corrida | Bastão | 40 | 9,00 | 360,00 |
| 04 | Bomba de encher bolas | Bomba | 01 | 24,00 | 24,00 |
| 05 | Bolas de futebol | Bola | 10 | 57,00 | 570,00 |
| n | ... | ... | ... | ... | ... |
| **MATERIAL PARA OFICINAS ARTÍSTICAS** | | | | | |
| 01 | Papel crepom (cores diversas) | Rolo | 100 | 9,90 | 990,00 |
| 02 | Tesouras sem ponta | Tesoura | 10 | 47,50 | 475,00 |
| 03 | Tinta de pintura facial (cores diversas) | Kit com 10 cores | 10 | 26,00 | 260,00 |
| n | ... | ... | ... | ... | ... |
| **MATERIAL ADMINISTRATIVO** | | | | | |
| 01 | Cola | Bastão com 20 g | 10 | 7,50 | 75,00 |

*(continua)*

*(Tabela 5.2 – conclusão)*

| | Tipo | Unidade de medida | Quantidade | Valor unitário (R$) | Valor total (R$) |
|---|---|---|---|---|---|
| 02 | Caneta esferográfica azul | Caixa com 50 ud. | 5 | 27,50 | 137,50 |
| 03 | Papel A4 | Resma | 20 | 15,00 | 300,00 |
| n | ... | ... | ... | ... | ... |
| | **MATERIAL DE INFORMÁTICA** | | | | |
| 01 | Computadores (aquisição) | Notebook | 04 | 1.750,00 | 7.000,00 |
| 02 | Impressoras (aquisição) | Impressora | 02 | 250,00 | 500,00 |
| 03 | Tinta para impressora | Cartucho | 20 | 47 | 940,00 |
| n | ... | ... | ... | ... | ... |
| | **PREMIAÇÃO** | | | | |
| 01 | Troféus | Troféu | 06 | 120,00 | 720,00 |
| 02 | Medalhas | Medalha | 60 | 7,50 | 450,00 |
| n | ... | ... | ... | ... | ... |
| **Total geral** | | | | | **13.425,50** |

Para obter o valor total por item e o total geral na Tabela 5.2, foram aplicadas as fórmulas descritas nas Figuras 5.4 e 5.5, mas com uma diferença: na Tabela 5.2, a fórmula utiliza apenas a quantidade × valor unitário (sem o número de dias).

Vejamos algumas considerações sobre a planilha de custos referente a recursos materiais:

- Devem ser descritos todos os materiais necessários à execução do evento.
- O ideal é agrupar os materiais por tipo (esportivo, oficinas artísticas, administrativo, informática etc.) e procurar fazer uma somatória desses grupos, para obter um valor subtotal por tipo de material, separadamente.
- É necessário prever o percentual de impostos incidentes sobre a aquisição de produtos, pois impactam os custos.

Para finalizar, a Tabela 5.3 apresenta o custo de alguns serviços e da locação de equipamentos, demonstrando o item, a unidade de medida para o item, o número de dias de disponibilidade para o evento, o valor unitário por dia em cada caso e o valor total por item.

Os processos de compra e locação diferem entre si pela posse final do bem e pela forma como os serviços de locação são prestados. Na aquisição, o empreendedor ou o patrocinador do evento são os proprietários do bem; na locação, os serviços ficam disponíveis durante os dias do evento.

Quanto aos serviços, recomenda-se que sejam incluídos a montagem, a manutenção, a operação, a desmontagem, a logística, os seguros e as normas sobre os requisitos do que está sendo contratado. Isso permite maior controle sobre a entrega. Porém, é preciso ter em mente que esse nível de detalhamento deverá ser feito no componente *requisitos*, e somente após a conclusão do *canvas*, pois o modelo não permite detalhamento, sendo essa uma atribuição do gerente do projeto e de sua equipe.

Tabela 5.3 Planilha de custos: infraestrutura e serviços

|  | Serviço | Unidade de medida | Quantidade | Número de dias | Valor unitário por dia (R$) | Valor total (R$) |
|---|---|---|---|---|---|---|
| | | | INSTALAÇÕES E EQUIPAMENTOS | | | |
| 01 | Locação de ginásio de esportes | Ginásio | 01 | 03 | 600,00 | 1.800,00 |
| 02 | Locação de mesas plásticas brancas | Mesa | 40 | 02 | 7,00 | 560,00 |
| 03 | Locação de cadeiras plásticas brancas | Cadeira | 120 | 02 | 2,00 | 480,00 |
| n | ... | ... | ... | ... | ... | ... |

*(continua)*

*(Tabela 5.3 – conclusão)*

| | Serviço | Unidade de medida | Quantidade | Número de dias | Valor unitário por dia (R$) | Valor total (R$) |
|---|---|---|---|---|---|---|
| | | | SOM | | | |
| 01 | Serviço de sonorização | Serviço | 01 | 02 | 550,00 | 1.100,00 |
| n | ... | ... | ... | ... | ... | ... |
| | | | TENDAS | | | |
| 01 | Tenda 4 m × 4 m branca | Tenda | 02 | 03 | 450,00 | 2.700,00 |
| 02 | Tenda 10 m × 10 m branca | Tenda | 01 | 03 | 900,00 | 2.700,00 |
| 03 | Tenda pantográfica 3 m × 3 m azul | Tenda | 04 | 02 | 170,00 | 1.360,00 |
| n | ... | ... | ... | ... | ... | ... |
| | | | PALCO | | | |
| 01 | Palco coberto nas dimensões 5 m × 4 m × 0,80 m | Palco | 01 | 03 | 2.800,00 | 8.400,00 |
| n | ... | ... | ... | ... | ... | ... |
| **Total geral** | | | | | | **19.100,00** |

Assim como nas planilhas anteriores, para obter o valor total por item e o total geral na Tabela 5.3, foram aplicadas as fórmulas descritas nas Figuras 5.4 e 5.5.

O valor do projeto corresponderá à somatória dos valores totais das três planilhas, que devem contemplar todos os serviços de terceiros (pessoas físicas e pessoas jurídicas), equipamentos, instalações, materiais, tecnologia, taxas, alvarás e impostos necessários à realização do evento.

## 5.4.1 Integrar – Resolver – Compartilhar

Concluída a **Etapa 1 – Conceber**, segue-se para a **Etapa 2 – Integrar**, com sugestões de como "costurar um plano de projeto", propondo-se a "amarração dos diversos componentes" de todos os blocos (Finocchio Junior, 2013, p. 129), promovendo um fino ajuste com vistas a assegurar a consistência de cada um, relativizando um ao outro, revisando os enlaces necessários para consolidar o conjunto do projeto e dando significado para cada um dos elementos. É imprescindível que sejam identificados o alinhamento entre os componentes e as relações de precedência.

Finalizada a costura, é o momento da revisão do plano do projeto, quando deve ser observada a coesão entre todos os elementos e as demandas. Conforme sugere Finocchio Junior (2013, p. 131-147), essa ação tem o propósito de checar a consistência e o posicionamento correto de cada elemento no *canvas*, bem como confirmar a conexão entre todos os elementos do projeto, refazendo as perguntas, bloco a bloco, em oito passos distintos, para confirmar se as respostas são suficientes e adequadas às demandas e, especialmente, se todos os problemas identificados no primeiro bloco (justificativa, objetivo e benefícios) têm evidências de solução nos demais blocos.

A **Etapa 3 – Resolver** é caracterizada pelo rastreamento e identificação de pontos em que o *canvas* travou por causa de obstáculos que atrapalham o planejamento e que precisam ser superados para resolver o projeto, garantindo a sequência e o fluxo de informações (Finocchio Junior, 2013, p. 151). Para o destravamento do *canvas*, o autor recomenda que sejam adotados os seguintes passos:

- 1º: identificar os nós (propõe-se que seja uma "lição de casa" para a equipe, buscando-se a solução para o problema identificado).
- 2º: alterar o *canvas*.

## 5.4 Fechando o projeto e executando o evento

Aqui, merece destaque o fato de a metodologia *Project Model Canvas* valorizar a conexão, a integração e a articulação entre as partes – algo que se observa em todo o processo, da consolidação da justificativa, do objetivo e dos benefícios até o desenvolvimento da linha do tempo e a definição dos custos, sempre em alinhamento com a orientação estratégica da organização que está promovendo o evento.

A Figura 5.6 ilustra a coexistência e a integração de todos os elementos do projeto, de sua abertura até a etapa operacional do evento.

Figura 5.6 A coexistência e a integração de todos os elementos do projeto

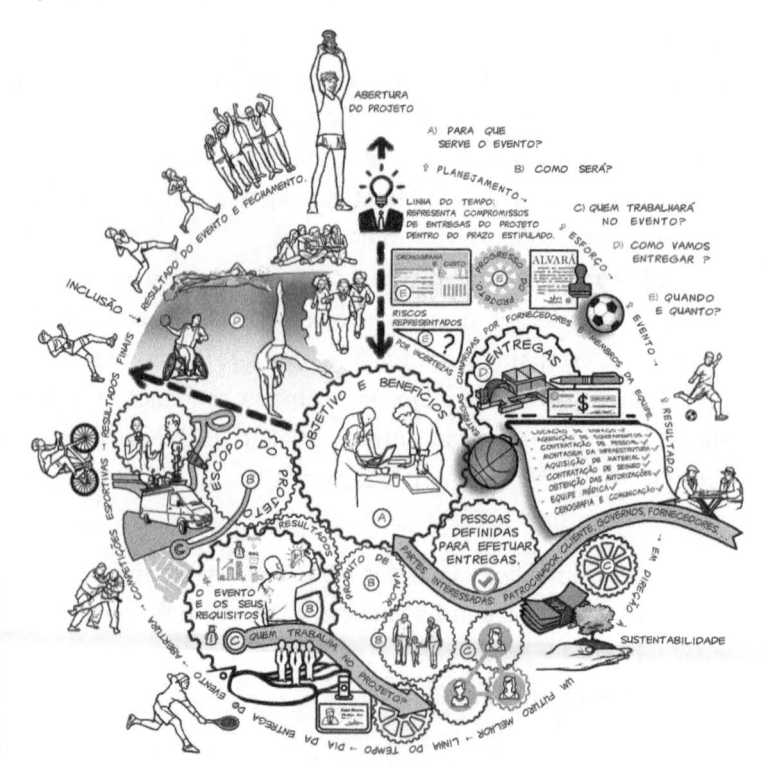

Para terminar, na **Etapa 4 – Compartilhar**, segundo Finocchio Junior (2013, p. 151), a alma do projeto estará no *canvas*. O autor defende o *Project Model Canvas* como uma ferramenta poderosa "para unir pessoas, definir de forma colaborativa o que precisa ser feito e ajudar a pôr o seu projeto em prática" (Finocchio Junior, 2013, p. 187), além de permitir derivações e desdobramentos ao possibilitar o compartilhamento com outros modelos de gestão de projetos, com a possibilidade do transporte das informações para planos de projetos e apresentações formais, cronogramas e orçamentos, desdobrando-se o *canvas*.

É possível partir desse estágio para a execução do evento (operação) ou para o compartilhamento das informações com outros elementos que possam ser necessários ao projeto.

### 5.4.2 Colocando o projeto em prática

A razão de ser do projeto do evento é o que acontece na etapa operacional: a execução. É quando todos os grupos de entregas e as tarefas previstas no projeto são refinados, detalhados e decompostos em planos operacionais específicos para executar o que foi planejado. É também quando as equipes que colocarão as atividades em prática são selecionadas, definidas e treinadas para a operação.

Ao discorrer sobre os eventos esportivos, Mallen afirma que o planejamento operacional

> *envolve a criação de planos operacionais formais elaborados para cada componente que forma a estrutura do evento. Exemplos de componente incluem acomodação, credenciamento, cerimônias, comunicações, teste de drogas ou controle antidoping, serviços de alimentos, bebidas e de hospedagem, assessoria de imprensa, resultados e premiações, serviços para espectadores, transporte, além da gestão de árbitros e juízes, participantes e voluntários.* (Mallen; Adams, 2013, p. 85)

A autora explica que "a quantidade de detalhes necessários em um plano operacional varia de evento para evento" (Mallen; Adams, 2013, p. 91). Essa etapa não se inicia após o encerramento do planejamento. Muitas atividades de planejamento coexistem com as operações, em uma relação permanente de atividades e decisões predecessoras e sucessoras, razão pela qual devem ser previstas de forma integrada, conectando sempre o planejamento às operações, inclusive, em alguns casos, com o evento em execução – como mostra a Figura 5.6. Ao longo deste livro, muitos quadros ilustrativos e exemplos práticos foram apresentados na perspectiva operacional, justamente pelo fato de que essas etapas são concatenadas e se ligam por processos de integração e comunicação permanentes.

Na etapa operacional, o gerente assume a responsabilidade de colocar o projeto em prática, assegurando-se do cumprimento do alinhamento de todas as entregas com as justificativas, o objetivo e o escopo do projeto, mantendo todas as equipes dentro do caminho traçado. Segundo Adams (2013, p. 107), ninguém conhece o plano operacional tão bem quanto o gerente, razão pela qual ele será intensamente requerido para facilitar o desempenho do trabalho das equipes na execução do evento.

> *Muitas atividades de planejamento coexistem com as operações, em uma relação permanente de atividades e decisões predecessoras e sucessoras, razão pela qual devem ser previstas de forma integrada.*

Mallen esclarece que "são três os principais temas no planejamento operacional contemporâneo de eventos: tempo, comunicação e um ambiente de cooperação" (Mallen; Adams, 2013, p. 101).

O tempo refere-se à conclusão de todas as entregas e planos operacionais no prazo estabelecido. Para Adams (2013, p. 110), "o monitoramento das questões de cronograma e de progresso são as duas principais áreas".

Quanto ao segundo tema mencionado, Adams afirma que "a comunicação eficaz é essencial para um gerente de eventos em todas as etapas" (Adams, 2013, p. 120), não somente na etapa operacional, mas da abertura do projeto até sua execução.

A cooperação, por sua vez, é o maior desafio, pois a "variedade de personalidades envolvidas" na execução do evento extrapola a equipe engajada no planejamento, tendo em vista que "um grupo ou equipe muito maior do que o que elaborou o planejamento se responsabiliza pela execução do evento" (Adams, 2013, p. 108). Em eventos ou organizações de pequeno porte, é comum que as equipes de planejamento e operações sejam as mesmas, compostas por poucas pessoas, como é o caso, por exemplo, da equipe do departamento de esportes de um clube ao gerenciar um projeto do próprio clube para seus associados.

Uma das piores formas de se perceber a interação entre o planejamento e as operações é o desvio do plano em execução, sendo responsabilidade do gerente e das equipes decisórias do evento (gerências, supervisões, coordenações etc.) monitorar os desvios e intervir quando necessário, de maneira rápida e precisa, analisando as ocorrências, as possibilidades de decisão diante de diferentes cenários hipotéticos e os impactos de ambos.

Vamos imaginar, por exemplo, que a maior parte dos participantes e organizadores de um grande evento com a duração de sete dias foi acometida, no terceiro dia, por intoxicação alimentar, sendo que todas as refeições estavam sendo servidas como parte do pacote de serviços do evento. Nesse caso, deve-se acionar o plano de contingência voltado prioritariamente para os serviços de atendimento médico-hospitalar e de alimentação, considerando-se que todas as demais áreas do evento poderão ser fortemente impactadas pela ocorrência. Para Adams (2013, p. 115), o gerente do evento deve pensar como vai "analisar situações, considerando o histórico, os efeitos colaterais e as consequências das ações".

Para finalizar, recorremos ao entendimento de MacLean (2013, p. 39) ao afirmar ser necessário que os gerentes de eventos conheçam os seguintes princípios relacionados às estruturas de eventos:

- **Forma acompanha a função**: refere-se ao fato de que a estrutura de um evento deve estar relacionada com o objetivo e a governança. Significa dizer que "Copiar a estrutura de um evento anterior de sucesso não necessariamente resulta em uma estrutura viável para outro evento" (MacLean, 2013, p. 39).
- **Especialização operacional**: trata-se da compreensão de que as atividades devem ser agrupadas conforme a similaridade, facilitando a comunicação entre os gerentes e os processos de tomada de decisão.
- **Complexidade**: quanto mais complexo o evento, mais complicado será o planejamento e mais tempo será necessário para executar esse planejamento.
- **Eficiência da comunicação**: as pessoas devem comunicar suas atividades e decisões de forma rápida, eficiente, coordenada e permanente.
- **Resultados sinérgicos**: resultam da gestão integrada, articulada e alinhada das atividades pelos membros da equipe, obtendo-se melhor desempenho e eficiência. "O todo é maior que a soma de suas partes" (MacLean, 2013, p. 39).

## 5.5 Captação de recursos

O patrocinador de eventos esportivos e recreativos pode ser a própria organização que os promove, casos em que o cliente e o patrocinador são um só *stakeholder*. Porém, se não for assim, um dos desafios dos organizadores de eventos esportivos e recreativos está na identificação e alavancagem dos recursos financeiros que garantam não somente sua execução, mas também a autonomia do evento.

Antes de tudo, é importante considerar o necessário alinhamento entre o projeto e a orientação estratégica do patrocinador, qualquer que seja a organização do setor público, privado ou terceiro setor, conforme mencionamos no Capítulo 2. Além disso, é preciso observar que cada organização tem sua cultura, metodologia, formato e procedimentos na formalização das parcerias. Na sequência, vamos apresentar algumas possibilidades.

### 5.5.1 Recursos públicos

A Administração Pública declara sua orientação estratégica por meio de políticas, planos e diretrizes. Para que possa atender às demandas da população prestando serviços ao cidadão, são concebidos programas, projetos e atividades governamentais, inclusive no que se refere a atividades esportivas e recreativas.

Essas iniciativas podem ser colocadas em prática pelos próprios governos ou por meio de parcerias (contratos e convênios), que se estabelecem quando as condições para a prestação de determinados serviços públicos não são plenas ou quando os governos procuram melhorar seu desempenho na entrega desses serviços.

As parcerias governamentais podem ter como partícipes outras organizações governamentais, organizações do setor privado ou do terceiro setor e acontecem quando há interesse púbico, desde que sejam cumpridas as exigências legais e assegurados os princípios constitucionais da legalidade, da impessoalidade, da moralidade, da publicidade e da eficiência, como determina a Constituição Federal de 1988 no art. 37 (Brasil, 1988).

Os recursos públicos destinados ao financiamento de eventos esportivos e recreativos, assim como os recursos governamentais para qualquer que seja sua destinação, devem estar garantidos em peças ou leis orçamentárias próprias da Administração Pública: Plano Plurianual (PPA), Lei de Diretrizes Orçamentárias (LDO), Lei Orçamentária Anual (LOA), conforme estabelece a Constituição Federal no art. 165 (Brasil, 1988), as Constituições Estaduais e um conjunto de leis, normas e diretrizes que determinam como se processa a execução orçamentária e financeira por parte da Administração Pública, em todas as esferas (federal, estadual, distrital ou municipal).

### 5.5.1.1 Convênios

Ao se conveniar com órgãos públicos, o parceiro (convenente – que faz convênio) se submete aos mecanismos formais de funcionamento, regulamentação e controle dos governos (concedente – que concede os recursos), passando a ser também objeto de fiscalização dos respectivos órgãos de controle, que são os Tribunais de Contas, da formalização do convênio até sua prestação de contas final. É exigido do convenente o cumprimento dos seguintes requisitos:

- abertura de conta específica e exclusiva para o projeto;
- rigoroso cumprimento da execução do cronograma físico-financeiro (linha do tempo e custos do projeto, conforme abordado no Capítulo 5);
- detalhado memorial descritivo dos produtos e serviços que serão contratados, descrevendo-se quantidades, especificação técnica e prazos de entrega;
- minuciosa pesquisa de preços com orçamentos prévios, conforme apresentados no memorial descritivo, para a aquisição de produtos e a contratação de serviços no mercado;

- emissão, guarda e apresentação de comprovantes de despesas por meio de notas fiscais e, se for o caso, entrada desses dados em sistemas de gestão;
- cumprimento do pactuado no Plano de Trabalho – projeto detalhado, com apresentação de metas quantitativas e qualitativas, cronograma de execução físico e financeiro, demonstrativo de aplicação e desembolso dos recursos financeiros (todos esses dados podem ser extraídos do projeto do evento, devendo ser adaptados ao formato do Plano de Trabalho);
- devolução de saldo em conta, exceto nos casos de aditivos no Plano de Trabalho, conforme o caso;
- cuidados especiais na aquisição de patrimônio ou execução de obras.

No caso do uso de recursos federais, é necessário que a proposta seja inserida no sistema de convênios federal. Cada governo (federal, estadual, distrital e municipal) tem seu próprio sistema de gestão, devendo-se observar caso a caso.

Portanto, para que a parceria com o Poder Público se efetive, além do cumprimento das normas e procedimentos legais, é imprescindível que o evento esportivo e recreativo em questão esteja em perfeita sintonia com o plano estratégico do governo concedente, razão pela qual o pretendente tem de, necessariamente, embrenhar-se no conhecimento sobre políticas públicas, o papel do Estado, mecanismos de funcionamento da Administração Pública e critérios para transferência de recursos. Além disso, ao dar início ao processo, deve ter consciência dos trâmites burocráticos em todos os aspectos e etapas, essencialmente no que se refere aos aspectos documental, de tempo, de organização e, acima de tudo, de zelo na utilização dos recursos, que são públicos, devendo servir ao interesse público.

### 5.5.1.2 Contratos

Os contratos pertinentes a obras, serviços e compras da Administração Pública também obedecem a requisitos e normas, sendo precedidos por licitações (resguardadas algumas exceções previstas em lei), e baseiam-se em um acordo comum de vontades estabelecido entre o contratante (órgão da Administração Pública que contrata) e o contratado (pessoa física ou jurídica que assina o contrato com a Administração Pública), conforme o contido na Constituição Federal e nas leis complementares que regulamentam os contratos públicos.

Quando os governos planejam a realização de eventos esportivos e recreativos, existem algumas situações que podem envolver a aquisição de produtos ou a contratação de serviços privados, quais sejam:

- serviços de terceiros para entrega integral do evento;
- aquisição de produtos ou serviços de terceiros – pessoa jurídica ou pessoa física para entrega de partes necessárias ao evento, como transporte, hospedagem, alimentação, seleção e treinamento das equipes, cenografia, paisagismo, produção, figurinos, arbitragem, grupos teatrais, artistas, músicos, professores, consultores, profissionais de diversas categorias etc.

### 5.5.1.3 Incentivo fiscal

Incentivos fiscais são benefícios tributários concedidos pelos governos com o propósito de desenvolver políticas econômicas de fomento ao incremento de determinada área, de modo a promover e movimentar sua cadeia produtiva, tendo como mecanismo a renúncia fiscal. Isso significa dizer, em outras palavras, que os governos destinam parcela das receitas previstas na arrecadação de alguns tributos a determinados setores da economia, estimulando seu crescimento.

Os recursos captados por incentivo fiscal são, portanto, de natureza pública, sendo sua destinação voltada aos interesses públicos. Porém, sua execução acontece a partir da apresentação e aprovação de projetos com base em leis específicas, que estabelecem a base de cálculo do incentivo e todos os requisitos necessários à concessão do benefício.

Com base nesses pressupostos, no campo dos eventos esportivos e recreativos, é necessário compreender que as leis de incentivo podem ser concebidas por todos os entes federativos, cabendo a cada ente legislar tão somente sobre tributos de sua competência, sendo que, em geral, sua base de cálculo recai sobre os impostos mostrados no Quadro 5.5.

Quadro 5.5  Leis de incentivo e base de cálculo*

| Ente federado | Imposto |
|---|---|
| União | Imposto sobre a Renda e Proventos de Qualquer Natureza (IR). |
| Estados (e Distrito Federal) | Imposto sobre Circulação de Mercadorias e Prestação de Serviços de Transporte Interestadual e Intermunicipal e de Comunicação (ICMS). |
| Municípios | Imposto Predial e Territorial Urbano (IPTU). Imposto sobre Serviços (ISS). |

Fonte: Elaborado com base em Brasil, 1988.

*Nota do autor: Cabe observar que as competências tributárias dos entes federativos não se resumem aos impostos apresentados no quadro.

Configura-se, portanto, um cenário no qual alguns estados ou municípios têm sua lei de incentivo fiscal destinada às atividades esportivas ou recreativas devidamente regulamentadas e em pleno funcionamento, enquanto outros não as têm, restando ao interessado pela captação de recursos incentivados a busca pormenorizada e atualizada de informações, já que as leis, decretos e resoluções que normatizam os incentivos fiscais podem ser revogados ou sofrer alterações a qualquer tempo.

## 5.5.2 Recursos privados

Nos casos em que a relação dos organizadores de eventos esportivos e recreativos acontece com a iniciativa privada, quando da obtenção de recursos por meio de patrocínio ou apoio, trata-se de de relações de mercado, capazes de contribuir para estratégias comerciais. É comum, portanto, que os patrocinadores e apoiadores de eventos esportivos e recreativos tenham interesse no evento como atividade econômica, institucional ou de incremento de vendas, conforme mostra o Quadro 5.6.

Quadro 5.6 Interesses comerciais em eventos esportivos e recreativos

| Ação | Exemplos |
| --- | --- |
| Promocional | Vinculação da marca a uma ação social ou ambiental ou aos benefícios e percepção de valor presentes no evento. |
| Aumento de vendas | Possibilidade de vendas no curto prazo (no próprio evento) ou no longo prazo (com a conquista de novos consumidores). |
| Conquista de novos mercados | Entrada em mercados nos quais o patrocinador ainda não se faz presente, tendo o evento como estratégia de aproximação. |
| Posicionamento de marca | Fixação e posicionamento de marca em um determinado mercado consumidor, como a vinculação direta da marca do patrocinador e de seus produtos ao evento, com a obtenção de direito de propriedade (do inglês *naming rights*). |

Fonte: Elaborado com base em Melo Neto, 1995.

São estratégias de *marketing* que resultam em patrocínios (aporte de recursos em cotas estabelecidas) ou apoios. O Quadro 5.7 apresenta alguns exemplos de *marketing* de patrocínio aplicado a eventos esportivos e recreativos.

Quadro 5.7 *Marketing* de patrocínio aplicado a eventos esportivos e recreativos

| Estratégias | Exemplos |
|---|---|
| Patrocínio | A empresa parceira investe recursos financeiros no evento, suprindo necessidades orçamentárias previstas no custo deste, de forma integral ou parcial (cotas de patrocínio), em permuta por espaços e propriedades comerciais promocionais ou de vendas no evento, com vistas à concretização de alguma estratégia comercial ou promocional (ex.: vinculação da marca ao evento, *naming rights*, instalação de ponto de venda no evento, utilização de peças e painéis de comunicação visual – *banners*, totens, infláveis etc. –, distribuição de *folders*, *flyers*, brindes promocionais etc.) e à realização de ações promocionais diversas (distribuição de brindes, degustação de produtos, realização de jogos e brincadeiras, vivências e entretenimento). |
| Apoio | A empresa parceira participa do evento permutando produtos ou serviços que interessam ao organizador do evento, recebendo em troca a possibilidade de vincular seu nome ao evento ou levar os participantes do evento a seu ponto de venda (ex.: o caso de uma panificadora ao oferecer o lanche dos atletas de uma competição esportiva escolar). |
| Licenciamento de produtos | Refere-se à comercialização de camisetas, bonés, *pins*, bolsas, mochilas, canecas, brinquedos e de tantas outras peças promocionais que possam agradar ao público do evento. A comercialização desses produtos pode acontecer em lojas virtuais ou físicas vinculadas ao evento, em pontos comerciais de patrocinadores e apoiadores ou, ainda, no próprio local do evento, durante sua realização. |
| Comercialização de direitos de veiculação nos meios de comunicação | Refere-se à comercialização de cotas de veiculação nos mais diversos canais de comunicação (rádio, tevê, jornal, revistas, *sites*, *blogs*, redes sociais). Esse tipo de comercialização demanda conhecimento adequado sobre a dinâmica, os mecanismos comerciais e as especificidades dos diferentes meios de comunicação. |

Nessa relação, processa-se o que Melo Neto (2007, p. 22) considera como *marketing* de eventos, definido como "uma modalidade de *marketing* promocional que objetiva criar ambientes interativos onde o negócio do patrocinador se junta a consumidores potenciais, promove a marca e aumenta as vendas". Ainda segundo Melo Neto (2007, p. 23), trata-se de uma "estratégia de comunicação alternativa junto ao público-alvo da empresa patrocinadora", cujas características são as seguintes:

- Valoriza a marca do patrocinador.
- Maximiza sua divulgação.
- Reforça sua imagem.
- Torna a marca mais conhecida.

Conforme abordado no Capítulo 2, quem planeja, gerencia, organiza, promove ou oferece eventos esportivos e recreativos, qualquer que seja a instituição – escola, prefeitura municipal, governo estadual, academia, *shopping center*, associação de bairros ou clube, por exemplo –, o faz com base na orientação estratégica e tem interesses diretamente ligados ao público e ao segmento de atuação. Parceiros, apoiadores, financiadores, investidores em eventos esportivos e recreativos passam a compor os eventos como partes interessadas, ou *stakeholders* externos, como visto no Capítulo 3, e devem ter seus interesses e expectativas mapeados, na condição de requisitos do evento.

As empresas que comumente investem em eventos esportivos e recreativos normalmente têm marcas fortes, consolidadas em um determinado mercado, ou adotam esses eventos como estratégia de comunicação, seja com seus atuais clientes, seja na prospecção de novos clientes. Portanto, procuram por eventos dessa natureza para aproximarem sua marca do público que lhes interessa, carregando nessa aproximação os valores do esporte ou das atividades recreativas em questão.

Segundo Melo Neto (1995, p. 25-27), esses fatores constituem o tripé determinante na natureza do *marketing* esportivo, que se caracteriza como um *marketing* promocional, pois, ao mesmo tempo que corrobora o fortalecimento da imagem da empresa (ou de seus produtos), serve como mídia alternativa à mídia convencional (rádio, tevê, jornal, revista etc.), além de permitir a adoção de estratégias de divulgação e de comunicação, conforme apresentado nos Quadros 5.6 e 5.7.

Figura 5.7 Profissionais de mídia trabalham em evento esportivo

Ververidis Vasilis/Shutterstock

Essa é uma visão preliminar que se pode formar dos eventos esportivos e recreativos na perspectiva do *marketing* e pressupõe que a utilização de recursos financeiros de terceiros (patrocinadores, apoiadores, incentivadores etc.), sejam de organizações públicas, sejam de organizações privadas, requer dos organizadores e gerentes dos projetos o pleno conhecimento sobre as condições nas quais essas parcerias se estabelecem e um planejamento criterioso, diligente e responsável.

Não basta que a preocupação com a prestação de contas ao fim do evento seja objeto de atenção somente após a execução das despesas. Para que essa prestação aconteça de forma transparente e tranquila, é necessário que seja pensada no ato da formalização da parceria.

### ▌▌▌ *Síntese*

Todo projeto tem seus riscos, que devem ser monitorados e, conforme o caso, mitigados. Dependendo da dimensão, o impacto dos riscos nos eventos esportivos e recreativos pode causar seu cancelamento, razão pela qual esses riscos devem ser identificados antecipadamente. O gerente de projeto e sua equipe devem estar, portanto, sempre preparados para a tomada de decisões em razão da ocorrência de riscos não previstos ou não calculados.

Neste capítulo, analisamos a relação dos riscos com as entregas e destacamos a necessidade da construção de uma linha do tempo, podendo ser em forma de cronograma ou de lista de entregas, com a identificação de datas e responsáveis. Com base nesse conjunto de informações, é possível definir os custos do projeto – por atividade, por entrega, por grupos de entregas e custo total.

A etapa de operação de um evento esportivo ou recreativo está totalmente integrada ao planejamento, que é a realização do evento em si.

Por fim, apresentamos algumas possibilidades de captação de recursos para o financiamento de eventos esportivos e recreativos, as quais requerem um conhecimento aprofundado e cautela quanto à prestação de contas ao patrocinador, seja da esfera pública, seja da esfera privada.

### ▒ *Atividades de autoavaliação*

1. Quanto aos riscos presentes no desenvolvimento e execução de um projeto, analise as assertivas a seguir:

    I. É importante rastrear as variáveis dos riscos, sua probabilidade de ocorrência e o nível de impacto no objetivo do projeto e nas entregas.
    
    PORQUE

II. Dessa análise resulta uma combinação a partir da qual é possível mediar o grau de importância e relevância dos riscos para o projeto.

Agora, assinale a alternativa correta:

a) Tanto a primeira assertiva quanto a segunda são proposições falsas.
b) A primeira assertiva é uma proposição falsa, e a segunda é uma proposição verdadeira.
c) As duas assertivas são proposições verdadeiras, e a segunda é uma justificativa correta da primeira.
d) As duas assertivas são proposições verdadeiras, e a segunda não é uma justificativa correta da primeira.
e) A primeira assertiva é uma proposição verdadeira, e a segunda é uma proposição falsa.

2. O gestor do projeto pode ter diferentes comportamentos diante dos riscos: "aceitar passivamente; aceitar ativamente; mitigar; prevenir e transferir" (Finocchio Junior, 2013, p. 143). O autor propõe ainda a utilização de uma régua, com escala de 0 a 100, recomendando diferentes comportamentos do gerente do projeto para riscos compreendidos entre determinadas margens de ocorrência. Considerando que a ideia da régua desenvolvida por Finocchio Junior foi adaptada como consta a seguir, relacione corretamente os elementos da tabela às respectivas características.

|      | Resultado | O que fazer |
|------|-----------|-------------|
| I.   | 1-3       | Aceitar passivamente |
| II.  | 4-10      | Aceitar ativamente |
| III. | 11-36     | Mitigar |
| IV.  | 37-100    | Prevenir ou transferir |

( ) Atenuar o efeito, propondo ações capazes de diminuir a probabilidade de ocorrência ou o impacto.

( ) Eliminar a etapa, transferir a etapa de riscos para quem tenha competência para mitigá-los ou contratar seguro.

( ) Delinear respostas ao risco, com ações que podem demandar alocação de recursos financeiros.

( ) Monitorar e responder aos riscos sem a necessidade de recursos adicionais.

Agora, assinale a alternativa que apresenta a sequência correta:

a) II, I, III e IV.
b) IV, III, II e I.
c) IV, II, III e I.
d) II, I, IV e III.
e) III, IV, II e I.

3. A linha do tempo de um projeto é a demonstração dos compromissos assumidos com base nas atividades capazes de efetivar entregas, em determinado prazo. Assim, sobre a linha do tempo de um projeto, analise as assertivas que seguem e marque V para verdadeiro e F para falso.

I. Antes do planejamento da linha do tempo do projeto, é necessária a definição de cada uma das entregas e dos prazos para que estas se concretizem.

II. A possibilidade de estabelecer a previsão de duração do projeto, suas etapas e os prazos para cada entrega não favorece o resultado do projeto.

III. Construir a linha do tempo é determinar ou estimar quanto tempo vai durar o projeto.

IV. Construir a linha do tempo aumenta a possibilidade de acerto quanto à previsão da duração do projeto e também no estabelecimento de todas as etapas.

Agora, assinale a alternativa que apresenta a sequência correta:
a) V, F, V, F.
b) V, F, V, V.
c) F, V, V, F.
d) V, V, F, F.
e) F, V, F, F.

4. Uma das piores formas de se perceber a interação entre o planejamento e as operações é o desvio do plano em execução, sendo responsabilidade do gerente e das equipes decisórias do evento (gerências, supervisões, coordenações etc.) monitorar os desvios e intervir quando necessário. Considerando essas informações e os conteúdos abordados neste capítulo, relacione os princípios a seguir com as respectivas explicações.

1. Forma acompanha a função.
2. Especialização operacional.
3. Aumento de complexidade.
4. Eficiência da comunicação.
5. Resultados sinérgicos.

( ) Resultam da gestão integrada, articulada e alinhada das atividades pelos membros da equipe, obtendo-se melhor desempenho e eficiência.
( ) Aumenta tanto o planejamento quanto o tempo necessário para planejar.
( ) As pessoas devem comunicar suas atividades e decisões de forma rápida, eficiente, coordenada e permanente.
( ) Trata-se da compreensão de que as atividades devem ser agrupadas conforme a similaridade, facilitando a comunicação entre os gerentes e os processos de tomada de decisão.
( ) Refere-se ao fato de que a estrutura de um evento deve estar relacionada com o objetivo e a governança.

Agora, assinale a alternativa que apresenta a sequência correta:

a) 3, 2, 5, 1, 4.
b) 4, 2, 3, 1, 5.
c) 5, 3, 4, 2, 1.
d) 1, 4, 2, 3, 5.
e) 1, 5, 3, 2, 4.

5. A metodologia do *Project Model Canvas* valoriza a conexão, a integração, a articulação entre as partes, e o que se observa desde a consolidação da justificativa, de objetivo e dos benefícios até o desenvolvimento da linha do tempo e a definição dos custos é o alinhamento com a orientação estratégica da organização. O *Project Model Canvas* constitui-se de quatro etapas fundamentais: Conceber, Integrar, Resolver e Compartilhar.

De acordo com o conteúdo do livro, relacione corretamente as etapas às respectivas características.

1. Conceber
2. Integrar
3. Resolver
4. Compartilhar

( ) Etapa em que se costura um plano de projeto, propondo-se a amarração dos diversos componentes de todos os blocos.
( ) Etapa caracterizada pelo rastreamento e identificação de pontos em que o *canvas* travou em razão de obstáculos que atrapalham o planejamento e que precisam ser superados para resolver o projeto.
( ) Etapa de questionamento (Por quê? O quê? Quem? Como? Quando? Quanto?). As questões definem o projeto de maneira que qualquer um o entenda.
( ) Etapa de estágio para a execução ou o compartilhamento das informações com outros elementos que possam ser necessários.

Agora, assinale a alternativa que apresenta a sequência correta:

a) 2, 3, 1, 4.
b) 4, 3, 2, 1.
c) 4, 2, 3, 1.
d) 2, 1, 4, 3.
e) 4, 3, 1, 2.

## Atividades de aprendizagem

*Questões para reflexão*

1. Você já ouviu falar ou tem conhecimento de algum evento esportivo ou recreativo que foi realizado com recursos públicos e que, após a execução, teve sua prestação de contas questionada ou não aprovada? Faça uma pesquisa sobre o assunto (em livros, revistas, jornais ou *sites*) e selecione um exemplo. Em sua pesquisa, escreva um texto respondendo às seguintes questões: Que evento é esse? Quais são, resumidamente, suas principais características? Quem o promoveu? Qual foi a origem dos recursos? Qual foi o montante de recursos repassado por parte do ente público? Qual foi o motivo da contestação dos órgãos de controle sobre as contas prestadas? Houve algum desdobramento em razão da ocorrência? A sociedade foi impactada com isso?

2. Você já ouviu falar ou tem conhecimento de algum evento esportivo ou recreativo que foi realizado com recursos de patrocinadores da iniciativa privada? Faça uma pesquisa sobre o assunto (em livros, revistas, jornais ou *sites*) e selecione um exemplo. Em sua pesquisa, elabore um texto respondendo às seguintes questões: Que evento é esse? Quais são, resumidamente, as suas principais características? Quem o promoveu? Quem patrocinou? Por que o patrocinou? Você acha que há

alguma relação entre o consumo de determinados produtos e o fato de essa marca patrocinar esportes ou recreação? Ao pensar em patrocínio de eventos esportivos ou recreativos, você faz algum vínculo entre a marca comercial e esses eventos? De qual marca e atividade você se recorda? Por quê?

*Atividade aplicada: prática*

**Arraiá do (nome do clube) – 10 Anos de Festerê de São João**
Finalizando o *canvas*:

Bloco 5 – Riscos, linha do tempo e custos

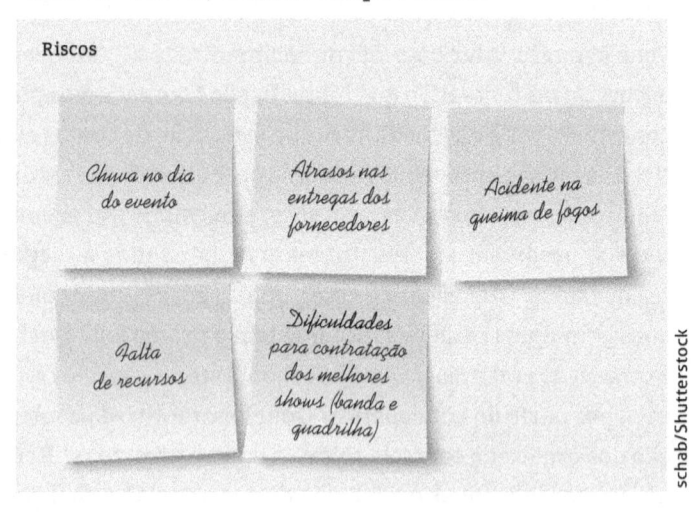

Riscos

- Chuva no dia do evento
- Atrasos nas entregas dos fornecedores
- Acidente na queima de fogos
- Falta de recursos
- Dificuldades para contratação dos melhores shows (banda e quadrilha)

schab/Shutterstock

## Linha do tempo

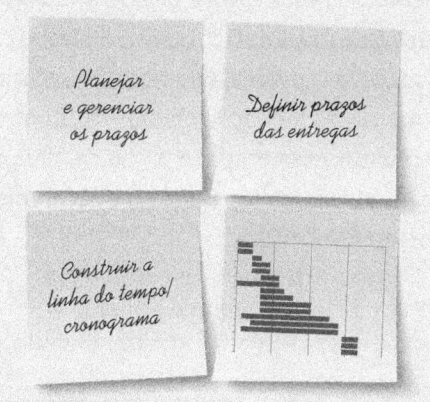

- Planejar e gerenciar os prazos
- Definir prazos das entregas
- Construir a linha do tempo/cronograma

## Custos

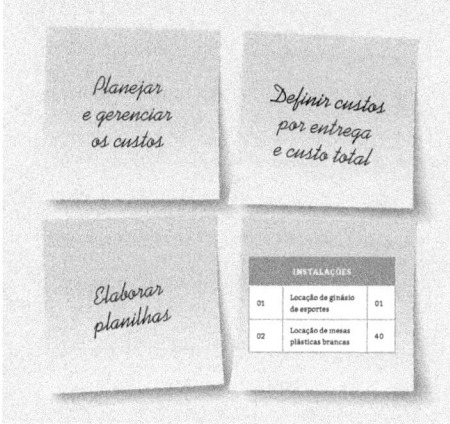

- Planejar e gerenciar os custos
- Definir custos por entrega e custo total
- Elaborar planilhas

| INSTALAÇÕES | | |
|---|---|---|
| 01 | Locação de ginásio de esportes | 01 |
| 02 | Locação de mesas plásticas brancas | 40 |

schab/Shutterstock

Agora é com você!

Finalizando o *canvas:* desenvolva o Bloco 5 do *canvas* do **Festival de Esportes das Escolas Particulares – Voleibol**, dando continuidade à atividade desenvolvida no capítulo anterior e seguindo o exemplo do Arraiá do (nome do clube) – 10 Anos de Festerê de São João. Ao concluir essa etapa, o plano de seu projeto estará terminado, devendo passar por revisões e refinamento antes da operação propriamente dita.

Bloco 5 – Riscos, linha do tempo e custos

## Capítulo 6

Organização de competições esportivas: algumas particularidades

**N**este capítulo, abordaremos alguns elementos e características presentes em competições esportivas. A definição quanto ao tipo e ao formato de uma competição esportiva deve estar alinhada com todos os demais conteúdos desenvolvidos nos capítulos anteriores, estando diretamente vinculada à justificativa e ao objetivo do projeto em questão.

Descreveremos os principais sistemas de disputa, fazendo uso, para todos os casos, das definições e do desenvolvimento propostos por Capinussú (1986) – eliminatória, rodízio, escalas e combinação. Apresentaremos algumas observações quanto ao monitoramento dos resultados dos jogos e à contextualização do uso dos sistemas de disputa em uma competição esportiva, propondo alguns passos antes da elaboração da programação de uma competição esportiva.

## 6.1 Sobre as competições esportivas e os sistemas de disputa

Uma competição esportiva se caracteriza pelo(s) confronto(s) entre atletas ou equipes e pode acontecer em diversos formatos: evento único (ex.: desafios, travessias etc.), diversos eventos (ex.: circuito de travessias, campeonatos estaduais etc.), por determinado esporte (ex.: Copa do Mundo de Futebol, Circuito Mundial de Voleibol, Campeonato Estadual de Handebol etc.) ou, ainda, reunir diversos esportes (ex.: jogos escolares, Jogos Olímpicos, competições poliesportivas etc.).

Pode também se realizar por meio de confrontos individuais (provas, disputas ou combates – ex.: atletismo, natação, esgrima, *skate*, xadrez), em que um competidor representa uma determinada equipe ou compete sozinho, ou por meio de disputadas coletivas (jogos ou partidas – ex.: basquetebol, futebol, futsal, handebol, rúgbi, voleibol), em que a equipe se faz representar por mais de um competidor.

Por vezes, os confrontos individuais podem acontecer por enfrentamento direto entre os adversários (ex.: lutas), mas podem também se realizar por tempo (ex.: corridas, natação, ciclismo), por altura ou distância (ex.: saltos) ou ainda pela combinação de resultados de diversas provas (ex.: decatlo, pentatlo), nas quais um atleta procura melhorar sua posição em relação aos demais, conquistando os melhores resultados e comparando-os entre si.

Uma competição esportiva pode também ser organizada por gênero (masculino, feminino, misto), por faixa etária (ex.: juvenil, adulto, máster), podendo ser classificatória ou final, e ser realizada no formato tradicional ou híbrido, conforme mencionamos no Capítulo 1. Uma competição pode acontecer em um único dia, concentrar-se em um período curto de tempo (semana, quinzena, mês) ou, ainda, desenvolver-se em uma temporada maior (ex.: semestre, ano).

A definição quanto ao tipo e ao formato do evento decorre, em parte, das justificativas e do objetivo da competição e das particularidades de cada esporte, considerando-se possível combinar dois ou vários desses elementos ao mesmo tempo. Capinussú (1986, p. 17) divide as competições esportivas em dois tipos: **torneio** e **campeonato**, sendo que o "torneio é uma competição de caráter eliminatório, desenvolvida num tempo relativamente curto", enquanto o campeonato é "uma competição na qual todos os concorrentes (ou participantes) se enfrentam no mínimo uma vez, durante um tempo mais longo".

Desses elementos e características das competições esportivas derivam outras denominações: *desafio, meeting, troféu, taça, copa, jogos* etc. Algumas delas se apoiam no conceito da competição propriamente dita, restringindo a participação a um grupo mais fechado ou a atletas/equipes selecionados(as)/qualificados(as) ou convidados(as), enquanto outras são nomes promocionais, utilizados como ferramenta de comunicação e *marketing* do evento, com o objetivo de despertar o interesse do público ou atender ao requisito de um cliente ou patrocinador.

Em todos os casos, para que seja possível selecionar os vencedores e estabelecer uma ordem de classificação nas competições esportivas, é necessário definir um **sistema de disputa**, que norteará todas as etapas da competição. A escolha do melhor sistema de disputa e sua utilização fazem parte do conjunto de requisitos necessários à organização de competições esportivas, conforme abordado no Capítulo 3.

Capinussú (1986, p. 17) afirma que as competições são disputadas por meio de uma série de processos. Entre os sistemas ou processos mais conhecidos estão as eliminatórias e os rodízios, que podem ser utilizados isoladamente ou de forma combinada, e também as escalas, conforme mostra o Quadro 6.1.

Quadro 6.1 Demonstrativo dos sistemas de disputa

| Eliminatória | Rodízio | Escalas | Combinações |
|---|---|---|---|
| 1. Simples | 1. Simples | 1. Escada, pirâmide e funil | Processo que combina os sistemas entre si |
| 2. Consolação | 2. Séries | | |
| 3. Dupla | 3. Lombardo | | |
| 4. Bagnall-Wild | | | |

O detalhamento dos sistemas de disputa na ordem mostrada no Quadro 6.1 será feito a seguir, por meio da exposição das características dos diferentes sistemas e da apresentação de exemplos.

Antes, contudo, é importante mencionar que, em todos os exemplos de composição das chaves, esquemas, tabelas, processos ou grupos, para todos os sistemas de disputa, conforme se costuma convencionar, utilizaremos números como indicadores dos atletas ou equipes participantes ou concorrentes. Para avançar no processo de construção da programação de uma competição, indo-se além dos sistemas de disputa, será sempre necessário que esses números sejam ocupados por atletas ou equipes.

Para que você possa visualizar a dinâmica de uso de uma tabela ou esquema de competição, faremos a substituição simbólica dos números por nomes de cidades ao apresentarmos os sistemas de eliminatória simples e Bagnall-Wild com sete participantes.

Na prática, para que essa substituição ocorra de forma mais adequada e coerente, existem várias possibilidades:

- O número pode corresponder à sequência da inscrição: o número 1 é ocupado pelo primeiro atleta ou equipe inscritos, e assim sucessivamente, até o último inscrito.
- O número pode ser definido conforme o *ranking* dos atletas ou equipes em determinado cenário.
- Pode ser realizado um sorteio randômico sem qualquer direcionamento ou podem ser selecionados os competidores que ocuparão posições predeterminadas (cabeças de chave ou de grupo), normalmente designadas por sua posição no *ranking* da competição ou em edições anteriores ou, ainda, para contemplar a cidade, o clube ou a escola que sedia o evento como ocupante de uma dessas posições, por exemplo. Os sorteios podem ser feitos por métodos tradicionais (utilizando-se papeletas, bolas de sorteio etc.) ou por meio de *softwares*.

## 6.2 Eliminatória

Os processos de eliminatória podem ser das seguintes categorias: simples, consolação, dupla ou Bagnall-Wild.

### 6.2.1 Simples

A seguir, apresentamos as características da eliminatória simples.

a. **O que é**: sistema de disputa utilizado em competições (ou fases de competições) que contam com grande número de participantes competindo em pouco tempo. Os competidores são automaticamente eliminados na primeira derrota, o que faz com que esse sistema tenha também um número menor de competições.

b. **Quando se utiliza**: quando há pouco tempo para a realização de uma competição (ou de sua fase) e um grande número de competidores com nível técnico diversificado ou, ainda, quando a disponibilidade de locais de competição é limitada.
c. **Ponto forte**: é um sistema ágil, rápido e dinâmico.
d. **Ponto fraco**: a equipe que perder um único jogo ou partida é eliminada. Nesse sistema, pode acontecer o confronto de duas equipes consideradas fortes ou importantes na competição já na primeira rodada, sendo que a derrotada será eliminada. A metodologia utilizada para garantir que os melhores confrontos aconteçam nas últimas rodadas consiste na predefinição da posição a ser ocupada pelas equipes consideradas mais fortes – ou da equipe que sedia a competição –, colocando-as em posição capaz de evitar o confronto direto na(s) primeira(s) rodada(s). Essa é uma decisão que deve ser prevista em regulamento ou acordada em reunião técnica entre os participantes, conforme o caso.
e. **Como se utiliza**: existem duas particularidades que devem ser observadas quanto ao seu uso, em razão do número de competidores:
   1. Quando o número de competidores é potência de 2, a exemplo dos casos apresentados na Tabela 6.1.

Tabela 6.1 Quando o número de competidores é potência de 2

| Expoentes da potência de 2 | Fórmula de cálculo da potência de 2 | Números que são potência de 2 |
|---|---|---|
| $2^1$ | 2 | 2 |
| $2^2$ | 2×2 | 4 |
| $2^3$ | 2×2×2 | 8 |
| $2^4$ | 2×2×2×2 | 16 |
| $2^5$ | 2×2×2×2×2 | 32 |
| $2^6$ | 2×2×2×2×2×2 | 64 |
| $2^7$ | 2×2×2×2×2×2×2 | 128 |

$2^8, 2^9, 2^{10} ... 2^n = 256, 512, 1024, ... n$

Fonte: Elaborado com base em Capinussú, 1986, p. 20.

2. Quando o número de competidores não é potência de 2 (qualquer número diferente das situações apresentadas antes).

### 6.2.1.1 Quando o número de participantes é potência de 2

No primeiro caso (Tabela 6.1), todos participam da primeira rodada, diferentemente do que acontece no caso em que o número de competidores não é potência de 2 (veja a subseção 6.2.1.2). Após a primeira rodada, os vencedores seguem adiante na competição, enquanto os perdedores são desclassificados, encerrando sua participação. Serão realizadas tantas rodadas quantas forem necessárias para que se possa chegar a um vencedor. Observe os exemplos mostrados nas Figura 6.1 a 6.4.

Figura 6.1 Exemplo 1: competição com dois participantes ($2^1$)

| Quadro resumo da competição | |
|---|---|
| Número de jogos | 1 |
| Número de rodadas | 1 |
| Número de dias da competição | 1 |

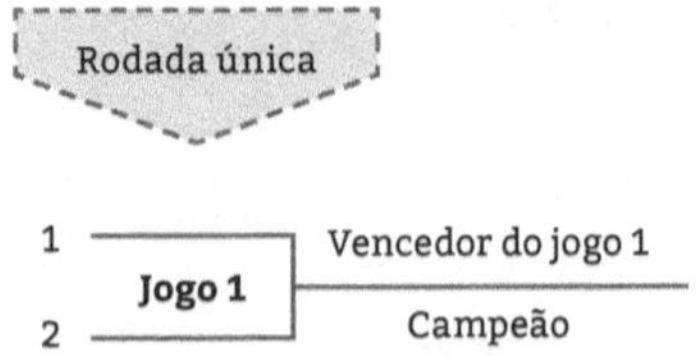

*Rodada única*

```
1 ─────┐      Vencedor do jogo 1
       │ Jogo 1 ──────────────
2 ─────┘      Campeão
```

Essa competição, com um único confronto, nada mais é do que um jogo ou uma partida que serve de exemplo para darmos início à apresentação do sistema de eliminatória simples.

Figura 6.2 Exemplo 2: competição com quatro participantes ($2^2$)

| Quadro resumo da competição | |
|---|---|
| Número de jogos | 3 |
| Número de rodadas | 2 |
| Número de dias da competição | 2 |

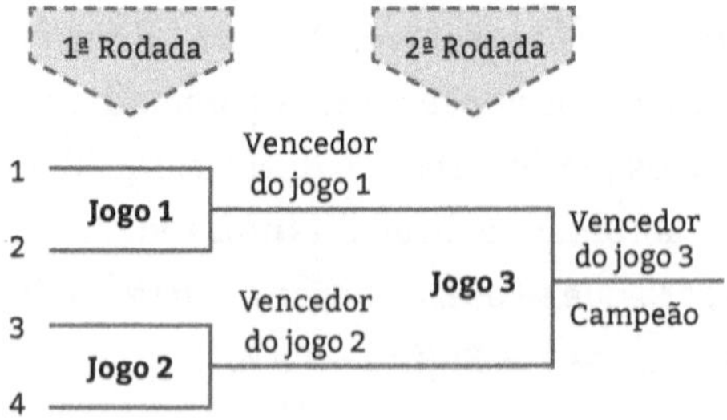

*1ª Rodada*   *2ª Rodada*

```
1 ─────┐
       │ Jogo 1 ── Vencedor do jogo 1 ──┐
2 ─────┘                                │ Jogo 3 ── Vencedor do jogo 3
                                        │           Campeão
3 ─────┐                                │
       │ Jogo 2 ── Vencedor do jogo 2 ──┘
4 ─────┘
```

Havendo a necessidade de disputa pelo terceiro lugar, deve ser realizado um jogo entre os perdedores dos jogos 1 e 2. O vencedor desse confronto será o terceiro lugar da competição.

Figura 6.3 Exemplo 3: competição com oito participantes ($2^3$)

| Quadro resumo da competição | |
|---|---|
| Número de jogos | 7 |
| Número de rodadas | 3 |
| Número de dias da competição | 3 |

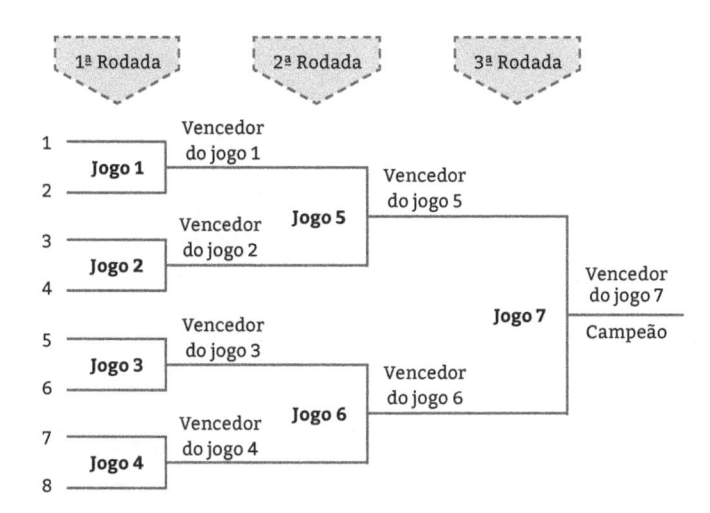

1ª Rodada • 2ª Rodada • 3ª Rodada

```
1 ─┐
   │ Jogo 1 ─ Vencedor do jogo 1 ─┐
2 ─┘                              │
                                  ├ Jogo 5 ─ Vencedor do jogo 5 ─┐
3 ─┐                              │                              │
   │ Jogo 2 ─ Vencedor do jogo 2 ─┘                              │
4 ─┘                                                             ├ Jogo 7 ─ Vencedor do jogo 7
                                                                 │          Campeão
5 ─┐                                                             │
   │ Jogo 3 ─ Vencedor do jogo 3 ─┐                              │
6 ─┘                              │                              │
                                  ├ Jogo 6 ─ Vencedor do jogo 6 ─┘
7 ─┐                              │
   │ Jogo 4 ─ Vencedor do jogo 4 ─┘
8 ─┘
```

O segundo lugar será o perdedor do jogo 7. Caso necessário, o terceiro lugar será o vencedor de um confronto realizado entre os perdedores dos jogos 5 e 6.

Figura 6.4 Exemplo 4: competição com 16 participantes ($2^4$)

| Quadro resumo da competição | |
|---|---|
| Número de jogos | 15 |
| Número de rodadas | 4 |
| Número de dias da competição | 4 |

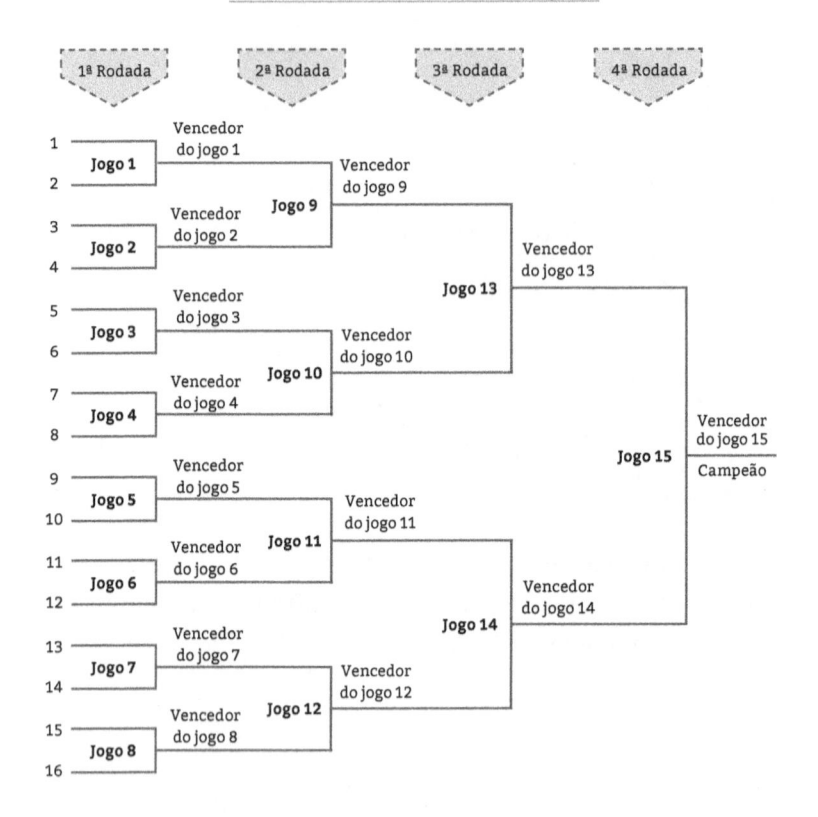

**1ª Rodada**    **2ª Rodada**    **3ª Rodada**    **4ª Rodada**

- 1, 2 — Jogo 1 → Vencedor do jogo 1
- 3, 4 — Jogo 2 → Vencedor do jogo 2
- Jogo 9 → Vencedor do jogo 9
- 5, 6 — Jogo 3 → Vencedor do jogo 3
- 7, 8 — Jogo 4 → Vencedor do jogo 4
- Jogo 10 → Vencedor do jogo 10
- Jogo 13 → Vencedor do jogo 13
- 9, 10 — Jogo 5 → Vencedor do jogo 5
- 11, 12 — Jogo 6 → Vencedor do jogo 6
- Jogo 11 → Vencedor do jogo 11
- 13, 14 — Jogo 7 → Vencedor do jogo 7
- 15, 16 — Jogo 8 → Vencedor do jogo 8
- Jogo 12 → Vencedor do jogo 12
- Jogo 14 → Vencedor do jogo 14
- Jogo 15 → Vencedor do jogo 15 / Campeão

O segundo lugar será o perdedor do jogo 15. Caso necessário, o terceiro lugar será o vencedor de um confronto realizado entre os perdedores dos jogos 13 e 14.

**Algumas recomendações:**

- Nos esquemas apresentados, no lugar de *jogo*, pode-se ler também *partida* ou *prova*, dependendo da modalidade esportiva em questão.
- Cada rodada deve ser realizada somente após a conclusão e o resultado de todos os jogos, partidas ou provas da rodada anterior.
- Todos os exemplos consideram a realização de somente uma rodada completa por dia.
- Pode ser realizado mais de um jogo, partida ou prova por dia, conforme a modalidade. No caso de algumas modalidades individuais, isso é aceitável; porém, em competições de modalidade coletiva, não é recomendável.
- A definição de qual equipe ou competidor ocupará cada um dos números do esquema depende do que está convencionado no regulamento da competição, que deve ser aprovado ou aceito pelos participantes na inscrição, podendo ser por ordem de cadastro, atleta ou equipe mais bem classificados na edição anterior do evento ou por sorteio a ser realizado em reunião técnica.

O Quadro 6.2 mostra como é feito o cálculo do número de jogos e do número de rodadas antecipadamente, sem que o esquema esteja desenhado.

Quadro 6.2 Fórmulas de cálculo do número de jogos e rodadas – eliminatória simples (número de participantes é potência de 2)

| | Legendas e fórmulas | Exemplo |
|---|---|---|
| **Número de jogos** | NJ = número de jogos<br>NC = número de concorrentes<br>NJ = NC-1 | 16 concorrentes<br>NJ = 16-1<br>NJ = 15 |
| **Número de rodadas** | NR = número de rodadas<br>NR = expoente da potência de 2 | $2^4$ = 4 rodadas<br>$2^8$ = 8 rodadas |

Fonte: Elaborado com base em Capinussú, 1986, p. 20-24.

### 6.2.1.2 Quando o número de participantes não é potência de 2

Quando o número de competidores não é potência de 2, não é possível a participação de todos os competidores na primeira rodada. Alguns ficarão de fora, aguardando a realização da primeira rodada. Aqueles que não participam serão tratados como isentos.

Para saber quantos serão os isentos, "diminui-se a potência de dois (2) imediatamente superior ao número de participantes desse número de participantes" (Capinussú, 1986, p. 20).

- Exemplo 1: competição com sete participantes

Potência de 2 imediatamente superior a 7 = 8
Número de isentos = 8 – 7 = 1

Nesse caso, vamos considerar duas situações: 1) a estruturação da chave com a indicação dos jogos e da posição dos vencedores em cada rodada; 2) a utilização de nomes de algumas cidades escolhidas aleatoriamente como eventuais competidoras. Essa substituição será feita para melhor demonstrar o processo, de modo que você possa visualizar como ficaria uma competição entre municípios.

Figura 6.5 Situação 1: somente estrutura

| Quadro resumo da competição | |
|---|---|
| Número de jogos | 6 |
| Número de rodadas | 3 |
| Número de dias da competição | 3 |

```
    1ª Rodada              2ª Rodada              3ª Rodada

1 ─────┐ Vencedor
       │ do jogo 1
       │ Jogo 1 ────────┐ Vencedor
2 ─────┘                │ do jogo 4
                        │ Jogo 4 ──────┐
3 ─────┐ Vencedor       │              │
       │ do jogo 2      │              │
       │ Jogo 2 ────────┘              │
4 ─────┘                               │ Vencedor
                                       │ do jogo 6
                                Jogo 6 ┤
5 ─────┐ Vencedor                      │ Campeão
       │ do jogo 3                     │
       │ Jogo 3 ────────┐ Vencedor     │
6 ─────┘                │ do jogo 5    │
                        │ Jogo 5 ──────┘
7 ──────────────────────┘
```

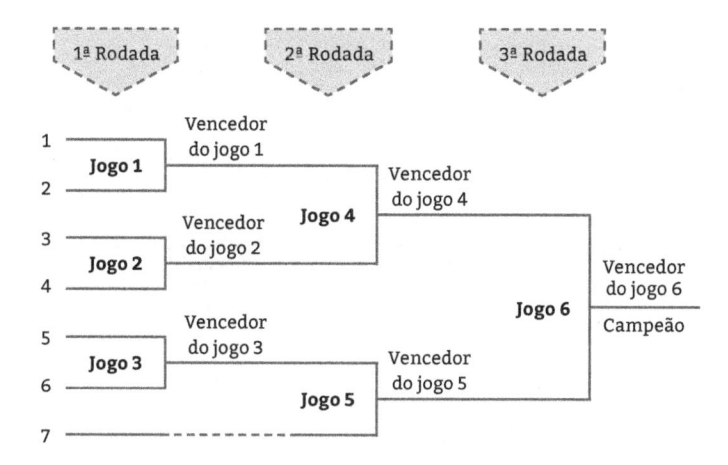

Figura 6.6 Situação 2: estrutura com nomes de cidades

| Quadro resumo da competição | |
|---|---|
| Número de jogos | 6 |
| Número de rodadas | 3 |
| Número de dias da competição | 3 |

```
    1ª Rodada              2ª Rodada              3ª Rodada

    Campinas
1 ─┐ Jogo 1  Campinas
   │ ────────────────┐
2 ─┘ Uberlândia      │ Campinas
                     │ Jogo 4 ──────┐
    Curitiba         │              │
3 ─┐ Jogo 2  Chapecó │              │
   │ ────────────────┘              │
4 ─┘ Chapecó                        │ Mossoró
                             Jogo 6 ┤
    Volta Redonda                   │ Campeão
5 ─┐ Jogo 3  Mossoró                │
   │ ────────────────┐              │
6 ─┘ Mossoró         │ Mossoró      │
                     │ Jogo 5 ──────┘
    Campo Grande
7 ──────────────────┘
```

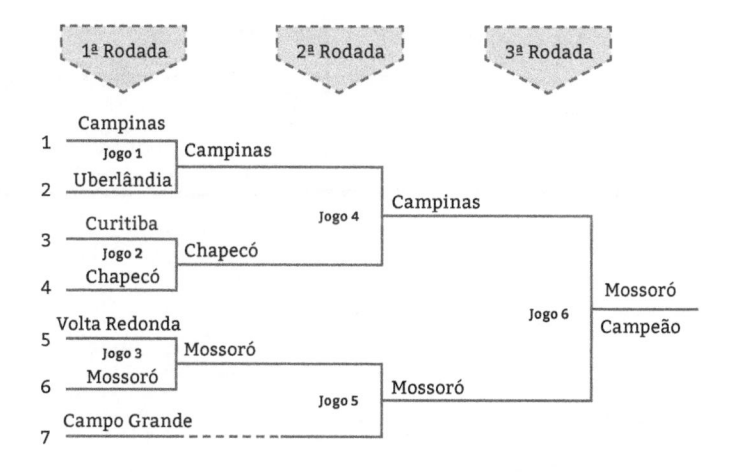

- Exemplo 2: competição com seis participantes

Potência de 2 imediatamente superior a 6 = 8
Número de isentos = 8 – 6 = 2

Figura 6.7 Exemplo 2: competição com seis participantes

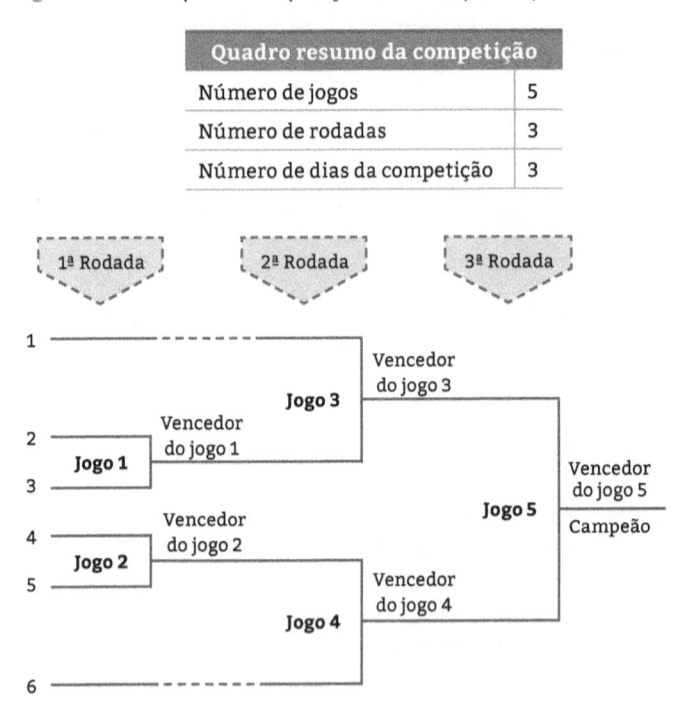

| Quadro resumo da competição | |
|---|---|
| Número de jogos | 5 |
| Número de rodadas | 3 |
| Número de dias da competição | 3 |

1ª Rodada  2ª Rodada  3ª Rodada

```
1 ─────────────┐
               │
  Jogo 1 ──Vencedor do jogo 1──┐
2 ─────┤                       │
               Jogo 3 ──Vencedor do jogo 3──┐
3 ─────────────┘                            │
                                            Jogo 5 ──Vencedor do jogo 5
4 ─────┐                                    │         Campeão
  Jogo 2 ──Vencedor do jogo 2──┐            │
5 ─────┘                       │
               Jogo 4 ──Vencedor do jogo 4──┘
6 ─────────────┘
```

- Exemplo 3: competição com cinco participantes

Potência de 2 imediatamente superior a 5 = 8
Número de isentos = 8 – 5 = 3

Figura 6.8 Exemplo 3: competição com cinco participantes

| Quadro resumo da competição | |
|---|---|
| Número de jogos | 4 |
| Número de rodadas | 3 |
| Número de dias da competição | 3 |

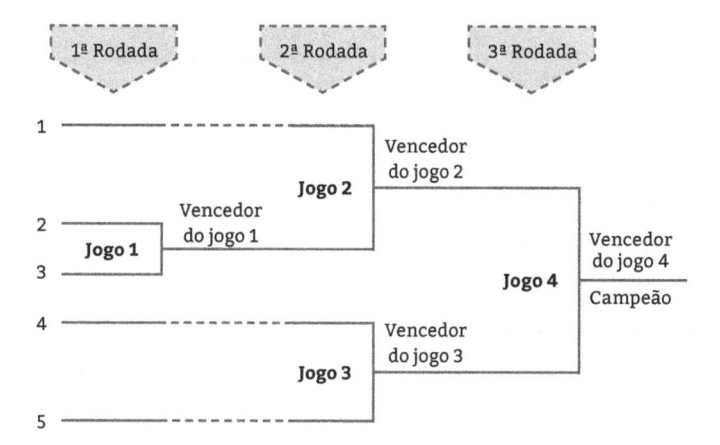

**Algumas recomendações:**

As características gerais são as mesmas dos casos em que o número de participantes é igual à potência de 2, excetuando-se o fato de que, na primeira rodada, alguns competidores aguardam para entrar somente na segunda rodada.

Para definir quem joga ou participa da primeira rodada e quem não participa, segundo Capinussú (1986), existem as seguintes possibilidades:

- Existindo apenas um isento, deve-se posicioná-lo no fim da chave.
- Sendo par o número de isentos, deve-se colocar igual quantidade de isentos em cada extremidade da chave.
- Sendo ímpar o número de isentos, deve-se colocar um isento a mais no fim da chave.

Nesses casos, também é possível calcular o número de jogos e o número de rodadas antecipadamente, como consta no Quadro 6.3.

Quadro 6.3 Fórmulas de cálculo do número de jogos e rodadas – eliminatória simples (número de participantes diferente de potência de 2)

| | Legendas e fórmulas | Exemplo |
|---|---|---|
| **Número de jogos** | NJ = número de jogos<br>NC = número de concorrentes<br>NJ = NC – 1 | 7 concorrentes<br>NJ = 7 – 1<br>NJ = 6 |
| **Número de rodadas** | NR = número de rodadas<br>NR = expoente da potência de 2 imediatamente acima do número de concorrentes | 7 concorrentes<br>Potência de 2 imediatamente acima de 7 = 8 = $2^3$<br>NR = 3 rodadas |

Fonte: Elaborado com base em Capinussú, 1986, p. 20-24.

## 6.2.2 Eliminatória consolação

A seguir, apresentamos as características da eliminatória consolação.

a. **O que é**: sistema de disputa eliminatório, mas que dá aos perdedores uma chance para que concorram pelo título de campeão do torneio de consolação ou pelo segundo lugar na competição.

b. **Quando se utiliza**: quando se pretende garantir que os perdedores da primeira rodada possam seguir adiante na competição, oferecendo-se nesse caso duas opções: disputando pelo segundo lugar na competição ou pelo título de campeão do torneio de consolação.

- **Como se utiliza**: na primeira opção (disputa pelo segundo lugar na competição), quando o número de participantes é potência de 2, abre-se uma nova chave com todos os perdedores imediatamente após a realização da primeira rodada, que competirão pelo sistema de eliminatória simples. A chave pode ser separada ou situar-se do lado oposto à chave dos vencedores, conforme ilustram os exemplos a seguir.

- Exemplo: competição com oito participantes

O sistema de competição continua sendo o de eliminatória simples, devendo-se extrair os perdedores da primeira rodada para uma competição de consolação entre os perdedores. Nesse caso, existem as duas opções mostradas nas Figuras 6.9 e 6.10.

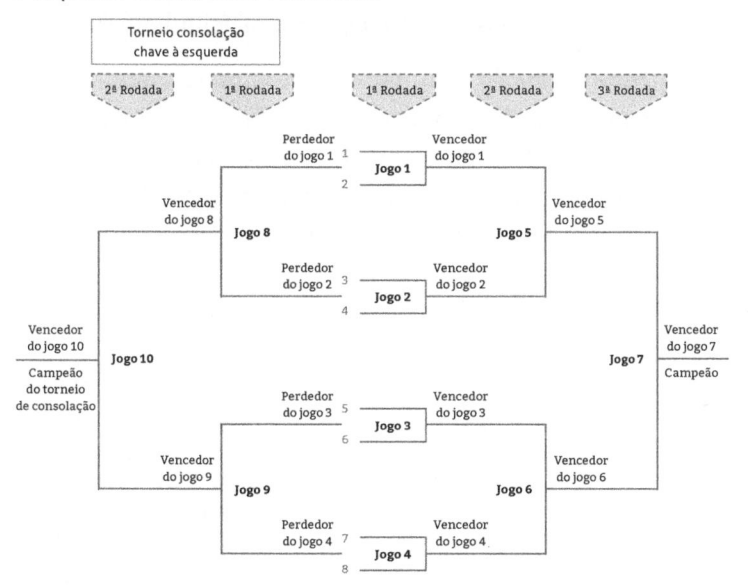

Figura 6.9 Opção 1: torneio de consolação com a chave dos derrotados à esquerda da chave dos vencedores

Figura 6.10 Opção 2: torneio de consolação com a chave dos derrotados separada da chave principal

| Quadro resumo da competição | |
|---|---|
| Número de jogos | 3 |
| Número de rodadas | 2 |
| Número de dias da competição | 2 |

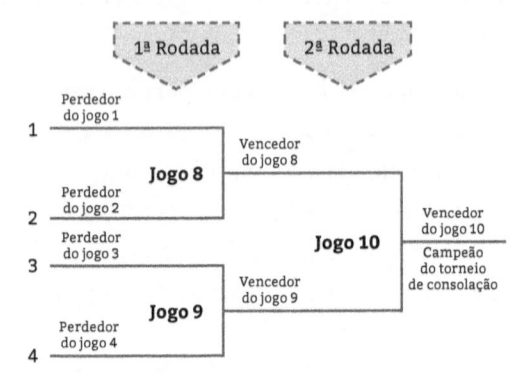

```
              1ª Rodada        2ª Rodada

      Perdedor
      do jogo 1
   1 ─────────────┐
                  │   Vencedor
                  │   do jogo 8
                  │ Jogo 8 ─────┐
      Perdedor    │             │
      do jogo 2   │             │
   2 ─────────────┘             │   Vencedor
                                │   do jogo 10
      Perdedor                  │ Jogo 10 ─────── Campeão
      do jogo 3                 │                 do torneio
   3 ─────────────┐             │                 de consolação
                  │   Vencedor  │
                  │   do jogo 9 │
                  │ Jogo 9 ─────┘
      Perdedor    │
      do jogo 4   │
   4 ─────────────┘
```

## 6.2.3 Eliminatória dupla

A seguir, apresentamos as características da eliminatória dupla.

    a. **O que é**: sistema eliminatório de competição que, diferentemente da eliminatória simples, dá a cada participante a possibilidade de ter até duas derrotas na competição, podendo, em caso de uma única derrota, ainda assim vir a sagrar-se campeão da competição.

b. **Quando se utiliza**: quando há o interesse de realizar uma competição rápida, de modo a garantir a possibilidade de recuperação de um competidor que tenha sido derrotado uma única vez, aumentando-se, assim, o número de confrontos e de oportunidades.
c. **Como se utiliza**: como na eliminatória consolação, porém permitindo-se aos competidores que perderam apenas uma vez que sigam adiante na busca pelo título de campeão.

Há uma aparente semelhança entre os sistemas de disputa eliminatória consolação e eliminatória dupla. Contudo, a eliminatória dupla possibilita que um concorrente, ao perder a primeira vez e tendo disputado o torneio dos perdedores (consolação), possa retornar à chave dos vencedores, em caso de vitória, para buscar o título de campeão. Nessa hipótese, somente será eliminada da competição a equipe ou atleta que venha a perder duas vezes. Por sua vez, no torneio de consolação, restará aos perdedores a continuidade na disputa tão somente pelo título do torneio de consolação.

Figura 6.11 Exemplo: competição com oito participantes pelo sistema de dupla eliminatória

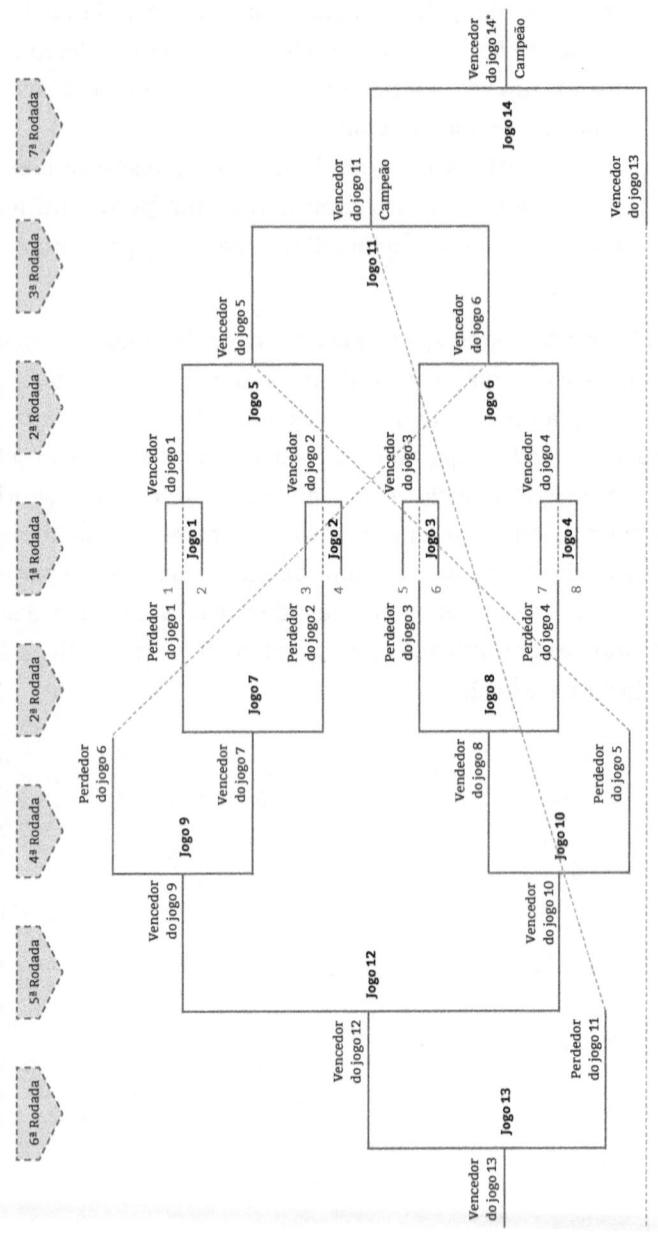

Quanto ao resultado final(*), existem duas possibilidades:

1. A equipe vencedora do jogo 11 vence o jogo 14 (sétima rodada), sendo a campeã da competição, pois a equipe vencedora do jogo 13 perde pela segunda vez, pois vem da chave de perdedores.
2. A equipe vencedora do jogo 13 vence o jogo 14 (sétima rodada): deve ser realizado um segundo jogo, pois a equipe adversária (vencedor do jogo 11) perdeu somente uma vez, e esse sistema estabelece uma dupla eliminação. Nesse caso, será necessário realizar um novo jogo (jogo 15/oitava rodada), sendo campeã a equipe vencedora desse segundo confronto.

Para calcular o número de jogos, devem ser utilizadas as fórmulas indicadas no Quadro 6.4.

Quadro 6.4 Fórmulas de cálculo do número de jogos – eliminatória dupla

|  | Legendas e fórmulas | Exemplo |
|---|---|---|
| Número de jogos | NJ = número de jogos<br>NC = número de concorrentes<br>NJ = 2 · (NC – 1) | 8 concorrentes<br>NJ = 2 · (8 – 1)<br>NJ = 14 |
| Se necessário + 1 jogo final | NJ = número de jogos<br>NC = número de concorrentes<br>NJ = 2 · (NC – 1) + 1 | 8 concorrentes<br>NJ = 2 · (8 – 1) + 1<br>NJ = 15 |

Fonte: Elaborado com base em Capinussú, 1986, p. 35.

### 6.2.4 Eliminatória Bagnall-Wild

A seguir, apresentamos características da eliminatória Bagnall-Wild.

a. **O que é**: sistema eliminatório que possibilita definir com precisão o segundo e o terceiro lugares.
b. **Quando se utiliza**: quando é imprescindível que haja precisão na classificação do segundo e do terceiro lugares.
c. **Como se utiliza**: realiza-se a competição pelo sistema de eliminatória simples, respeitando-se todos os pressupostos e critérios já apresentados. Ao determinar o campeão, realiza-se um torneio eliminatório com a participação das equipes que perderam do campeão, desde a primeira rodada. O vencedor desse torneio se consagrará vice-campeão. O terceiro lugar resultará de um torneio entre os que perderam do segundo lugar.

Na Figura 6.12, equipes fictícias ilustram um sistema de eliminatória simples em competição com sete equipes.

**Figura 6.12** Exemplo: competição com sete participantes pelo sistema de eliminatória simples

| Quadro resumo da competição | |
|---|---|
| Número de jogos | 6 |
| Número de rodadas | 3 |
| Número de dias da competição | 3 |

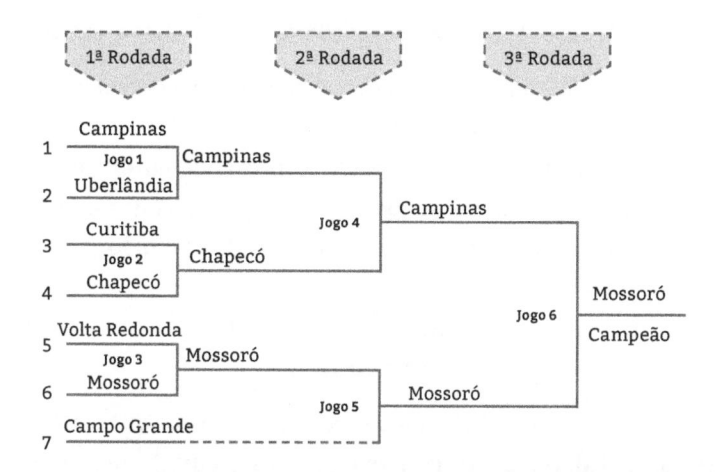

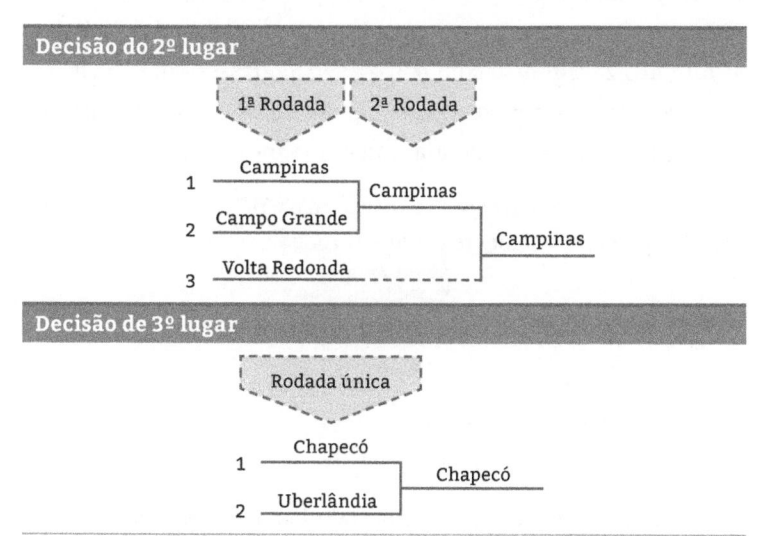

**1ª Rodada** — **2ª Rodada** — **3ª Rodada**

```
1  Campinas
   ───Jogo 1─── Campinas
2  Uberlândia
                          ───Jogo 4─── Campinas
3  Curitiba
   ───Jogo 2─── Chapecó
4  Chapecó
                                              ───Jogo 6─── Mossoró
                                                           Campeão
5  Volta Redonda
   ───Jogo 3─── Mossoró
6  Mossoró
                          ───Jogo 5─── Mossoró
7  Campo Grande
```

**Decisão do 2º lugar**

**1ª Rodada** — **2ª Rodada**

```
1  Campinas
   ─────────── Campinas
2  Campo Grande
                    ─────────── Campinas
3  Volta Redonda
```

**Decisão de 3º lugar**

**Rodada única**

```
1  Chapecó
   ─────────── Chapecó
2  Uberlândia
```

# 6.3 Rodízio

Os processos de rodízio podem enquadrar-se nas seguintes categorias: simples em série ou lombardo.

## 6.3.1 Rodízio simples

A seguir, apresentamos as características do rodízio simples.

a. **O que é**: "um processo em que todos os concorrentes jogam entre si uma vez" (Capinussú, 1986, p. 41).
b. **Quando se utiliza**: quando se pretende garantir maior competitividade, já que se pode considerar que o melhor competidor entre todos será o vencedor, quando realizado em grupo e turno únicos.
c. **Como se utiliza**: numera-se a quantidade de concorrentes, fazendo todos jogarem entre si.

Para elaborar uma tabela de rodízio no caso em que o número de competidores é par, constrói-se uma coluna, iniciando-se com o confronto 1 × 2. Em seguida, no sentido horário, abaixo do número 2, segue-se com o 3, o 4 e o 5, gira-se em direção ao 1 novamente, mantendo-se a sequência numérica 6, 7 e 8. Assim se constrói a primeira rodada, conforme mostra a Figura 6.13.

Figura 6.13 Exemplo: competição com oito participantes pelo sistema de rodízio simples – somente a primeira rodada

| 1ª Rodada |
|---|
| 1 × 2 |
| 8 × 3 |
| 7 × 4 |
| 6 × 5 |

Para desenvolver as demais rodadas, é necessário manter sempre o primeiro elemento da coluna da esquerda fixo (no caso, o número 1), enquanto os demais giram no sentido anti-horário, até que se completem todos os confrontos. Veja a lógica da composição do rodízio na Figura 6.14 e, na sequência, na Figura 6.15, o exemplo de montagem de uma competição com oito equipes em sistema de rodízio simples, em turno único, com todas as rodadas.

Figura 6.14 Exemplo: competição com oito participantes pelo sistema de rodízio simples – apresentação da lógica da composição do rodízio para a primeira e a segunda rodadas

| 1ª Rodada | 2ª Rodada |
|---|---|
| ①× 2 | 1 × 3 |
| 8 × 3 | 2 × 4 |
| 7 × 4 | 8 × 5 |
| 6 × 5 | 7 × 6 |

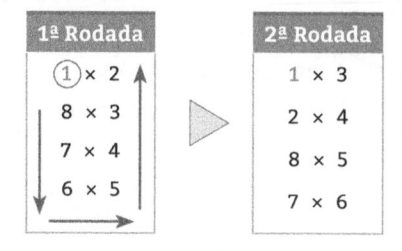

Figura 6.15 Exemplo: competição com oito equipes em sistema de rodízio simples – sete rodadas

| 1ª Rodada | 2ª Rodada | 3ª Rodada | 4ª Rodada |
|---|---|---|---|
| ①× 2 | 1 × 3 | 1 × 4 | 1 × 5 |
| 8 × 3 | 2 × 4 | 3 × 5 | 4 × 6 |
| 7 × 4 | 8 × 5 | 2 × 6 | 3 × 7 |
| 6 × 5 | 7 × 6 | 8 × 7 | 2 × 8 |

| 5ª Rodada | 6ª Rodada | 7ª Rodada |
|---|---|---|
| 1 × 6 | 1 × 7 | 1 × 8 |
| 5 × 7 | 6 × 8 | 7 × 2 |
| 4 × 8 | 5 × 2 | 6 × 3 |
| 3 × 2 | 4 × 3 | 5 × 4 |

Observe que, à exceção do número 1, os demais competidores ocuparam todas as posições na tabela, confrontando-se entre si, com a sétima rodada fechando o rodízio. Assim como no sistema de eliminatórias, é possível calcular o número de jogos e o número de rodadas antecipadamente. Para isso, devem ser utilizadas as fórmulas do Quadro 6.5.

Quadro 6.5 Fórmulas de cálculo do número de jogos e rodadas – rodízio simples (número par de competidores)

|  | Legendas e fórmulas | Exemplo |
|---|---|---|
| Número de jogos | NJ = número de jogos<br>NC = número de concorrentes<br>NJ = NC · (NC − 1)/2 | 8 concorrentes<br>NJ = 8 · (8 − 1)/2<br>NJ = 56/2 = 28 |
| Número de rodadas | NR = número de rodadas<br>NC = número de concorrentes<br>NR = NC − 1 | NR = 8 − 1 = 7 |

Fonte: Elaborado com base em Capinussú, 1986, p. 41-42.

Quando o número de competidores é ímpar, constrói-se uma coluna, deixando um dos concorrentes isentos na primeira rodada, conforme o exemplo da Figura 6.16. Essa será a primeira rodada.

Figura 6.16 Exemplo: competição com sete participantes pelo sistema de rodízio simples – somente a primeira rodada

| 1ª Rodada |
|---|
| 1 × 4 |
| 2 × 5 |
| 3 × 6 |
| 7 |

Definida a primeira rodada, o rodízio ocorrerá girando-se todos os competidores no sentido anti-horário. Nesse caso, nenhum elemento ficará fixo, mas em todas as rodadas haverá um isento (sem competir). Acompanhe a lógica da composição do rodízio ímpar na Figura 6.17 e, na sequência, na Figura 6.18, o exemplo da montagem de uma competição com sete equipes em sistema de rodízio simples, com todas as rodadas.

**Figura 6.17** Exemplo: competição com sete participantes pelo sistema de rodízio simples – apresentação da lógica da composição do rodízio para a primeira e a segunda rodadas

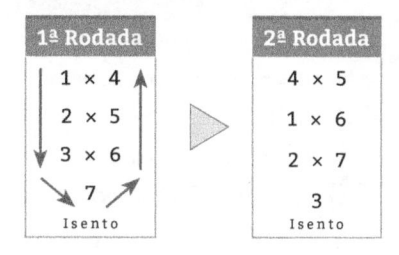

| 1ª Rodada |
|---|
| 1 × 4 |
| 2 × 5 |
| 3 × 6 |
| 7 |
| Isento |

| 2ª Rodada |
|---|
| 4 × 5 |
| 1 × 6 |
| 2 × 7 |
| 3 |
| Isento |

**Figura 6.18** Exemplo: competição com sete equipes em sistema de rodízio simples – sete rodadas

| 1ª Rodada | 2ª Rodada | 3ª Rodada | 4ª Rodada |
|---|---|---|---|
| 1 × 4 | 4 × 5 | 5 × 6 | 6 × 7 |
| 2 × 5 | 1 × 6 | 4 × 7 | 5 × 3 |
| 3 × 6 | 2 × 7 | 1 × 3 | 4 × 2 |
| 7 | 3 | 2 | 1 |
| Isento | Isento | Isento | Isento |

| 5ª Rodada | 6ª Rodada | 7ª Rodada |
|---|---|---|
| 7 × 3 | 3 × 2 | 2 × 1 |
| 6 × 2 | 7 × 1 | 3 × 4 |
| 5 × 1 | 6 × 4 | 7 × 5 |
| 4 | 5 | 6 |
| Isento | Isento | Isento |

Concluída a montagem de todas as rodadas, é importante certificar-se de que todos estão jogando contra todos, pois, caso a tabela tenha sido construída com algum equívoco ou erro, uma vez iniciada a competição, será praticamente impossível voltar atrás.

Nesse caso também é possível calcular o número de jogos e o número de rodadas antecipadamente. Para isso, devem ser utilizadas as fórmulas do Quadro 6.6.

Quadro 6.6 Fórmulas de cálculo do número de jogos e rodadas – rodízio simples (número ímpar de competidores)

| | Legendas e fórmulas | Exemplo |
|---|---|---|
| **Número de jogos** | NJ = número de jogos<br>NC = número de concorrentes<br>NJ = NC · (NC − 1)/2 | 7 concorrentes<br>NJ = 7 · (7 − 1)/2<br>NJ = 42/2 = 21 |
| **Número de rodadas** | NR = número de rodadas<br>NC = número de concorrentes<br>NR = NC | NR = NC = 7 |

Fonte: Elaborado com base em Capinussú, 1986, p. 41-42.

Nas disputas por rodízio, é necessário monitorar os resultados, pois, ao fim da competição, é preciso classificar os competidores, seja para obter o campeão geral da competição e os lugares subsequentes, seja para classificar os participantes em uma das fases, definindo-se aqueles que têm direito de avançar para a fase seguinte. Deve-se utilizar um resumo técnico, conforme o exemplo do Quadro 6.7, em uma competição com quatro equipes, lutando-se pelo título em grupo único (no exemplo, atribuímos nomes de cores às equipes).

Quadro 6.7 Grupamento de equipes (grupo único)

| Grupo único |
|---|
| 1 – Azul |
| 2 – Verde |
| 3 – Ciano |
| 4 – Lilás |

Quadro 6.8 Resumo técnico sem preenchimento

| | Azul | Verde | Ciano | Lilás | PTOS | GP | GC | SG | CLAS |
|---|---|---|---|---|---|---|---|---|---|
| Azul | X | | | | | | | | |
| Verde | | X | | | | | | | |
| Ciano | | | X | | | | | | |
| Lilás | | | | X | | | | | |

Do resumo técnico apresentado é possível extrair as seguintes informações:

- todos os confrontos entre as equipes desse grupo;
- o total de pontos (PTOS) conquistados pela equipe ao fim de todos os jogos do grupo;
- gols pró (GP), por equipe;
- gols contra (GC), por equipe;
- saldo de gols (SG), por equipe;
- classificação (CLAS), no grupo ou no final, por equipe.

Nas competições em que o grupo é único, como é o caso desse exemplo, essa classificação já é a classificação final na competição. Caso haja mais grupos, o resultado final classifica para a próxima fase, conforme dispõe o regulamento da competição.

Ainda no mesmo exemplo, vamos imaginar que, no confronto entre as equipes Verde e Ciano (Verde × Ciano), a equipe Verde tenha vencido por 2 a 0. Existem, para o mesmo jogo, dois formatos de leitura do resultado, que devem ser transferidos para o resumo técnico, como mostra o Quadro 6.9.

Quadro 6.9 Resultados de um jogo (possibilidades de apresentação)

| Formato 1 | Verde | 02 | × | 00 | Ciano |
|---|---|---|---|---|---|
| Formato 2 | Ciano | 00 | × | 02 | Verde |

Essas possibilidades devem ser colocadas no resumo técnico.

Quadro 6.10  Resumo técnico preenchido com resultados de um jogo

Resumo técnico (exemplo)

|       | Azul | Verde | Ciano | Lilás | PTOS | GP | GC | SG | CLAS |
|-------|------|-------|-------|-------|------|----|----|----|------|
| Azul  | X    |       |       |       |      |    |    |    |      |
| Verde |      | X     | 02×00 |       |      |    |    |    |      |
| Ciano |      | 00×02 | X     |       |      |    |    |    |      |
| Lilás |      |       |       | X     |      |    |    |    |      |

As colunas PTOS, GP, GC, SG e CLAS somente devem ser preenchidas ao fim de todos os confrontos. À medida que a competição se desenvolve e as rodadas vão se concluindo, todos os resultados devem ser transferidos para o resumo técnico.

Os sistemas de disputa e de pontuação – por modalidade, partida ou prova – devem constar no regulamento da competição. Vamos supor que, no exemplo, o regulamento define que, para a modalidade em questão, os critérios de pontuação são os apresentados a seguir:

PTOS
Vencedor = 2 pontos
Empate = 1 ponto
Derrota = 0 pontos

No exemplo, seriam atribuídos 2 PTOS para a equipe Verde e 0 PTOS para a equipe Ciano. Observe como ficaria o preenchimento do resumo técnico, considerando-se apenas esse único confronto.

Quadro 6.11 Resumo técnico preenchido com resultados de um jogo e pontuação

Resumo técnico (exemplo)

|  | Azul | Verde | Ciano | Lilás | PTOS | GP | GC | SG | CLAS |
|---|---|---|---|---|---|---|---|---|---|
| Azul | X | | | | | | | | |
| Verde | | X | 02×00 | | 2 | | | | |
| Ciano | | 00×02 | X | | 0 | | | | |
| Lilás | | | | X | | | | | |

As células em que serão anotados os resultados das equipes servem para acompanhamento da evolução destas no decorrer da competição. As células correspondentes às colunas PTOS, GP, GC, SG e CLAS servem para obter a classificação no grupo (ou final, conforme o caso), sendo possível extrair dessas células informações como a equipe que fez mais gols, a equipe que tomou menos gols, gols pró, gols contra e saldo de gols.

Esses dados poderão ser utilizados como critério de desempate, caso a somatória de PTOS ou qualquer critério subsequente (gols pró, gols contra e saldo de gols) aponte para o empate entre as equipes, até que todos os critérios de desempate sejam adotados e seja possível obter a classificação. Há algumas ressalvas a serem observadas:

- O preenchimento das colunas PTOS, GP, GC, SG e CLAS somente deve ser feito após a realização de todas as partidas ou provas do grupo.
- A nomenclatura a ser utilizada depende do esporte em disputa (ex.: futebol/gols; basquetebol/cestas; voleibol/pontos etc.).
- Todas essas informações devem constar no regulamento técnico da competição.

## 6.3.2 Rodízio em séries

A seguir, apresentamos as características do rodízio em séries.

a. **O que é**: sistema de disputa estruturado com base na técnica de rodízio simples.
b. **Quando se utiliza**: comumente utilizado em grandes competições de esportes coletivos, com um grande número de participantes e nível técnico equilibrado. As competições são realizadas em mais de uma fase (classificatória e final).
c. **Como se utiliza**: as equipes ou competidores são distribuídos em mais de um grupo, que disputam pelo sistema de rodízio uma etapa classificatória. Classificam-se o primeiro e o segundo lugares de cada grupo para a fase final. Haverá, assim, quatro competidores que deverão confrontar-se sem que tenham jogado na etapa classificatória. Deverá ser realizado um cruzamento entre os primeiros e os segundos colocados, para então definir, entre os perdedores, o terceiro e o quarto lugares e, entre os vencedores, o primeiro e o segundo lugares da competição.

- Exemplo: competição com 13 equipes.

Nesse caso, são duas fases: classificatória e final. Na fase classificatória, os grupos devem ser divididos em dois (A com seis equipes e B com sete equipes), que disputarão pelo sistema de rodízio.

- **Fase classificatória**

Figura 6.19 Grupo A: seis equipes – rodízio simples

| 1ª Rodada | 2ª Rodada | 3ª Rodada | 4ª Rodada | 5ª Rodada |
|---|---|---|---|---|
| 1 × 2 | 1 × 3 | 1 × 4 | 1 × 5 | 1 × 6 |
| 6 × 3 | 2 × 4 | 3 × 5 | 4 × 6 | 5 × 2 |
| 5 × 4 | 6 × 5 | 2 × 6 | 3 × 2 | 4 × 3 |

Figura 6.20– Grupo B: sete equipes – rodízio simples

| 1ª Rodada | 2ª Rodada | 3ª Rodada | 4ª Rodada |
|---|---|---|---|
| 1 × 4 | 4 × 5 | 5 × 6 | 6 × 7 |
| 2 × 5 | 1 × 6 | 4 × 7 | 5 × 3 |
| 3 × 6 | 2 × 7 | 1 × 3 | 4 × 2 |
| 7 Isento | 3 Isento | 2 Isento | 1 Isento |

| 5ª Rodada | 6ª Rodada | 7ª Rodada |
|---|---|---|
| 7 × 3 | 3 × 2 | 2 × 1 |
| 6 × 2 | 7 × 1 | 3 × 4 |
| 5 × 1 | 6 × 4 | 7 × 5 |
| 4 Isento | 5 Isento | 6 Isento |

Quadro 6.12 Quadro resumo da competição – fase classificatória

|  | GRUPO A | GRUPO B | TOTAL (GRUPOS A/B) |
|---|---|---|---|
| Número de jogos (NJ) | 15 | 21 | 36 |
| Número de jogos por dia | 3 | 3 | 3/3 |
| Número de rodadas | 5 | 7 | 5/7 |
| Número de dias | 5 | 7 | 5/7 |

Para a fase final, o primeiro e o segundo colocados de cada grupo disputam o cruzamento entre as equipes.

### Fase final

Quadro 6.13 Fase final – 1.ª Rodada

| jogo 1 | 1º colocado do Grupo A | × | 2º colocado do Grupo B |
|---|---|---|---|
| jogo 2 | 1º colocado do Grupo B | × | 2º colocado do Grupo A |

Para a realização da rodada final, é necessário aguardar o resultado dos dois jogos dessa primeira rodada da fase final, para então definir os perdedores (que disputarão o terceiro e o quarto lugares) e os vencedores (que disputarão o primeiro e o segundo lugares) da competição.

Quadro 6.14  2.ª Rodada (rodada final)

| Decisão de 3º e 4º lugares | Perd. jogo 1 | × | Perd. jogo 2 |
| --- | --- | --- | --- |
| Decisão de 1º e 2º lugares | Venc. jogo 1 | × | Venc. jogo 2 |

## 6.3.3 Rodízio lombardo

A seguir, apresentamos as características do rodízio lombardo.

a. **O que é**: "um processo tipo relâmpago, realizado através do rodízio simples, com duração de poucas horas". (Capinussú, 1986, p.48).

b. **Quando se utiliza**: quando há pouquíssimo tempo para a realização da competição.

c. **Como se utiliza**: divide-se o tempo normal da modalidade em questão pelo número de jogos de cada concorrente, obtendo-se o tempo de duração de cada jogo da competição.

Vamos considerar, por exemplo, o caso de uma competição de com sete participantes, em uma modalidade na qual o tempo normal de jogo é de 60 minutos.

Pelo sistema de rodízio simples, são seis jogos por equipe. Para calcular o tempo de duração de cada jogo no rodízio lombardo, utiliza-se a fórmula do Quadro 6.15.

Quadro 6.15  Fórmula de cálculo do tempo de duração de cada jogo – rodízio lombardo

| Legendas e fórmulas | Exemplo |
| --- | --- |
| TJ = tempo de jogo<br>NJE = número de jogos por equipe<br>TJRL = Tempo de jogo no rodízio lombardo<br>TJRL = TJ/NJE | TJ = 60<br>NJE = 6<br>TJRL = 60/6 = 10 |

Fonte: Elaborado com base em Capinussú, 1986, p.48.

De acordo com o exemplo, os jogos teriam duração de dez minutos. Para saber o tempo de duração da competição (TDC), basta multiplicar o tempo de jogo no rodízio lombardo (TJRL) pelo número de jogos (NJ).

Cálculo de NJ em competição pelo sistema de rodízio com sete concorrentes:
NJ = 7 · (7 − 1)/2
NJ = 42/2
NJ = 21

Tempo de duração da competição (TDC):
TDC = TJRL · NJ
TDC = 10 · 21
TDC = 210 minutos ou 3 horas e 30 minutos de competição

Observe que o TDC se refere exclusivamente ao tempo de duração dos jogos, sem contar o tempo necessário à entrada e à saída das equipes, no intervalo de cada jogo.

## 6.4 Escalas

O processo em escalas divide-se em três tipos: escada, pirâmide e funil.

### 6.4.1 Escada, pirâmide e funil

A seguir, apresentamos as características do processo em escalas.

a. **O que é**: sistema de disputa que permite o progresso dos participantes mediante a realização de desafios.
b. **Quando se utiliza**: especialmente em modalidades individuais e particularmente em lutas, permitindo a conquista de posições a partir do desafio entre os competidores.
c. **Como se utiliza**: é dividido em escada, pirâmide e funil.

O processo em escalas permite o progresso do participante de baixo para cima, quando determinado competidor desafia o primeiro ou o segundo participante posicionado imediatamente acima dele.

Caso o desafiante vença o confronto, ele passa a ocupar a posição do desafiado e vice-versa. Havendo coincidência de data de desafios, a prioridade é concedida ao competidor que tem o menor número de desafios acima (ou seja, o que estiver em melhor posição na escala).

Para a definição quanto à posição inicial a ocupar na escala, pode-se utilizar a ordem de inscrição, sorteio ou a posição no *ranking* da modalidade (ex.: dois lutadores que se desafiam em busca do topo do *ranking*).

Figura 6.21 Processos de competição em escalas (escada, pirâmide e funil)

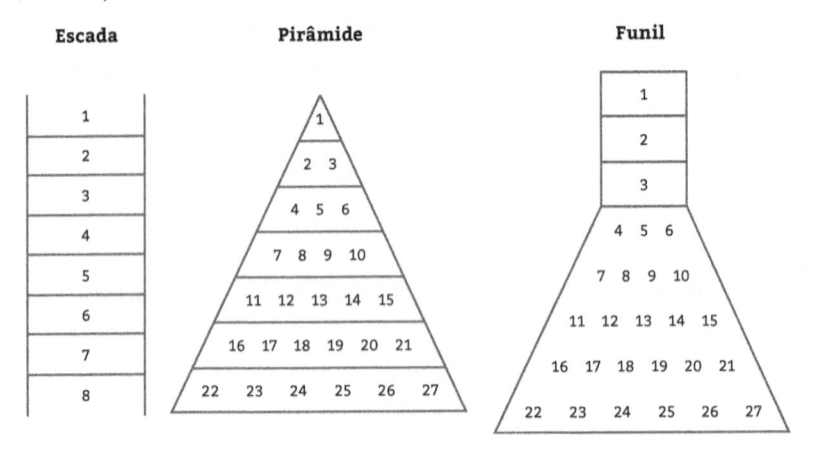

| Escada | Pirâmide | Funil |
|---|---|---|
| 1 | 1 | 1 |
| 2 | 2 3 | 2 |
| 3 | 4 5 6 | 3 |
| 4 | 7 8 9 10 | 4 5 6 |
| 5 | 11 12 13 14 15 | 7 8 9 10 |
| 6 | 16 17 18 19 20 21 | 11 12 13 14 15 |
| 7 | 22 23 24 25 26 27 | 16 17 18 19 20 21 |
| 8 | | 22 23 24 25 26 27 |

Fonte: Elaborado com base em Capinussú, 1986, p. 59-63.

# 6.5 Combinações

A seguir, apresentamos as características dos processos de combinações.

a. **O que é**: como o próprio nome indica, os processos de combinações utilizam a combinação de diferentes sistemas de disputa, que se desenvolvem em duas etapas, sendo a primeira classificatória e a última decisiva. Vejamos algumas possibilidades:
   - Eliminatória simples e rodízio duplo.
   - Rodízio em série e eliminatória simples.
   
   Há a possibilidade de alternativas que vão além dos exemplos apresentados quanto às combinações, pois se trata de combinar sistemas entre si, de modo a construir um modelo que seja o mais adequado para cada caso, permitindo a adequação às necessidades e características de cada competição.

b. **Quando se utiliza**: quando se necessita fazer uma pré-seleção entre um grande número de competidores, para refinar e qualificar a competição numa segunda etapa ou fase. A combinação possibilita o exercício da criatividade na busca pela melhor solução para uma competição.

c. **Como se utiliza**: na primeira etapa ou fase (classificatória), é feita uma seleção entre os competidores inscritos, avançando-se para a segunda etapa (final) com as melhores equipes classificadas na etapa anterior.

- Exemplo: competição com 32 participantes disputando a etapa classificatória pelo sistema de eliminatória simples e a etapa final por rodízio duplo

1. **Desenho da competição na etapa classificatória**
   Sistema proposto para a etapa classificatória: distribuição dos 32 competidores em quatro chaves com oito competidores cada, que disputarão pelo sistema de eliminatória simples em três rodadas até que se obtenha o primeiro colocado, classificando-se para a etapa final somente o primeiro colocado de cada chave (quatro equipes).

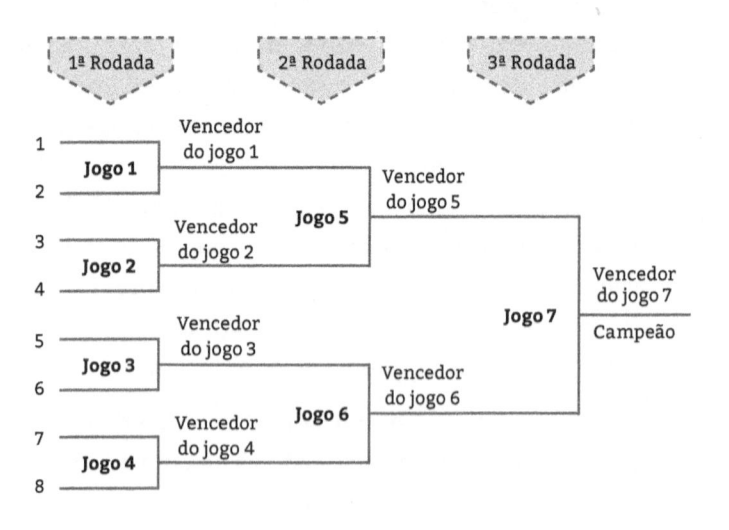

Figura 6.22 Exemplo: desenho da competição na etapa classificatória – uma chave com oito competidores disputando em sistema de eliminatória simples

| Quadro resumo da competição | |
| --- | --- |
| Número de jogos | 7 |
| Número de rodadas | 3 |
| Número de dias da competição | 3 |

1ª Rodada · 2ª Rodada · 3ª Rodada

```
1 ─┐
   │ Jogo 1 ── Vencedor do jogo 1 ─┐
2 ─┘                                │
                                    Jogo 5 ── Vencedor do jogo 5 ─┐
3 ─┐                                │                              │
   │ Jogo 2 ── Vencedor do jogo 2 ─┘                              │
4 ─┘                                                               │
                                                                   Jogo 7 ── Vencedor do jogo 7
5 ─┐                                                               │         Campeão
   │ Jogo 3 ── Vencedor do jogo 3 ─┐                              │
6 ─┘                                │                              │
                                    Jogo 6 ── Vencedor do jogo 6 ─┘
7 ─┐                                │
   │ Jogo 4 ── Vencedor do jogo 4 ─┘
8 ─┘
```

2. Desenho da competição na etapa final
Sistema proposto para a etapa final com os quatro concorrentes classificados: rodízio em dois turnos. Será campeã a equipe que totalizar o maior número de pontos, somando-se a pontuação dos dois turnos.

Figura 6.23 Exemplo: desenho da competição na etapa final – quatro concorrentes disputando pelo sistema de rodízio em dois turnos

- Turno

| 1ª Rodada | 2ª Rodada | 3ª Rodada |
|---|---|---|
| 1 × 2 | 1 × 3 | 1 × 4 |
| 4 × 3 | 2 × 4 | 3 × 2 |

- Returno

| 1ª Rodada | 2ª Rodada | 3ª Rodada |
|---|---|---|
| 2 × 1 | 3 × 1 | 4 × 1 |
| 3 × 4 | 4 × 2 | 2 × 3 |

No caso dos rodízios, o monitoramento dos resultados ocorre com a utilização do resumo técnico. Nos sistemas eliminatórios, o acompanhamento pode ser feito diretamente pelas chaves. Os resultados oficiais dos jogos, partidas ou provas são extraídos das súmulas de jogo ou de outro documento oficial (ex.: papeletas de anotação), conforme o esporte. Nas modalidades coletivas, por exemplo, as súmulas devem ser preenchidas com o nome das equipes, dos atletas, dos técnicos e demais membros autorizados a participar daquela partida. No decorrer do jogo ou partida, o preenchimento fica sob responsabilidade de um dos membros da equipe de arbitragem (mesário/apontador).

A súmula deve retratar de forma fiel o desenvolvimento de todo o jogo ou partida. Quaisquer ocorrências extemporâneas, como agressões, invasão de quadra, interrupção do jogo por motivo não previsto ou outra situação adversa, devem ser registradas com o preenchimento de relatório da arbitragem, a ser entregue com a súmula da partida para observância por parte da secretaria geral da competição quanto ao encaminhamento a ser dado pela coordenação da modalidade, pela coordenação técnica ou pelo órgão da justiça desportiva, conforme o caso. Isso porque as deliberações decorrentes desses acontecimentos podem mudar o andamento da competição, de acordo com a deliberação das instâncias decisórias sobre cada ocorrência (ex.: o envolvimento de uma equipe com boa posição no grupo em qualquer ocorrência que mereça o julgamento dos órgãos da justiça desportiva, sendo desclassificada, resultará em mudança da posição dos demais competidores).

É possível gerenciar a programação e os resultados de competições esportivas com o uso de sistemas de gestão destinados a esse fim, sendo necessário o cadastramento dos dados da competição, com a indicação da(s) modalidade(s), dos sistema(s) de disputa, da quantidade de participantes, dos nomes de equipes e atletas etc., para que, durante a competição, os resultados dos jogos ou provas possam ser cadastrados diariamente, resultando na emissão de relatórios de programação, resultados e classificação, controle de cartões, quadro de punições, entre outras informações importantes para o gerenciamento de uma competição.

O uso dos sistemas de disputa em competições esportivas integra um conjunto de outros requisitos comuns ao planejamento de eventos esportivos e recreativos, aplicados especificamente em eventos esportivos com as características de competição.

É importante ressaltar que todos os conteúdos relativos ao gerenciamento de projetos apresentados nos capítulos anteriores devem ser observados também na organização de competições esportivas, sendo os sistemas de disputa mais um de seus requisitos.

Quadro 6.16 Sequência de grupos de procedimentos para utilização dos sistemas de disputa na elaboração da programação de uma competição esportiva

| Passo | Tarefa |
|---|---|
| 1 | Definir as modalidades que serão disputadas, a quantidade máxima de participantes por modalidade e o sistema de disputa a ser utilizado. |
| 2 | Definir a quantidade de instalações necessárias e disponíveis, por esporte. |
| 3 | Preparar as tabelas ou agrupamentos dos jogos por modalidade, respeitando-se o sistema de disputa previsto em regulamento. |
| 4 | Após a confirmação de participação, realizar os sorteios para a composição dos grupos e das tabelas. |
| 5 | Construir o mapa geral da competição, distribuindo-se todos os jogos por modalidade e por dia. |
| 6 | Distribuir os jogos por local de competição e por dia, de acordo com o mapa geral da competição. |
| 7 | Definir o mapa de jogos. |
| 8 | Distribuir os jogos por modalidade e rodada nos locais de competição disponíveis. |
| 9 | Preparar o rascunho da programação, com nomes, locais e horário dos jogos. |
| 10 | Promover os ajustes finais, revisar e publicar os boletins oficiais. |

O Quadro 6.16 apresenta uma sequência de passos, que incluem a escolha dos sistemas de disputa apresentados no capítulo, até que se possa chegar à elaboração da programação de uma competição esportiva.

## ııı Síntese

Neste capítulo, tratamos dos sistemas de disputa em competições esportivas, que são requisitos necessários à organização de jogos, partidas ou provas, atividades específicas desse tipo de evento. Mostramos que a escolha sobre o melhor formato de uma competição esportiva está diretamente vinculada à definição da justificativa, do objetivo e dos benefícios previstos no projeto, bem como à orientação estratégica da organização que está promovendo o evento.

Destacamos que os sistemas de disputa estão atrelados ao planejamento das competições e permitem a elaboração da programação destas, sendo decisivos a escolha do sistema mais adequado para cada evento e o monitoramento permanente dos confrontos esportivos e de seus resultados.

### Atividades de autoavaliação

1. As características de uma competição esportiva decorrem,, em parte, das justificativas e do objetivo da competição e das particularidades de cada esporte. Levando em consideração o conteúdo abordado no capítulo, analise as afirmativas a seguir sobre as competições esportivas.

    I. São caracterizadas pelo(s) confronto(s) entre atletas ou equipes e quanto ao tipo e ao formato.
    II. Nas competições esportivas, é necessário definir um sistema de disputa que norteará todas as etapas da competição.
    III. A competição esportiva – torneio – pode ser de caráter eliminatório, desenvolvida num tempo curto.
    IV. Na competição esportiva de tempo longo – campeonato –, os concorrentes se enfrentam no máximo uma vez.

    Estão corretas apenas as afirmativas:

    a) I, II e III.
    b) I, III e IV.
    c) I e III.
    d) I, II e IV.
    e) I e II.

2. Qual é o sistema de disputa mais adequado para organizar uma competição com apenas um grupo e um turno, de forma que ela seja competitiva e que o melhor competidor seja o vencedor?
   a) Eliminatória Bagnall-Wild.
   b) Eliminatória simples.
   c) Rodízio simples.
   d) Escalas.
   e) Rodízio em séries.

3. A eliminatória prevê a eliminação dos perdedores, ficando na competição apenas os vencedores. Pode ser simples, consolação, dupla e Bagnall-Wild. Relacione os tipos de eliminatória com as respectivas explicações.
   1. Eliminatória simples
   2. Eliminatória consolação
   3. Eliminatória dupla
   4. Eliminatória Bagnall-Wild

   ( ) Sistema eliminatório que possibilita definir com precisão o segundo e o terceiro lugares.
   ( ) É um sistema utilizado em competição rápida, garantindo a possibilidade de recuperação de um competidor que tenha sido derrotado uma única vez.
   ( ) É um sistema ágil, rápido e dinâmico; a equipe que perder um único jogo ou partida será eliminada.
   ( ) Nesse sistema de disputa, abre-se uma nova chave com todos os perdedores após a realização da primeira rodada, que competirão pelo sistema de eliminatória simples.

   Agora, assinale a alternativa que apresenta a sequência correta:
   a) 3, 2, 1, 4.
   b) 4, 2, 3, 1.

c) 4, 3, 1, 2.
d) 1, 4, 2, 3.
e) 1, 3, 2, 4.

4. Segundo Capinussú (1986), o processo em escalas é um sistema de disputa que permite o progresso dos competidores mediante a realização de desafios e o progresso do participante de baixo para cima. Analise as assertivas a seguir e marque V para verdadeiro e F para falso.

   I. Um competidor desafia o primeiro ou o segundo participante posicionado imediatamente acima dele.
   II. Divide-se o tempo normal da modalidade em questão pelo número de jogos de cada concorrente, obtendo-se o tempo de duração de cada jogo.
   III. É utilizado em modalidades individuais, permitindo a conquista de posições a partir do desafio entre os competidores.
   IV. O sistema pode ser dividido em escada, pirâmide e funil.

   Agora, assinale a alternativa que apresenta a sequência correta:

   e) V, F, V, F.
   f) V, F, V, V.
   g) F, V, V, F.
   h) V, V, F, F.
   i) F, V, F, F.

5. Processos de combinações utilizam diferentes sistemas de disputa, que se desenvolvem em duas etapas, sendo a primeira classificatória e a última decisiva. Quando esse sistema pode ser utilizado?

   a) Quando se pretende garantir maior competitividade.
   b) Quando se precisa definir com precisão o segundo e o terceiro lugares.

c) Quando se necessita fazer uma pré-seleção entre um grande número de competidores, para refinar e qualificar a competição numa segunda etapa ou fase.
d) Quando há pouquíssimo tempo para realizar a competição.
e) Quando o número de competidores é ímpar.

## ■ *Atividades de aprendizagem*

*Questões para reflexão*

1. Você conhece algum caso em que, no decorrer de determinada competição esportiva, tenha havido algum tipo de problema associado à tabela de jogos, ao sistema de disputa ou à critérios de pontuação da competição? Caso conheça, procure mais informações sobre o que aconteceu. Caso não conheça, faça uma pesquisa sobre o assunto (em livros, revistas, jornais ou *sites*) e escolha um exemplo. Em um texto, procure responder às perguntas: Que evento é esse? O que aconteceu? Quais foram o desdobramento e o resultado final dessa ocorrência?

2. Com base nos conteúdos desenvolvidos nos capítulos do livro, entre todos os elementos de um projeto, é possível dizer que há algum mais importante do que os outros? Há algum sem nenhuma importância, ou seja, que pode ser deixado de lado? Reflita, aproveite os conteúdos do livro, procure por outras fontes de consulta sobre o mesmo tema e escreva um texto justificando sua resposta.

*Atividade aplicada: prática*

Com base no exercício desenvolvido até o Capítulo 5 referente à elaboração do *canvas* do **Festival de Esportes das Escolas Particulares – Voleibol**, retome as informações disponíveis sobre o evento no Capítulo 1 e em seguida:

- Identifique o evento.
- Identifique a modalidade.
- Identifique as categorias.
- Identifique os participantes.
- Identifique a quantidade de equipes.
- Faça uma estimativa do número máximo de atletas na competição.

Relembre os requisitos estabelecidos pelo diretor:

- Todos os jogos acontecerão no ginásio de esportes da escola.
- Todos os participantes receberão medalha e certificado de participação.
- Somente os três melhores classificados, por categoria e sexo, receberão medalhas e troféus.
- Os jogos deverão acontecer nos fins de semana.
- O diretor combinou com os colegas que eles teriam dois meses para realizar os jogos.

Com base nesses requisitos e considerando o conteúdo do Capítulo 6, escolha o melhor sistema de disputa e planeje a competição (quantidade de rodadas, quantidade de dias, número de jogos por rodada, total de jogos, total de dias necessários).

# Considerações finais

Organizar um evento esportivo e recreativo implica assumir muitas responsabilidades, pois se trata de uma atividade multifacetada, repleta de riscos, que envolve muitas pessoas, recursos e organizações e se faz ao vivo, o que resulta em uma caminhada que transita e flui facilmente entre o fracasso e o sucesso.

A melhor forma de organizar um evento esportivo e recreativo é planejá-lo de maneira adequada e antecipada. A ciência de gerenciamento de projetos, as ciências do esporte e as ciências do lazer, combinadas entre si e articuladas com outras áreas, proporcionam o conhecimento e as ferramentas adequadas para isso. Antes da realização de um evento, é imprescindível conceber um bom e detalhado projeto e gerenciá-lo com foco e determinação.

Os eventos esportivos e recreativos acontecem nas mais diferentes condições e apresentam características, formatos e tamanhos diversos, o que faz de cada evento um acontecimento único. O grau de complexidade, o volume de riscos e as incertezas são proporcionais ao porte dos eventos. Não obstante a existência dessas diferenças, há uma regularidade: a necessidade de um projeto e de seu gerenciamento.

O valor de um evento reside na capacidade de reunir, desenvolver e integrar pessoas, solucionar problemas e promover transformações. Mas, para isso, é necessário que os objetivos estejam claros e que sua realização se justifique, entregando benefícios para seus participantes e para quem o organiza.

Se for planejar e organizar um evento, você e sua equipe devem usar propostas amparadas na coerência e na ética, não importa se o trabalho é voltado a uma comunidade escolar, aos associados de um clube, aos afiliados de uma federação esportiva, a seus vizinhos ou aos moradores de sua cidade.

Aplique os conhecimentos adquiridos nesta obra e em outras publicações ao dar os primeiros passos no gerenciamento de projetos e de eventos esportivos e recreativos. Certamente, a cada trabalho, você vai adquirir mais segurança e confiança em seu desempenho profissional. Planejar e organizar eventos requer experiência e vivência. Que seus eventos possam transformar vidas, a começar pela sua.

# Referências

ABNT – Associação Brasileira de Normas Técnicas. Disponível em: <http://abntcatalogo.com.br/default.aspx>. Acesso em: 10 maio 2018.

ADAMS, L. J. Modelo de planejamento de eventos: fase de execução, monitoramento e gestão. In: MALLEN, C.; ADAMS, L. J. **Gestão de eventos esportivos, recreativos e turísticos**: dimensões teóricas e práticas. Barueri: Manole, 2013. p. 107-121.

BARBANTI, V. O que é esporte? **Revista Brasileira de Atividade Física & Saúde**, vol. 11, n. 1, p. 54-58, 26 abr. 2012. Disponível em: <rbafs.emnuvens.com.br/RBAFS/article/view/833/840> Acesso em: 11 maio 2018.

BRADISH, C. Facilitação da responsabilidade social corporativa. In: MALLEN, C.; ADAMS, L. J. **Gestão de eventos esportivos, recreativos e turísticos**: dimensões teóricas e práticas. Barueri: Manole, 2013. p. 79-83.

BRASIL. Congresso Nacional. Senado Federal. Secretaria de Comunicação Social. Coordenação de Relações Públicas. **Manual de organização de eventos do Senado Federal**. Brasília, 2013. Disponível em: <https://www12.senado.leg.br/manualdecomunicacao/manual-de-eventos>. Acesso em: 10 maio 2018.

BRASIL. Constituição (1988). **Diário Oficial da União**, Brasília, 5 out. 1988.

BRASIL. Ministério do Esporte. **Diesporte – Diagnóstico Nacional do Esporte**: Caderno 1. Brasília, DF, jun. 2015. Disponível em: <http://www.esporte.gov.br/diesporte/diesporte_grafica.pdf>. Acesso em: 10 maio 2018.

CAMARGO, L. O. L. **O que é lazer?** São Paulo: Brasiliense, 1986. (Coleção Primeiros Passos, v. 2).

CAPINUSSÚ, J. M. **Competições desportivas**: organização e esquemas. São Paulo: Ibrasa, 1986.

COAKLEY, J. **Sports in Society**: Issues and Controversies. New York: MacGraw-Hill, 2009.

COL – Comitê Organizador Local da Copa do Mundo da Fifa Brasil 2014. **Programa de treinamento em sustentabilidade de estádios**. Curitiba, 2013. Apostila da Oficina 1.

DUMAZEDIER, J. **Lazer e cultura popular**. São Paulo: Perspectiva, 2014.

DUMAZEDIER, J. **Sociologia empírica do lazer**. 3. ed. São Paulo: Perspectiva/Sesc, 2008.

FINOCCHIO JUNIOR, J. **Project Model Canvas**: gerenciamento de projetos sem burocracia. Rio de Janeiro: Elsevier, 2013.

KERZNER, H. **Gerenciamento de projetos**: uma abordagem sistêmica para planejamento, programação e controle. São Paulo: Blucher, 2015.

KOTLER, P.; ARMSTRONG, G. **Princípios de marketing**. 15. ed. São Paulo: Pearson Education do Brasil, 2015.

MACLEAN, J. Facilitação de estruturas de eventos para governança. In: MALLEN, C.; ADAMS, L. J. **Gestão de eventos esportivos, recreativos e turísticos**: dimensões teóricas e práticas. Barueri: Manole, 2013. p. 39-47.

MALLEN, C.; ADAMS, L. J. **Gestão de eventos esportivos, recreativos e turísticos**: dimensões teóricas e práticas. Barueri: Manole, 2013.

MELO NETO, F. P. de. **Marketing de eventos**. 5. ed. Rio de Janeiro: Sprint, 2007.

MELO NETO, F. P. de. **Marketing esportivo**. Rio de Janeiro: Record, 1995.

MULLIN, B. J.; HARDY, S.; SUTTON, W. A. **Marketing esportivo**. Porto Alegre: Artmed/Bookman, 2004.

NAKANE, A. **Segurança em eventos**: não dá para ficar sem! São Paulo: Aleph, 2013. (Série Turismo).

OSTERWALDER, A.; PIGNEUR, Y. **Business Model Generation**: inovação em modelos de negócios – um manual para visionários, inovadores e revolucionários. Rio de Janeiro: Alta Books, 2011.

PITTS, B. G.; STOTLAR, D. K. **Fundamentos de marketing esportivo**. São Paulo: Phorte, 2002.

PMI – Project Management Institute. **Um guia do conhecimento em gerenciamento de projetos (Guia PMBOK)**. 5. ed. São Paulo: Saraiva, 2014.

POZZI, L.; RIBEIRO, C. H. V. Esporte e mídia. In: COSTA, L. P. da. (Org.). **Atlas do esporte no Brasil**. Rio de Janeiro: Confef, 2006. p. 722-724. Disponível em: <http://cev.org.br/arquivo/biblioteca/4013557.pdf>. Acesso em: 11 maio 2018.

SOLIDARIDAD OLÍMPICA. **Manual de administración deportiva**. Lausanne: Comité Olímpico Internacional, 2010. Disponível em: <https://library.olympic.org/Default/doc/SYRACUSE/37572/manual-de-administracion-deportiva-solidaridad-olimpica-comite-olimpico-internacional-dir-roger-jack?_lg=en-GB>. Acesso em: 11 maio 2018.

VALLE, J. A. S. do et al. **Gerenciamento de stakeholders em projetos**. Rio de Janeiro: Ed. da FGV, 2014.

ZANELLA, L. C. **Manual de organização de eventos**: planejamento e operacionalização. São Paulo: Atlas, 2003.

# Bibliografia comentada

PMI – Project Management Institute. **Um guia do conhecimento em gerenciamento de projetos (Guia PMBOK)**. 5. ed. São Paulo: Saraiva, 2014.

O *Guia PMBOK* apresenta padrões internacionais produzidos por consenso entre colaboradores especialistas no gerenciamento de projetos do mundo todo e de todas as áreas. Descreve normas, métodos, processos e práticas mundialmente convencionados. A abordagem se desenvolve de forma técnica, minuciosa e profunda, integrando todos os elementos de um projeto.

KERZNER, H. **Gerenciamento de projetos**: uma abordagem sistêmica para planejamento, programação e controle. São Paulo: Blucher, 2015.

É uma obra clássica sobre o gerenciamento de projetos e aborda, de modo detalhado, todos os elementos referentes ao tema, vinculando os conteúdos a estudos de caso, descrevendo as melhores práticas e demonstrando com clareza a relação entre um projeto e as atividades funcionais do ambiente corporativo. Seus conteúdos são totalmente alinhados ao *Guia PMBOK*.

FINOCCHIO JUNIOR, J. **Project Model Canvas**: gerenciamento de projetos sem burocracia. Rio de Janeiro: Elsevier, 2013.

Utilizamos como marco referencial o *Project Model Canvas* pelo fato de que o método é bastante adaptável e adequado também ao gerenciamento de projetos esportivos e recreativos. O conteúdo é agradável, tornando-se fácil sua compreensão e a visualização da integração entre os elementos. É um método prático, visual, lógico e participativo, que estimula a reflexão e o compartilhamento de conceitos, ideias e opiniões e que está alinhado aos conteúdos do *Guia PMBOK*.

MELO NETO, F. P. **Marketing de eventos**. 5. ed. Rio de Janeiro: Sprint, 2007.

O autor trata do *marketing* de eventos apoiado em estudos de caso e demonstra a importância dos eventos no mundo dos negócios, posicionando-os como estratégia de comunicação na divulgação de marcas, na promoção de produtos e no aumento de vendas direcionadas a diversos públicos, segmentos de mercado e grupos de consumidores.

NAKANE, A. **Segurança em eventos**: não dá para ficar sem! São Paulo: Aleph, 2013. (Série Turismo).

A autora discorre sobre a importância da segurança em eventos, demonstrando a necessidade da priorização de uma abordagem preventiva a ser contemplada na etapa de planejamento. Além dos riscos presentes em todos os tipos de evento, tratados de forma cuidadosa e pormenorizada na obra, é preciso considerar que os eventos esportivos apresentam riscos adicionais, que devem ser motivo de atenção pelos seus organizadores. A autora analisa exemplos de ocorrências em vários eventos esportivos e recreativos.

MARCELINO, N. C. (Org.). **Repertório de atividades de recreação e lazer**: para hotéis, acampamentos, prefeituras, clubes e outros. Campinas: Papirus, 2002.

O livro propõe um repertório de atividades de recreação e lazer que podem ser aplicadas por animadores socioculturais que atuam em hotéis, acampamentos, prefeituras, clubes e outros segmentos. As atividades são apresentadas em forma de fichas autorais que trazem o nome da atividade, o conceito, a descrição, os recursos necessários, a montagem, o funcionamento, a possibilidade de utilização, as possibilidades de adaptação e as experiências já desenvolvidas, bem como possibilitam ao leitor fazer suas considerações, extrapolando, conforme sugerem os organizadores, a perspectiva da concepção de um repertório engessado e padronizado de atividades.

CAPINUSSÚ, J. M. **Competições desportivas**: organização e esquemas. São Paulo: Ibrasa, 1986.

A obra apresenta uma abordagem completa dos sistemas de disputa, esquemas e tabelas para a organização de uma competição esportiva. Foi concebida com o propósito de orientar e preparar os professores e profissionais de Educação Física para o exercício do magistério e a organização de suas competições. Ainda que não seja um texto atual, continua a ser utilizado como fonte primária e referência no desenvolvimento do conteúdo por outros autores e na organização de competições esportivas, já que os sistemas de disputa são os mesmos até hoje.

DACOSTA, L. et al. (Ed.). **Legados de megaeventos esportivos**. Brasília: Ministério do Esporte, 2008.

A obra é parte das ações da Secretaria Nacional de Desenvolvimento de Esporte e de Lazer/Departamento de Ciência e Tecnologia do Esporte, do Ministério do Esporte, e é resultado da realização do Seminário de Legados de Megaeventos Esportivos, na cidade do Rio de Janeiro, no ano de 2008. Foi concebido com o objetivo de fomentar a difusão de conhecimentos sobre o esporte no país, especialmente no que tange ao tema dos legados de megaeventos esportivos, e conta com artigos de pesquisadores do Brasil e de outros países, reconhecidos mundialmente.

# Respostas

## Capítulo 1
1. c
2. e
3. b
4. d
5. e

## Capítulo 2
1. a
2. d
3. d
4. a
5. d

## Capítulo 3
1. e
2. a
3. c
4. d
5. b

## Capítulo 4
1. d
2. b
3. d
4. a
5. a

## Capítulo 5
1. c
2. e
3. b
4. c
5. a

## Capítulo 6
1. a
2. c
3. c
4. b
5. c

# Sobre o autor

**Dilson José de Quadros Martins** é doutorando e mestre em Educação Física pela Universidade Federal do Paraná (UFPR), com especializações em Administração Pública pela Fundação Getúlio Vargas (FGV RJ), em Administração Desportiva pela Universidade Gama Filho RJ e em Didática do Ensino Superior pela Pontifícia Universidade Católica do Paraná (PUCPR).

Graduado em Educação Física pela PUCPR, ingressou no quadro de servidores públicos do Paraná em 1986, tendo realizado no governo estadual diversas funções pertinentes ao planejamento e gestão de competições esportivas (Jogos Colegiais/Escolares, Jogos da Juventude e Jogos Abertos do Paraná) e de programas esportivos e de lazer voltados para grandes grupos populacionais nas férias de verão.

Também no governo paranaense, foi coordenador de inovação e desenvolvimento esportivo (2012-2014), período em que supervisionou a implantação e a execução dos programas Paraná Saudável: Prevenção e Controle do Sobrepeso/Obesidade em escolares do Paraná e Talento Olímpico do Paraná (TOP)/Geração Olímpica e Paralímpica.

Participou de estudos referentes à política de esportes do Paraná e sobre o sistema esportivo estadual, sendo coordenador técnico do programa estratégico que subsidia a implantação e o desenvolvimento de políticas esportivas municipais da Secretaria de Estado do Esporte, intitulado "O Esporte que Queremos", desde 2019.

Coordenou a implantação da Lei de Incentivo ao Esporte no Estado do Paraná com o delineamento e a execução do "Programa Estadual de Fomento e Incentivo ao Esporte" – PROESPORTE (entre 2018 e 2022).

Com experiência em administração desportiva, administração pública, planejamento e gestão de políticas governamentais para esporte e lazer, planejamento estratégico e marketing aplicados a esporte e lazer, no estado do Paraná coordenou a implantação e a gestão do Projeto Navegar (1999) e do Programa Segundo Tempo, ambos do governo federal. Atuou no Comitê Olímpico do Brasil (COB) como supervisor de eventos, permanecendo como colaborador convidado em diversas edições das Olimpíadas Escolares, das Olimpíadas Universitárias e dos Jogos Escolares da Juventude.

Convidado pelo Ministério do Esporte, integrou a equipe de Sistematização de Propostas da III Conferência Nacional do Esporte – Etapa Nacional, no ano de 2010, com vistas à elaboração do Plano Decenal de Esporte e Lazer, como coordenador de sistematização da linha estratégica Esporte, Lazer e Educação.

Exerceu docência em cursos, palestras e outras atividades acadêmicas promovidas por diversas organizações e instituições de ensino superior do Paraná.

É autor dos capítulos "Políticas de esporte e as escolhas governamentais", que integra o livro *Ensaios em sociologia do esporte* (2011), e "Gestão de projetos e boas práticas", no livro *Gestão e governança do esporte brasileiro* (2021), ambos pela UFPR.

Pela editora InterSaberes, somam-se, além da autoria desta obra, as coautorias nas obras *Marketing esportivo* (2021) e *Empreendedorismo na educação física e no esporte* (2022).

Nascido em Curitiba (PR) em 1965, é casado com Micheli e tem dois filhos, João Henrique e Betina.